组织变革管理系列丛书

Personnel Selection and Assessment in Government Reform: Application Based on Practical Intelligence

变革中政府组织的人才测评

——基于实践智力的应用

周 帆 著

科学出版社
北 京

内 容 简 介

现代人力资源管理的理念和工具不仅在私营部门得到了充分的应用，对公共管理部门也有重要的启示意义。本书系统阐述了在组织变革背景下，实践智力测评在中国政府组织人事选拔中的研究案例和应用前景。实践智力是近年来智力领域出现的一个极富创意的全新概念，其提出者是耶鲁大学著名的智力研究专家 Robert Sternberg 教授。他认为实践智力与分析智力和创造智力是构成人类智能活动的基本要素。作者的研究发现实践智力在政府管理部门的人事测评中有显著的区分效应，并分析了其测评在未来人才选拔中的应用前景。

本书主要供人力资源管理、人才测评和政府人才选拔等专业理论工作者阅读。

图书在版编目(CIP)数据

变革中政府组织的人才测评：基于实践智力的应用 / 周帆著 .—北京：科学出版社，2014

(组织变革管理系列丛书)

ISBN 978-7-03-039274-9

Ⅰ.①变… Ⅱ.①周… Ⅲ.①国家机构－人才－评价－中国 Ⅳ.①D62

中国版本图书馆 CIP 数据核字(2014)第 293027 号

责任编辑：马 跃 李 莉 / 责任校对：田晓文

责任印制：阎 磊 / 封面设计：无极书装

科学出版社 出版

北京东黄城根北街 16 号

邮政编码：100717

http://www.sciencep.com

北京通州皇家印刷厂 印刷

科学出版社发行 各地新华书店经销

*

2014 年 5 月第 一 版 开本：720×1000 B5

2014 年 5 月第一次印刷 印张：10 3/4

字数：210 000

定价：56.00 元

(如有印装质量问题，我社负责调换)

总　序

进入新世纪以来，全球经济与管理环境日趋动态、变化、不确定和模糊，中国企业组织跨入了全面转变增长方式、主动变革与转型升级、重点发展战略性新兴产业、深入实施全球战略和可持续成长战略的崭新阶段。组织变革与创新发展问题已经成为中国企业"升级版"的关键策略议题与前沿研究领域。围绕中国管理重大实践问题开展系统的组织变革管理研究，对于中国管理的理论创新和策略开发，具有重大意义和应用价值。

在国家自然科学基金的重点项目（批准号 70732001 和批准号 71232012）资助下，在国内外许多著名专家学者和基金委管理科学部、学科处以及浙江大学科研院等各级领导的热情支持和精心指导下，我们围绕全球化和信息化背景下中国企业组织变革的问题特征、文化模式、行为策略、决策机制和发展技术等开展了系统、高水平的实证与应用研究，从"人与组织互动匹配"的新型研究思路出发，深入考察各类中小企业在组织变革过程中的文化价值适应、行为决策策略、变革团队建设、组织网络模式、组织学习机制、组织模块设计、组织发展技术、人力资源开发、变革领导力与变革效能评价等一系列重要课题，取得了一系列创新成果，从而为中国企业有效适应经济全球化、高新技术应用和经济转轨发展的新挑战和获取持续国际竞争力，提供有关组织变革管理的系统理论指导、全新政策建议、跟踪式决策支持、实操式策略方法和多层次评价指标。本系列专著充分反映出中国企业组织变革管理研究的这些最新成果，紧紧围绕组织变革的动态特征和面临挑战，针对不同类型企业、不同层次变革活动，构建了基于人与组织动态匹配的内在机制理论框架，尤其是运用多种研究方法，在扎实研究的基础上，创新性的提出了基于人与组织动态匹配的"适应（A）－选配（S）－发展（D）"的 ASD 动态变革理论及其"价值、行动、策略"三原则。整部系列专著系统体现出组织变革管理在问题驱动方法论、ASD 动态变革理论、组织模块变革模型、信息网络支撑机制、人力资源开发策略、组织文化协同策略等六个方面所取得的创新性理论成果和应用进展。

（一）基于动态变革的"问题驱动方法论"

近年来的组织变革研究紧密结合中国管理重大实践问题开展创新性研究，形成了基于动态变革的“问题驱动研究方法论”。我们根据国际金融危机以来企业组织转型升级的动态变革背景和国际学术界聚焦管理实践的新趋势，紧密结合中国管理的新情境开展研究与发展的迫切需要，以中国问题驱动方法提炼新理论新策略的组织行为研究方法论。基于动态变革的“问题驱动方法论”具有以下特征：

一是着眼于加强变革管理研究的情境嵌入程度和关键变革特征的针对性，在方法上包含了两种基本维度的匹配机制：“研究聚焦维度”（聚焦于“个体变异”或是“情景依存”的问题）和“研究层次维度”（层次上以“单一个体”或是“多层组织”作为分析单元）。这两个方法维度以清晰的情境特征作为刻画组织变革机制的关键条件，并从操作层面创新性的构建了新型方法论。

二是强调以“问题驱动方法论”为主线，在跨文化层次、产业层次、组织层次和个体层次等方面加以多层次实证检验，从而进一步提升了对于研究与应用成效的交叉效度验证水平。在我们的项目研究中，通过“中德合作研究中小企业家创业行为的跨文化比较”的延伸与跟踪分析，解决了情境元素进模型的方法论问题；还以组织变革下创业者的新胜任特征和差错管理策略为主题，通过多层次建模比较，取得了显著的理论成效；在转型变革背景下，以社会创业成为新型变革策略，针对创业变革与发展情境，开发出“社会创业导向”的新构思，以问题驱动的深度案例分析为技术路线，取得了创新性的理论概念开发成果；还以信息系统网络变革为关键问题，针对变革网络支撑问题遇到的网络开放性和文化兼容性问题，构建了变革背景下聚焦问题的“多水平框架”，作出了“商务一技术一组织复杂动态变革”的新型研究框架等。

（二）聚焦组织适应-选配-发展的ASD变革理论

有关组织变革的重点项目研究在理论上取得的重要成果之一是首创性的构建和检验了“适应-选配-发展”变革决策模型（A：adaptation，S：selection，D：development）并提出了ASD动态变革理论。主要成果发表在《全球领导力研究进展》（Advances in Global Leadership）（2012卷）的“组织变革下的中国全球领导力：适应一选配一发展的ASD理论”章节中。这项理论的主要内容与理论贡献包括：

一是提出了组织变革的三维动态原则，即价值适应原则（Value Adaption：A原则），指组织变革启动阶段通过领导建构实现变革价值适应；行动选配原则（Action Selection：S原则），指组织变革成长下通过前瞻学习实现变革行动选配；策略发展原则（Strategy Development：D原则），指组织变革转型下通过转型网络实现变革策略发展。这三项动态原则构成了ASD变革过程机制。

二是揭示出组织变革的递增学习机制，即组织通过变革价值适应、变革行动选配和变革策略发展而实现变革的调节、决策与成长。ASD动态变革理论为深入理解组织变革过程机制提供了新的理论框架，也为组织学习、创业变革、变革成败分析、变革决策，企业转型成长和可持续发展等相关研究领域建立了崭新的研究思路。

我们以 ASD 动态变革理论为框架，开展一系列相关研究，在中国企业组织学习、创业企业决策和团队发展机制等领域都取得重要的理论突破，提炼和补充了反映中国组织变革与学习的关键特征和多重调节机制，拓展了对组织变革学习行为机制的多水平理解，具有重要的理论意义与应用价值。

（三）基于组织认知的组织模块变革模型

在组织层面的研究中，我们围绕“基于组织认知的组织变革模型及其动态能力关系”实现了理论突破。在对影响组织变革的外部环境分析的基础上，建立起基于组织认知的组织模块变革模型，并进一步表明，组织认知表征可以显著提升集体问题解决的动态能力，通过“面向模块式设计的组织变革机制及其对创新效应”，与基于社会网络的“空心式”组织网络化设计的对比，创造性地将组织理论、复杂系统理论和能力理论结合起来，揭示出面向模块性组织的变革型设计的内涵、决定因素及其对创新能力发展的主效应。研究通过仿真实验，检验了组织模块性设计对渐进型创新的影响，证明了“近似可分解性对渐进型创新的影响受到竞争周期和沟通有效性的调节”以及设计规则降低模块间沟通与对创新空间的搜索而产生的制约效应，从而在机制上解释了组织模块设计对变革创新的重要效应，取得了创新性的理论成果。

（四）基于技术变革创新的信息网络支撑机制

我们还围绕组织变革的技术创新和信息网络支撑机制开展深度研究，运用多案例纵向研究方法，发现在研发组织架构动态演变机理方面，科技型创业企业的超前行动和风险承担正向影响探索性学习，而自主裁量、追求创新和竞争侵占则正向影响开发性学习；变革型领导对员工心理授权和员工创造力形成作用机制。这些研究在国际化组织变革与技术创业学习策略方面取得了前沿性成果。在变革背景下，以信息技术外包为转型升级变革的关键新问题，取得系统的创新研究成果：

一是在组织变革中，信息技术外包模式可以作为变革战略的核心整合要素，建立起开放、交互、高绩效的组织运营系统；

二是在组织变革和信息技术外包过程中，国别特征（诸如信息技术法规体系、社会信任度、不确定性回避、网络平台成及市场等成熟度）对于系统变革模式具有制约作用，从而揭示出文化特征与系统变革模式之间的交互效应；

三是聚焦产业特征（例如动态、规模、集中度、资本密集度等），发现组织变革的信息技术外包策略对相关组织行为具有显著影响，证明了组织变革和信息技术外包策略的决策更多发挥了整合组织的战略功能，可望获得持续组织变革成效。

（五） 基于变革发展的人力资源整合策略

近期组织变革研究的“重头戏”，是从行为策略角度验证了人力资源整合策略对组织变革的高绩效交互支撑机制。组织变革策略涉及结构、技术、运营、文化甚至商业模式创新等多个方面，并重点关注人力资源的动态整合和能力提升。我们聚焦组织情境元素与人力资源策略的交互机制，尤其是组织资源投入、人力资源策略与发展性绩效及创业绩效的关系机理，取得一系列理论创新成果：

一是周密验证了组织变革动态环境下的绩效管理与生涯管理成为战略性创业效能的关键支撑条件。在中国制造业企业的创新过程中，基于创新和团队工作文化的人力资源策略更能有效利用财务资源，验证了变革背景下人力资源策略与研发投入效能之间关系的交互支撑效应。

二是系统揭示出创业型并购组织变革中人力资源策略的整合机理。不但明确界定了不同并购阶段知识员工的整合风险效应，而且以成功与失败案例的纵向对比研究，发现基于差别对待的相对地位是知识员工整合风险最终化解或升级的关键影响因素，承诺型人力资源策略则更能正向调节知识员工心理契约与人际信任各维度间的关系。

三是重点分析了组织变革背景下的心理指导与压力应对策略，建立基于团队风格的“指导人计划”和团队动力机制，成功构建了动态指导与职业生涯相整合的“心理指导应对策略模型”，成为组织变革过程中有效心理指导的重要策略和创新成果，并且提出，组织变革的团队动力机制通过团队学习和交互记忆系统整合而实现，采用“群体断层强度指标”，可以有效衡量变革背景下的团队动力策略。变革型领导对团队交互记忆系统的专长、可信和协调维度具有显着的正向影响。

（六） 基于竞合适应的组织文化融合策略

组织变革中的文化融合策略是变革管理研究的重要焦点之一。我们的项目研究通过在中国 IT 企业开展为期两年的纵向跟踪式准实验，深度揭示了团队指导人计划对于变革背景下软件团队的工作文化和知识分享具有持续激励和协同效应。从基于团队指导的协同理论视角和采用的准实验实证研究方法，都成为我国管理研究值得推广的新范式。研究还围绕变革背景下的文化伦理关系展开深度研究，聚焦在中国企业如何应对组织间伦理与冲突问题的文化协同策略，进一步验证了伦理型领导的任务依赖性对伦理型领导和组织间任务冲突的关系具有显著调节作用，指出了基于伦理视角构建变革文化的重要实践意义。因此，研究在组织变革与组织学习的交互机制方面获得重要理论突破，先后在金融、科技、IT、医疗、农商、纺织、电子、通讯、建筑、物流、文创、新能源和汽车等多种行业的组织变革中得到了多样本的检验和深化，充分表明诸多研究成果的高应用价值和推进组织变革发展的实践意义。

总体来看，我国组织变革管理的研究进展显著和理论创新富有成效。从公司创业、并购重组、网络变革、国际化战略等重要变革策略出发，围绕组织变革管理的关键行为，特别是变革学习、变革决策、信息技术变革和并购变革等新的关键领域，运用“基于人与组织动态匹配”的理论框架，聚焦“变革特征一变革策略一变革决策一变革效能”的系列内在机制，采用深度访谈、案例研究、问卷评价和实验分析等多种研究方法，在系统研究的基础上，创新性的提出了“适应（A）一选配（S）一发展（D）”的ASD动态变革理论，并在问题驱动方法论、变革学习理论、社会创业导向模型、创业变革人才理论、变革风险整合策略、变革团队动力机制、组织模块变革模型和变革网络支撑机制等方面取得了系统的理论成果。《组织变革管理》系列专著将从组织变革管理，从变革胜任能力、学习型组织、变革决策策略、文化融合管理、组织发展技术、创业变革策略、组织模块设计、技术创新管理、变革压力管理、团队管理策略和变革领导力等多个方面，介绍和分享我国学者在中国管理实践问题研究中相继取得的多方面的理论创新成果和应用策略途径，为各类读者提供适合我国变革时代需求的崭新的组织变革管理理论、研究方法论和变革发展技术。

王重鸣

2013年4月于浙江大学

目 录

第一章

组织变革中的行政人才测评

第一节　政府组织变革与人才选拔

从一般意义所理解的组织变革角度来看，中国政府组织在近三十多年来实质上进行了广泛而具体的渐进式变革。但如托克维尔在《旧制度与大革命》中所描述的现象那样，个体的主观感知可能与客观现实脱离，对改革的预期会导致对现实中进行的变革的敏感度下降。假设可以通过一部时间压缩机器，将过去三十多年的时间压缩成片段并以蒙太奇镜头进行放映，我们将不难发现变革是如此的深刻而又显见。例如，在组织人事制度方面，三十多年前，人们很难相信公开招考和竞聘会成为重要的任用选拔方式。当然不可否认，在缺乏目标共识和顶层设计的现实情形下，工具理性成为变革中重要的指导原则，变革导入的新实践模式通常并不是完全取代既有模式的，其更多地表现为一种新旧模式共存的格局。但即便如此，变革的推进仍然是不容忽视的。乐观估计的进程是，鼓励尝试的渐进式变革会引入新实践，新的实践与旧有模式、管理和理念的矛盾(解耦)促进对既有思考方式的反思，而这种反思将推动新的共识达成(结耦)并大规模导入新实践来深化变革。

公共事务的管理是一个世界性难题。近年来，我国“三公”消费令人叹为观止的天文数字和很多西方国家如泰山压顶般的债务也许揭示了无论是基于选拔任用的专才治理模式，还是基于选举的治理模式，都并不必然带来社会长久的繁荣和民众福祉的增加。正如亨廷顿在其著作中阐述的那样，民主也是西方文明的产物，西方文明深层的传统和惯例，正是表层可观察的选举程序的基石。很显然，中国文化并不存在这样的传统。例如，即使在很大程度上处于自治状态的古典乡村社会，村社中的重要公共事务一般也是交由德高望重的乡绅或长辈裁定，而一般不是依据一人一票并少数服从多数的原则来进行决策。与早期希腊城邦中实行公民直接选举的选拔模式不同，中国的政府组织很早就践行专才选拔机制，无论是汉代的举荐制，还是隋唐以后逐步发展定形的科举制，都体现了人才选拔与专才治理的思想。专才选拔和普遍选举的模式各有其优势和缺点，在此无须赘述，执著于价值理念层面的争论其意义寥寥、于事无补。但往往比较遗憾的是，人性中固有的不耐和急躁，使得激情四溢的口号比扎实累积的工作，更能够抓住群众的注意力。而群体性冲动具有巨大的冲击力，破坏组织变革所赖以推行的生态系统，使理性的讨论和切实的改良无法实质地推行。因此，对民生福祉更重要的也许不是价值层面的争论不休，而是面向问题的系统优化和解决方案。例如，分析如何通过强化预算和审计控制约束其代理人的越轨行为，以及如何通过优化选拔程序使能力和责任心高的专才脱颖而出为大众提供更好的公共服务等。

自近代以来，改革者一直呼吁推进宪政，但无可否认的是，直到今天中国政府治理模式仍有很强的“人治”痕迹。与之相关的最重要的基础即所谓的德治传统，孔子有言“……为政以德，譬如北辰，居其所而众星拱之”，在废除分封制和儒家理论获得支配地位的背景下，正如黄仁宇在《万历十五年》中所归纳的：公共事务管理的技术问题包括统计等都变为细枝末节，主干是维护以“忠孝礼义”为基础的伦理体系，因此如何选拔有德之人从政是历代政府人事工作中的重要问题。在这种思维支配下的高峰时期，如明代，作为官员选拔的科举考试只从四书五经中出题并采用八股文的固定形式，考试内容丝毫不涉及具体的公共事务管理知识和技能。在这种分析视角下，明清的科举考试可被视作一种没有效度(validity)的人才测评工具；与其说科举制是作为一种人才选拔制度而存在，不如说其作为一种(主要在士绅群体中)意识形态宣贯的功能而存在。显而易见，四书五经的内容并不能直接用来指导各类公共事务的管理，传统儒家典籍中没有太多针对行政、统计、民政、军事、工程水利等专业知识的论述，通过各级选拔考试的优胜者并非必然掌握了对应公共管理机构岗位的必备知识技能。这样，名义上作为人才选拔机制的科举制度，事实上是儒家伦理价值传播、社会阶层流动和政治权力再平衡的运行机制，其本身并不一定能为各级政府机构输送业务能力合格的各类专业人才。但总体而言，科举制度作为中国古典社会的一项杰出的制度创新，对人才选拔和精英治理模式的探索具有开创性意义。

中国社会的科举制在推行约1300年后，在清末的政府改革中被废除了。辛亥革命以后，科举制度一直没有恢复，而类似的具有对政府部门人才选拔功能的体制，也许在高考制度全面恢复基础上、公务员考试和各类职位公开招考制度逐步推行之后才得以全面实施。如孙中山所言，在废除科举这件事情上，“在泼洗澡水时，连盆里的小孩也一起倒掉了”。孙中山在其五权宪法的构想中，将考试权作为一项独立运作的基本权力，与立法、行政、司法等诸权并立，因为在他看来，考试制度最为公允，可以避免盲从滥选和任用私人的弊端，有利于人才的发现和擢用。科举固然有其弊端，但仅从人才选拔的视角，科举制无疑提供了一种极具现代精神的事务官选拔模式，以至于一些汉学家认为西方的文官制度是经由英国自中国引入而传至整个西方的。科举制所象征的人才选拔机制是中国古典社会的一个杰出创造，其主旨完全符合专才治理的理念，不应该被抛弃；需要改革的是人才选拔的形式、内容和流程，科学的测评理论使基于考试测评的人才选拔制度得以优化和完善，使其更为准确和有效地作为人才甄别工具而发挥作用。

自 1978 年起中国政府组织逐步推进了一系列改革举措，其中就包括组织和人事方面的变革。从废除职务终身制到职位公开招考，虽然表面上是“摸着石头过河”，但从改革的线索脉络来看，构建类似现代国家的“文官制度”可能成为改革的目标，并且改革过程有新加坡公务员制度深刻影响的烙印。根据熊彼得的理论，一些学者认为近 30 年来中国工业化的快速推进，不仅是静态的要素投入的结果，包括廉价的劳动力、分割的土地市场、大量涌入的资本等，还与要素组织的能力相关，包括企业家和官员的创新行为和企业家精神。学者们认为各级地方政府官员之间存在所谓“政绩竞争”的动力，在很多地方都可以观察到地方政府官员大规模的“经营城市”行为，包括基础设施建设、工业园区规划、招商引资等，这些行动对当地经济活动的影响重大。《金融时报》的一篇时评甚至认为，中国最好的首席执行官(chief executive officer，CEO)不仅可以从企业中找，还可以从各级政府的“一把手”中寻找。在这样的事实上，中国各级地方政府不仅是中央政府政策的执行者，也在相当大的程度上拥有一定的决策自主权。因此，各级地方政府主要官员对地方经济发展的作用非常重要，对其能力要求不仅是普通意义上事务型文官的水准，更需要通过更好的选拔机制使胜任者脱颖而出，并且也需要一支人才储备队伍能够保证持续性的人才需求。在这一点上，新加坡的文官选拔制度可能为我国提供了很好的例子。新加坡的文官选拔方式既绝对严格又有充分弹性，一方面通过公正透明的程序将精英人才吸收到政府各级部门工作，尤其是在具有重大决策功能并对新加坡发展影响深远的职位，另一方面，在选才对象方面不拘一格，并不刻意区分“体制内外”，在毕业生、私营企业、社会机构甚至是跨国组织(如联合国)等“体制外”任职者中，挑选和招募优秀人才进入新加坡政府各级机构任职。

我国现行的政府治理的官员选拔任用方式有两个关键点：一是选拔能力出众的代理人；二是预防代理人寻租。事实上，新加坡的先例表明，理性科学的制度设计是可以解决这两个问题的。解决第一个问题的关键点包括：针对政府组织各岗位的能力要求，通过科学的人才测评技术选拔优秀人才任职；通过测评理论分析和实践数据的累积不断优化参数，使人才测评选拔逐步成为主要的人事任用依据，并使各级人才测评流程逐步定型化、制度化。这应当成为政府组织人事制度改革的中心议题之一。

现代人力资源管理理论中测评理论的发展为人才选拔实践提供了扎实的理论基础。人力资源理论是从私营机构管理中提出的，虽然其理论边界可以拓展覆盖到公共管理部门。因此，在具体阐述政府组织变革中人才测评技术应用问题之前，有必要对人才测评技术在企业管理中发展和应用的过程进行一个简要的回顾，以便读者对相关议题有一个更加深入的了解。

第二节 传统人事管理与现代人力资源管理

人才测评技术在企业管理中得到广泛的应用，与传统的人事管理走向人力资源管理这一过程是密切相关的。自 20 世纪末以来，在以信息技术革命为代表的技术创新、价值链重构、商业流程再造以及全球化经营等多重浪潮席卷下，企业间的竞争越来越表现为对人才吸引力的竞争，人力资源成为企业最重要的核心战略资源之一。但很多管理者越来越发现传统的企业人事管理已经越来越不能满足企业发展的需要，传统人事管理通常从静态的、孤立的视角看待各个人力资源管理环节中的问题，人事部门对企业发展战略缺乏主动的思考和参与；人事部门在企业重大决策方面缺乏应有的话语分量，沦为纯粹的执行部门；同时，由于人事部门通常被视作一个成本中心而不是利润中心，在决策执行和事务处理时，很多企业的人事工作以成本节省为主要指导原则，常常依据惯例和通则推行以致人事工作流于程式。

现代企业管理制度发生的一个重大转变就是对人力资源视角的转换：尽管对人力资源的投入一般在会计科目上被计入成本，但现在管理者更多地从资产的角度来看待企业中的人力资源，而不是像过去更多地从成本的角度看待人力资源。从知识的角度可以将企业的资源理解为其所拥有的独特的、难以模仿的、具有路径依赖并且因果关系不清晰等特征的知识的集合。依据波特对战略的理解，即将战略看做企业所构建的差异性，企业的知识资源是组织最重要的战略资源，企业组织的知识资产在个体水平上以成员的知识、技能和能力（knowledge，skill，ability，KSA）为存储形式，如高层管理者的决策能力、研发人员的创新能力、销售人员的销售技能、一线员工的技术熟练度等，这些能力是形成组织整体竞争力的重要影响因素，因此人力资本是决定企业竞争力强弱的最重要的战略资源。其实在学术探讨之前，很多杰出的企业管理者已经充分意识到人力资本的重要性，认为相对于其他有形资本，人力资本才是决定企业竞争力高低的关键，并依据各自对人力资本的理解来设计相应的制度来推进企业的人力资源工作、提升企业人力资本的价值。

尽管学术界和企业界对人力资源的重要性几乎没有争议，但是在如何提升企业人力资源价值方面却较少达成共识。中国很多企业的高层管理者异口同声地强调人才对于企业发展的关键性作用，但是却依旧按照传统的人事管理模式来对待人力资源问题，没有从企业战略的高度来对待人力资源工作，将人力资源部门视为一个处于边缘位置的成本中心。很多研究结果显示，在改革开放以来国内很多企业曾以世界五百强企业作为学习标杆，试图全面提升企业的管理水平，这些企业在招聘、考核、培训等多个人力资源管理环节上引入很多现代人力资源管理方式。但是很多企业高层管理者仍没有在管理思维上产生根本的转变，对现代人力资源管理体系缺乏系统性、全面性的认知，很多学习和模仿，甚至是“接轨”和“对标”都只是停留在表层和形式上，没有把握其本质和精髓，以至于很多企业在人力资源管理方面的学习和移植并没有产生预期的积极效果，在很多时候甚至产生负向的效果。例如，在一些案例中，研究者发现一些企业引入 360 度绩效评价系统带来了很多负面效果，还发现虽然文化差异可能是 360 度评估没有获得预期效果的原因之一，但停留在表层的学习是其效果不佳的关键原因。

如果从过程的角度来分解企业人力资源的流程，可以将人力资源分解为人力资源规划、配置和开发三个环节。很多企业人力资源部门由于受到传统人事管理方式的影响，缺乏对企业发展战略的思考和决策影响，在各个具体的工作环节上被各业务部门所左右，使得企业人力资源工作缺乏整体性和协调性。以招聘为例，很多企业里各业务部门因其需要向人力资源部门提出招聘的需求，而人力资源部门基本依照业务部门的要求进行具体的招聘工作，通常仅仅从数目、编制上对其进行控制，这样人力资源工作常常降格为应付部门临时人员缺口的一种实务性工作。人力资源部门仅有的一些控制措施也更多地反映经验的认知、流行观点或者某种平衡性的考虑(如企业中的性别、年龄比例)。人力资源工作很少能够上升到企业的战略层面，使得人力资源部门丧失在企业中应有的话语权；话语权的丧失让人事部门更难有效地影响重大的战略决策，从而形成一种恶性循环的局面。

目前很多企业人力资源管理面临的困境之所以无法走出传统人事管理的桎梏，主要是因为基于人事事务管理的路径依赖所形成的惯例、规范和思维框架的约束，使其无法内生出变革措施以有效应对全球产业结构调整所带来的人员结构变化及随之而来的问题。实务中的人力资源管理依赖于经验和管理或将其在制度化的规章流程的轨道上运行。例如，当前很多企业的人力资源管理，在很大程度上是依赖于经验运行的。经验是过去的总结，在快速变化的环境中，却未必是对未来准确的预测。近半个世纪以来学者们对人力资源管理体系提出了系统的理论，如高绩效工作系统等，但这些理论对中国企业人力资源管理实务的影响却相对较为有限，很多国内企业的人力资源管理在很大程度上仍然在传统人事管理的思路上运行。这种现象可以部分归因于管理实践者与研究者之间的相对疏离，经理们通常需要耗费大量的时间处理日常事务，通常缺乏足够的时间思考包括人力资源管理体系在内的企业深层结构问题。但是另一方面应当看到，很多管理者有较强的学习动机，对当前流行的管理理念和学说非常敏感，并且很多管理者积极地将相应的理论应用于所在企业的管理实务当中。例如，彼得·圣吉提出的“学习型组织”等概念，对企业管理实践产生了深刻的影响。

如何理解人力资源理论在企业管理实务中缺乏有效应用的现状？一个可能的重要原因是很多人力资源管理理论缺乏操作性的指导，虽然一些人力资源管理理论包含了极富创造性的概念体系，但是缺乏针对相应管理实务的操作路线，或者是在提出的操作方案上与其理论存在较大的脱节，使得管理者无所适从。理论泛滥而实务指导相对缺乏的现象可能与学术评价机制有关：现代研究机构中对学术的评价体系使得学者有很强的动力从事前沿理论研究，提出创新性的理论和概念，从而获得较大的学术影响力，但对于如何将理论应用于指导管理实务却缺乏足够的动力进行深入的探讨。美国管理学顶尖期刊之一《管理学会会刊》曾出版一期专刊探讨管理学研究中理论探索与管理实践的脱节问题，这个问题在很多管理学研究领域都存在。与此同时，对人力资源管理而言，理论与实践的脱节在中国企业管理中的问题，由于理论的本土适应性问题可能变得更加严重。很多学者认为，相对于管理其他领域而言，人力资源管理受到文化因素的影响更为强烈，因此从西方引入的理论在中国管理情境下的适用性非常值得怀疑。例如，部分学者将许多企业应用360度评估失败的原因归结于文化差异因素。组织管理研究者通常认为文化因素对人力资源管理的影响最为显著，因此西方管理理论与中国管理实践脱节这个问题可能在人力资源管理领域中最为突出。另一个重要的原因是很多人力资源管理者缺乏足够的本领域管理技能。一方面，与很多管理专门领域不同，人力资源管理领域涉及的知识范畴非常广泛，虽然很多基本操作有迹可循，但如果缺乏对其背后深入的管理知识的理解，直接套用这些操作有可能适得其反；另一方面，则是很长一段时间以来，在中国的管理实践中，人力资源管理通常并不被认为是一个专业性非常强的领域，因此缺乏统一的术语以便于从业者沟通，同时很多人力资源职位也由来自其他领域而在人力资源管理方面缺乏训练和经验的“外行人士”占据，这些因素结合起来，使得人力资源管理者的技能缺乏现象更显突出。

总的来说，在私营部门的管理中，目前中国多数企业的人力资源管理尚未走出传统人事管理的窠臼，高层管理者仍以成本的视角来思考人力资源的问题；而人力资源从业者则缺乏有力的实践指导理论和相关的专业技能工具，使得很多企业的人力资源管理没有设立应有的专业界限，难以在企业经营发展中发挥更具战略意义的作用。中国的人力资源管理面临严峻的挑战，难以为企业形成持续竞争力构建人力资源保障。组织高层管理者思维的转变、针对中国管理实践的人力资源理论的提出，以及人力资源部门专业管理者人力资源管理技能的提高，可能是未来提升中国人力资源管理水平的三个关键因素。在政府组织中，这一现象可能更为严重，由于体制固有惯性等，应当说目前为止政府组织中相当于企业人力资源管理的功能模块还不可以称其为人力资源管理，目前仍然是传统的人事与组织管理模式。政府组织并没有将人力视作资本和资源，也没有将人才发展作为工作的重点之一，更没有与社会其他机构竞争以争夺关键人才的意识。机构、编制设置等人事工作传统仍是工作的核心，因此，政府部门中人事管理方面的变革可能要大力借鉴现代企业人力资源管理理论，逐步转变管理理念、学习掌握必要的人资管理知识技能，在建设现代文官体系的框架下，通过“模仿—反思—创新”的模式逐步稳妥地推进组织人事制度变革。

第三节 人才测评技术在人力资源管理中的作用

从流程和功能上，我们可以将人力资源管理看成几个主要功能模块的组合，包括人力资源规划、工作分析、岗位设计、招聘选拔、培训开发、绩效评价、薪酬管理等；并可大致分为价值的获取、提升、评估以及分配四个环节。这四个价值活动环节不是相互独立的，而是动态关联的。例如，基于高绩效值的员工胜任要求既为招聘选拔、培训开发提供参考依据，也进一步衔接员工能力素质和薪酬绩效的内在联系，使人力资源管理成为系统体系。另外，人力资源价值又是动态的，很难准确量化某个个体的人力资源的公允价值，因为其价值不仅取决于自身的素质，包括其智力、体力、技能、经验等，还取决于组织的管理活动及其交互作用，即存在众多的权变因素。人力资源管理活动因此呈现出非单调性和非线性的特征，表现为量化控制的极大困难。如果将价值获取视作人力资源管理价值创造活动的开端，招聘选拔是这个环节中的最显著的活动。人力资源管理者在一定的战略规划指导下，对实现组织目标的人力资源需求以及人力资源市场进行分析，结合组织的传统和惯例，选择合理的人力资源获取策略，在劳动力市场上吸引最有价值的人力资源进入组织。组织获取人力资源价值最大化的能力一般取决于三个因素：首先是组织对人才的整体吸引力，包括一系列显性和隐性吸引力资源，如薪酬水平、福利、晋升机会、组织文化等；其次是企业的招募吸引策略；最后则是组织负责招聘人员，如人力资源部门的招聘专职对受聘者的甄别能力。相对于前两个因素而言，管理人员在第三个因素上有较大的控制能力。获取相对于竞争对手对组织有更高价值的人力资源当然是企业获得竞争优势的关键之一，人力资源部门的管理者对应聘者的甄别能力是对组织有重要意义的知识技能。

获取人力资源价值最大化的能力受到人力资源经理对公司价值生成链的理解

力和对应聘者价值甄别能力两个因素的影响。对于前者，人力资源经理可以获得相对较为完整和准确的信息；对于后者，信息获取的难度较高，招聘者和应聘者处于信息不对称的地位，应聘者的价值对于招聘者而言是不透明的，招聘者获取的信息是不充分的，应聘者通常都提供能够提升其获聘概率但却严重失真的信息，招聘者因此可能做出非最优的决策。错误的选择对企业的成本较高，尤其是在一些关键岗位的人员选拔上，因此，管理者的甄别能力对于组织而言是非常有价值的知识资源。

在现实的招聘情境中，很多管理者常常依据经验来做决策。决策的信息依据可能包括所有可获得的应聘者信息，包括履历、谈吐、形象等，招聘者根据个人经验或者组织内形成默认的经验规则，判断应聘者对于公司的潜在价值。尽管管理者可以列举出很多理由分析招聘经验的合理性，但是现在很多研究对这些"启发式经验"的有效性提出了质疑，一些研究甚至发现聘任决策有很强的第一印象和"晕轮效应"(halo effect)的认知偏差，这些研究结果与招聘经理普遍的过度自信形成了鲜明的对比。总之，现代行为科学的发展证明了人类的思维和行为存在广泛的制约因素，因此即使假设招聘者具有足够的动机和对待聘职位有充分的了解，将决策完全构建在经验之上也可能会造成很大的偏差。

在晋升中同样也存在类似的问题，虽然相对于招聘过程所面对的企业以外的"陌生人"，企业对于待晋升的"内部人"有较为充分的信息，但这些信息是关于候选考虑对象在现在职位上的绩效表现和能力结构，未必能够有效预测在未来晋升职位上的绩效。很多时候，企业管理者把晋升作为员工过去杰出表现的一种奖励，而缺少对晋升是否有利于工作体系优化配置的考虑。如果企业完全依据绩效作为晋升的唯一依据的话，"每个人会一直晋升到自己所不胜任的职位"从而使得组织里"多数职位由不胜任的人来担当"，即所谓"彼得原理"描述的现象(Peter and Hull，1969)。企业脱离"彼得原理"所描述的组织泥潭的必要措施之一，就是晋升决策应更多地依据候选人在未来职位上的潜力而不是当前职位上的绩效表现。因此，在晋升方面，人力资源管理者同样需要有足够的知识和技能，对候选者的潜力进行评价和判断。

所以，总结而言，在人才招募和选拔环节上，传统人事管理过度依赖经验和惯例的决策模式，已经难以适应组织发展的需求，无法与现代人力资源管理的目标相匹配。招聘选拔成败的决定因素是对候选者的特征与未来职位及组织环境要求的契合度的判断的准确程度，本质上是一种对未来的预期，而不是对过去的描述。人力资源管理者需要结构化的知识体系，需要了解各种分析候选者特征的理论和工具，而人才测评理论是最重要的理论之一。

依赖于经验和惯例进行判断决策的传统人事管理模式已经不能适应当前组织发展的要求。在招聘和选拔环节中，管理者需要用系统科学的工具对人员特征做出相对准确的判断。应对于这种重要而广泛的需求，大量的人才测评工具被开发出来，或者从其他专业领域引进并应用于人才测评中。在经历一个测评工具开发的繁荣期后，目前人力资源管理者可使用的测评工具是如此之多，以至于常常让他们感到很难选择。

现代人才测评技术的使用已经有一百多年的历史，很多大中型企业的人力资源部门有专门的测评机构，并且存在数量众多的为中小型企业提供专业测评服务的测评服务机构。国内的现代人才测评则是从近二十多年来开始的，一些国内的企业受到外资企业测评实践的启发，逐步开始将人才测评纳入管理实践中。目前，整体而言，人才测评也越来越引起管理者的关注，很多人才中介机构相继开展了职业测评的服务，各企事业机构也开始将职业测评运用到招聘过程中。少数企业已经建立起人才测评完整的流程，并将其嵌入企业的招聘选拔环节，成为人事决策信息的常规选项。

但与很多其他管理方式的学习过程一样，表层的工具引入和模仿比较容易开展，而深层次的制度构建和行为方式变化常常进展缓慢。国内很多企业常常有过度简化的思维习惯以及急功近利的浮躁心态，不愿意在系统性结构性层面思考问题。表现在人才测评具体方面，即很多企业积极向一些本行业外资先进企业的做法靠拢，学习并引入他们的人才测评方法，但是却并没有投入足够的精力和时间充分了解和学习各种测评工具手段背后的理论体系、应用空间、优势及劣势、各种测评信息之间的关系，以及如何将测评过程融入人力资源管理体系等，造成很多测评滥用和误用的情况出现，降低人事决策的质量。

最普遍的一种测评误用现象就是照搬西方测量工具，而完全不顾这些工具在中国情境中的适用性。管理的理论和工具应该是来自于对管理实践中规律的反思和发掘，而很多管理问题都与管理实践活动主体的文化心理因素有关。很多管理者潜意识当中抱着所谓“多快好省”的心态绕开对管理实践的思考和分析，直取基于西方管理实践中提出的理论和工具，不假思索地全面应用，很多时候可能适得其反。照搬西方测量工具的错误做法表现在多种人才测评实践中，包括认知能力测评、人格测评、职业性向测评等。例如，在人格测评中，研究者已经证明五因素人格结构在中国情境下并不成立，但是很多管理者仍在错误地使用大五人格量表(big five inventor，BFI)来对候选者进行测评，测评结果必然对人事决策缺乏有效的指导意义。因此，测评工具的本土化是人力资源管理者难以回避的重要问题之一。对于引入的测评工具，人力资源管理者需要在测评相关理论知识分析之上，从本土视角重新思考测评工具在中国情境下的适用性问题；或者在有足够资源的条件下自主开发测评工具，避免陷入照搬照套的误区。

第二种较为常见的测评误用现象，就是管理者在缺乏系统性建构的基础上，单独使用一些测评工具，使得测评信息出现偏差的可能性大大增加，测评结果的价值迅速降低。人才测评的目的是对候选者相对拟进入职位的价值进行评估，为人事决策提供信息。很明显，对于多数职位，认知能力、人格特质(narrow trait)、价值观、职业兴趣等都是重要的考虑维度，因此只有相对完整的候选者信息才能够提供有价值的参考。另外，由于测评工具并不具备完美的效度，所以对于同一测评维度，多个测评工具的使用也会产生交叉验证的效果。在测评成本提高不显著，或是相对于测评结果重要性而言成本增加不敏感的条件下，使用多重测评工具交互验证，可以提高测评结果的信度(reliability)水平。

第三种测评的误用表现为盲目追赶潮流，缺乏理性的选择和判断。在信息泛滥的时代，即使是不太敏感的管理者，也会接触到不同时期涌现出来的“时髦”管理思潮和概念。例如，20 世纪 90 年代中后期“情绪智力”的概念在国内十分流行，一段时间内情绪智力的培训、“情商”的测评和应用迅速地传播。一些企业在对情绪智力及其测量工具不甚了解的情况下，盲目使用测评结果作为人事选拔的依据之一。其实，尽管情绪智力理论极富吸引力，但对情绪智力的结构仍存在激烈的争议，更重要的是，对情绪智力的测量还没有令人满意的解决方案。在此之前，使用流行的情绪智力测评作为选拔依据可能有较大的风险。

因此，无论是过度低估、贬低测评的作用，还是过度高估、迷信甚至是滥用测评，都可能会给人力资源工作带来负面的影响。目前国内企业界对人才测评使用的种种误区主要可以归结于两类原因：一是高层管理者及人力资源经理缺乏相应的专业理论知识及操作培训；二是国内理论界和企业界在一定程度上存在的对西方管理理论及工具盲目接受的现象，缺乏必要的批判和质疑精神。前者是知识的缺乏，可以通过学习及培训获得相对较快的改进，但后者属于一种心态和思维模式的转变问题，在本土管理理论体系没有充分构建并达成广泛共识之前，难以在短时期内获得根本普遍的改观。人力资源管理领域的研究者需要更多地从本土视角思考西方测评理论和工具，为国内的人才测评实践提出更为有效的指导；而企业人力资源管理者可能需要对流行的测评理论和工具保持一种开放的怀疑态度，结合企业现实管理现象中的问题，分析选择测评理论工具。

综合而言，在企业管理中，人事决策是极其重要的，很多时候与企业的重要战略决策息息相关。柳传志在谈到联想的拆分案时曾经表示，“……(联想)的拆分方案有很多种，但如果联想有第三个杨元庆或郭为，也许就不是一分为二，而是一分为三了”。但做出正确的人事决策常常如此之难，以至于管理大师德鲁克曾经严肃地指出，“没有什么决策比人事决策更难做出，后果会持续作用这么久。但是总的说来，经理们所做的提升和人员调配决策并不理想，一般说来，平均成功率不大于 33%：在多数情况下，三分之一的决策是正确的；三分之一有一定效果；三分之一彻底失败”。从商业实践者的视角，如果将人才测评看做一种为人事决策提供信息以提升决策质量的工具，由于人事决策的重要性，对决策正确概率的极小的提升可能都会有极大的价值。现代人才测评理论的研究已经证实了一些人才测评方法和工具的效果，它们能够给管理者提供有价值的信息，帮助管理者在诸如招聘、选拔、裁员等环节中做出更为准确的决策。正是人事决策的难度和重要性，决定了人才测评理论及技术应当是人力资源管理者需要掌握的重要知识之一。

第二章

人才测评的基本理论

第一节　人才测评的基本流程

现代人力资源管理中的人才测评是基于行为科学理论，针对测评特定目的，在所关心的活动领域，对测评对象在某个或多个维度上进行数量或质性测量。对于管理者而言，人才测评可以理解为一系列技术的集合，在一定的理论框架下，这些技术提供关于测评对象的信息（常为量化信息），如能力、人格(personality)、职业兴趣、价值观等，这些信息可以为相关的人事决策提供支持和判断依据。例如，在一个典型的应用情境中，人力资源部门的测评专家使用包括情境判断测验(situation judgement test，SJT)、无领导小组讨论、公文筐测验等技术，对多个候选者在沟通、领导、分析等多个方面的能力进行评价，形成一个测评报告呈交给决策部门，为其晋升决策提供依据。

人才测评通常是由具体的招募或选拔任务启动的。例如，某市政府需要从机关内部选拔招商引资办正副主任各 1 名、行政管理中心正副经理各 1 名、后备干部 3 名。组织部门在确定一个入围方案后，向符合条件的各部门相关人员发布了公开选拔信息。组织部工作小组总共接到几十份申请书，申请应聘这些职位，在仔细筛查之后，确认 34 名申请者符合基本条件。根据候选职位的岗位职责、能力要求，并从测评工具的效度、筛选比例、时间压力、评估成本及多角度评估这几个因素考虑，组织部工作小组评价中心最终确定了一个测评方案。测评分为两个阶段，在第一阶段使用纸笔方式的基本能力测验和无领导小组讨论，评估候选者的各项基本能力及领导潜力，并根据测评分数将候选者人数减少为申请者的三分之一到一半左右（最终确定为 13 人入围下一阶段，依据为能力分数分布的“拐点”)；在第二阶段，再通过人格测验、管理风格测验以及半结构化面谈，评估入围候选者的人格特质、领导风格、职业兴趣等特征，根据评估结果和申请职位要求的匹配程度最终筛出明显不匹配的候选者。综合两阶段的测评结果，将其提交给组织部门相关工作小组及相关的业务部门，其中列出该职位空缺上合格的候选人排名及测评结果依据。另外，将候选者的测评结果、结果的解释意义及发展建议分别发送给各候选者。

由上述例子可以看出，应从以下几个视角去理解人才测评。首先是测评的目标和功能，可以将人才测评分为选拔性测评和发展性测评。选拔性测评以选拔为目的，为招聘、晋升、配置等环节提供信息和建议；发展性测评以开发、提升为目的，为测评对象提供指导建议。在上述例子中进行测评主要是为人事选拔提供参照信息，可以被认为是一个选拔性测评，当然其测评结果也呈现给候选者为其提供发展建议。可以看出这两类测评并非是截然不同的，在一些情境中可将选拔和开发两种功能结合起来，以使测评的功用最大化。但目前为止，人才测评应用更多的是针对选拔性目的而进行。

在选拔性测评中，很明显，测评使用者最关心的是选拔目的是否达到，即能否准确有效地识别人才。测评绝不是完美的，总是会有测量误差，根据信号检测理论，好的测评方法应当能够最大限度地区分合格者(信号)和不合格者(噪声)，以帮助决策者做出正确的决定，如图 2-1 所示。

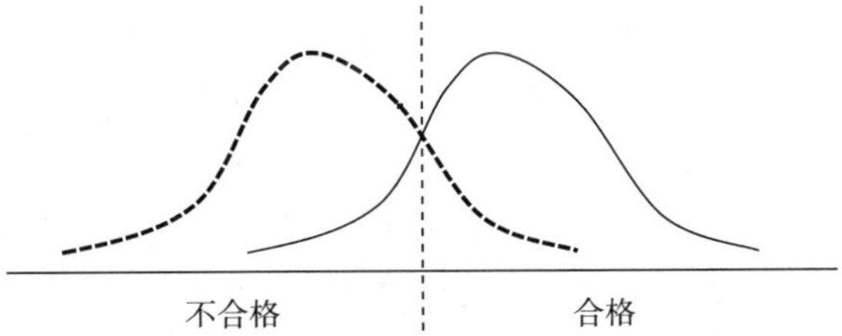

图 2-1 基于信号检测论的人才测评识别分布

对于应用者而言，人才测评的最根本的核心价值就在于预测的有效性。基于信号检测理论，我们可以将正确和错误的选拔决策分为四种，即正确接受(合格者)、正确拒绝(不合格者)、错误接受(不合格者)、错误拒绝(合格者)，如图2-2所示。测评实施者最为关注的是如何正确地使用对当前选拔情境最为合适的测评工具，提升预测的正确率。

根据信号检测理论，反应阈限(d')可被视作一个测评对人才辨别能力的标准，而主观反应倾向(如设置严格或是宽松的指标)是在测评中可调整设定的尺度指标，并不影响一个测评的辨别能力。因此，提高测评辨别的反应阈限是人才优化测评效果的关键，而反应阈限可以通过受试者工作特征曲线(receiver operating characteristic curve，ROC)基于正态分布假设计算出来。对于选拔导

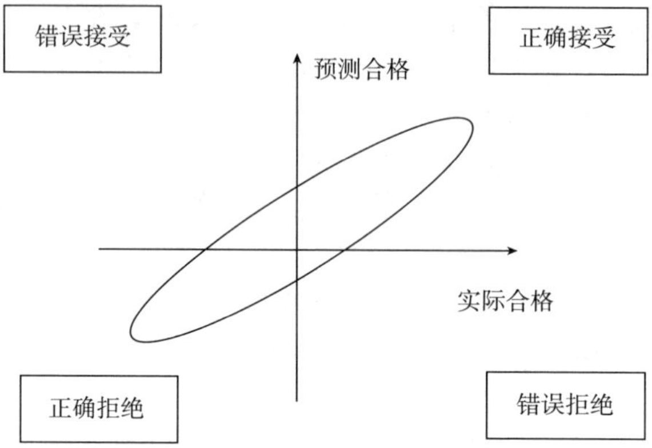

图 2-2　信号检测论对信号识别的四种类型

向的人才测评，具有足够的辨别能力是测评可以被应用于决策的前提条件。

从上文中可以看出测评存在多种形式，上述例子描述的是对申请者在职位空缺上的发展潜力做出全面的评价，其中采取了多种测评方式，包括能力测验、无领导小组讨论、人格测验、领导风格测验、职业兴趣测验以及半结构化面试。近几十年来，学者、咨询公司以及一些大型组织专业人员开发出了一系列测评工具，极大地丰富了人才测评的工具库。从表面组织呈现形式上，一般可以将这些技术分为三个类别，即面谈、心理测验和模拟技术。在上述例子中，半结构化面谈属于面谈类测评技术，能力测验、人格测验、领导风格测验、职业兴趣测验属于心理测验类测评技术，而无领导小组讨论是模拟技术类测评方法。虽然不同的测评技术有不同的呈现组织方式、适用范围、信效度指标等，但所有测评工具的基本思路都是呈现给测评对象一些刺激以引发其行为反应，基于这些行为反应对测评对象在观测维度上进行分析和评估。面谈通过言语、表情、姿势等非言语沟通方式来引发测评对象相应可观察的言语及行为；心理测验通过呈现在纸面或计算机上的问题考察测评对象的应答；模拟技术则是通过模拟现实工作情境观察测评对象的反应。

人才测评中工具的选择取决于多个因素，包括测评的成本、时间、筛选比例等因素。一般而言，使用者对各类测评工具的选择是基于综合因素考虑的。首先要考虑的是测评工具的测量指标，包括区分度(discrimination)、难度(difficulty level)[或称为普通度(popularity)]等指标对于当前的应用情境而言是否足够。例如，从众多的候选者中选拔一个任职者，测评实施者可能需要考虑使用具有足够区分度和难度的测评工具。其次，需要考虑该测评工具是否适用于测量当前情境下需要考察的能力或特质，一般心智能力(general mental ability，GMA)可能适合使用笔试等最高成就测验，但是对于领导力等测评内容，很多笔试工具可能就很难胜任，实施者需要考虑使用更为复杂的测评工具，包括评价中心各种方法。

最后，测评实施者还需要从招募选拔的情境、成本、时间紧迫性等指标来综合考虑使用哪种测评工具或是一系列测评工具的组合。一般而言，可以同时实施的标准化笔试在成本上是最优的，其即时性也比较好，能够快速地获得测评结果报告。尤其是基于信息系统运行的标准化笔试测评工具，相对应用程序比较复杂的测评工具其成本较高，但在对某些测评内容上具有不可替代的优势，因此很多测评专家的建议是综合、依次运用多种测评工具以获得效果最好、成本最优的测评效果。例如，通常在初试中使用履历分析、标准化笔试淘汰大量候选者，随后再使用复杂的测评工具包括情景面试、无领导小组讨论、公文筐等工具进行进一步的测评和选拔。

最后一点需要特别引起测评实施者注意的是，虽然了解并熟悉多种测评形式非常重要，但在人才测评的具体应用中，永远是内容决定形式，使用者应当从内容出发来确定测评工具的选择，而不是相反。以选拔型人才测评为例，人才测评实施的一般流程通常是首先分析待聘目标岗位；其次，根据组织现实情形确定候选人标准并实施初步筛选；再次，准备程序人才测评，从目标岗位职责和其胜任力(competence)要求分析开始，讨论测评方案并选择和设计测评工具(或工具组合)；最后，实施测评并获得测评报告以供决策依据或参考。具体如图 2-3 所示。

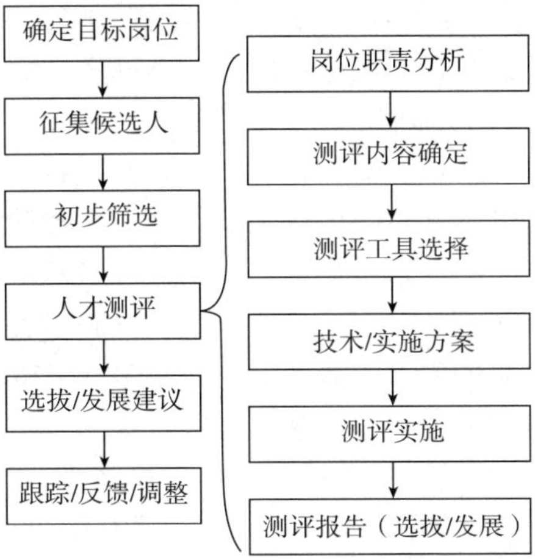

图 2-3　人事选拔中人才测评流程示例

因此可以看出，对于人才测评实践，最为重要的不是测评形式的选择，而是测评内容的确定，虽然某些测评形式可能对一定的测评内容存在更好的适用性。测评内容由测评目的决定，在上述案例中，测评的目的是在组织内部进行职位招聘，判断申请者是否能够胜任竞聘岗位的职责要求。对于内部招聘和晋升，组织已经有比较完整的申请者基本信息、现任岗位上绩效表现等，测评的关键是其在待聘岗位上的发展潜力。分析、界定待聘岗位关键的能力结构要求是测评工作关键的一步，只有确定测评内容的结构维度，才能有的放矢地选择测评工具，并制订测评方案，整个流程并无捷径可走。所以，需要特别指出的是一些人力资源工作者随意寻找一些测评工具并据此做出选拔依据或以此为参考是没有意义的，测评实施者必须充分获得足够的测评需求信息和测评内容的模型，才可以获得有效的测评结果。一些政府组织和企业即便将人才测评工作外包给专业测评机构，也需要与该机构进行深入的协作，使测评能够针对选拔（或发展）需求得以有效进行。

第二节 人才测评的理论基础

现代人才测评的最重要的理论基础是心理测量理论（psychometrics）。在其发展早期，行为科学受到自然科学的深刻影响，其中最重要的就是量化的范式的建立并取代思辨成为主流。例如，心理学家桑代克（Thorndike，1918）认为，“凡存在的事物都有数量”，一些心理行为变量，如智力、性格等，应该是可以度量的。心理学家认为在很多行为心理变量上存在显著的个体差异，包括能力、人格、兴趣、道德、价值观等。虽然其测量不可能像一些物理量，如长度、温度那样准确，但是对这些心理量的测量仍然可以通过清晰的定义、系统的理论建构和恰当的测量方式将误差控制在一定范围内进行，就本质而言，心理测量与物理测量原理并无区别。有趣的是，这一观点与中国古典哲学不谋而合，孟子曾说：“……权，然后知轻重；度，然后知长短。物皆然，心尤甚。”

在基于对心理概念可量化的假设基础上，古典心理测量理论发展了一系列概念和模型来定义测量的准确性，最重要的两个概念是测量的信度和效度。信度是测评可靠性指标，是指一个测量免于被误差干扰的程度；效度是测量有效性指标，是指一个测评能够准确测出所需测量对象的程度。以一个具体的测度为例，当一个组织部门工作组使用某种方法测评一些干部的廉洁度时，如果测评的结果是相对稳定的，不随测评者、测评时间和测评方式的不同而大幅变化，说明这个测评方法有一定的信度，结果比较可靠；如果测评的结果反映的确实是廉洁而不是其他方面的绩效，表明这个测评方式是有效的，测度的正是所需测度的目标。

信度和效度都可以通过统计方法计算出来。心理测量理论在过去几十年中获得了迅速的发展，产生了一系列新的测量模型，包括项目反应理论（item response theory，IRT）、概化理论等，但心理测量理论最重要的基础仍是古典测量理论。古典测量理论认为，所有的测量都是存在误差的，测量观测值取决于真实值和误差。显然，测量结果的稳定性受到误差的影响，误差变异越小，则测量结果越稳定。因此，信度也可以被看做一个测量的结果免于误差干扰的能力，理论上可以用误差变异相对于总变异的相对大小来表征信度，误差变异越小，则信

度应该越大。所以，可以用真分数变异占总变异的比例来表征信度的大小，即

$$R=V_{\text{true-score}}^{2}/V_{\text{total}}^{2}=(1-V_{\text{error}}^{2})/V_{\text{total}}^{2}$$

根据信度的这个界定学者们发展了一系列指标来方便地度量信度，常用的有内部一致性信度(internal cosistency)、折半信度(split-half reliability)和重测信度(test-retest reliability)。内部一致性信度评价测验不同指标之间的同质性，内部一致性系数越高，表示指标之间的同质性越强。目前应用最为广泛的信度指标就是一种内部一致性指标，即 Cronbach's α 系数，这个指标适用于李克特量表(Likert scale)呈现的测量。折半信度其实也是一种内部一致性信度指标，即把测量的问题分成数目相等的两半，计算两部分结果的相关性。重测信度是在不同的两个时间点施测，计算两次结果的相关性。在标准化统计软件(如 SAS 和 SPSS)的帮助下，现在的使用者并不需要掌握足够的统计学知识，即可快速计算出各类信度指标的数值。对于信度数值应当达到多少说明测评具有足够的可靠性这个问题，Nunnally 等(1967)曾提出一个 0.70 的经验指标，即认为内部一致性系数高于 0.70 时才认为信度是可靠的，但现在很多学者对这个标准提出了质疑。另外，对于一些信度指标，数值也并非愈大愈好，如 Cronbach's α 系数，过大的数值可能表明这个测评使用的题目或指标过于集中，缺乏对所测度概念的涵盖性。

效度是度量测量有效性的指标，即一个测量是否测得其所欲测的内容。例如，在一个情绪智力测量中，测量的目的是获得测评对象情绪智力的高低，但是由于题目编制问题容易让测评对象识破测评的目的，并且测评对象有强烈的动机获得更高的分数，这样测量的结果并不能反映情绪智力的高低，可能仅仅反映了测评对象的印象管理能力、求职动机等因素的强弱。这样，这个情绪智力测量的效度就受到质疑。从效度的定义可以看出，足够的信度只是满足测量有效性的一个必要条件，而不是充分条件。一个迷失了目标的测量，即使结果足够稳定，也不能称其为有效的测量。

相对于信度的评估而言，效度的评估问题要复杂得多。为度量测评的效度，学者也先后分别发展了一系列效度指标，包括内容效度(content validity)、效标效度(criterion validity)和结构效度(construct validity)。内容效度表示一个测验在多大程度上反映了所要测量的概念维度，通常内容效度只能通过定性的评价方法来确定，即一组专家就这个测量的内容效度做出判断，分析测验是否遗漏了某些重要的内容，或者是包含了一些无关的内容。使用者常常通过多个评价者对测评内容相关性的评估一致程度，如肯德尔系数等指标，来代表内容效度的数值。效标效度用来计算某个公认与测量目的直接有关的指标(效标)和测量结果之间的相关程度，即测量结果对个体的效标行为表现进行预测的有效性程度。如果效标是在测量之后收集的，则将这种效标效度称为预测效度(predictive validity)，如果效标与测量是同时完成的，则称为同时效度(concurrent validity)。效标效度

的数值通常是用测评结果与所选效标之间的相关来表征。结构效度是一个测量的结果与其他变量的关联呈现出与理论分析模式相一致的程度。Campbell 和 Fiske (1959)提出了聚合效度(convergent validity)和区分效度(discriminant validity)两个概念。当使用多质多法测量，即使用多种方法测评多个目标时，聚合效度是指不同的方法测量同一个目标，两者结果应当呈现很高的一致性；而区分效度是指使用同一种方法测量两个不同的目标时，两者应当能够被区分。在数值上，也常常通过相关系数来表征聚合效度和区分效度。例如，在多质多法模型中，使用者会通过观察相关系数矩阵来分析测评的聚合效度和区分效度，即同一个目标被多个不同方法测评后，其结果之间的相关值应当较高(较高程度相关，在 0.6 以上)，不同目标被同一种方法测评的结果间相关值应当较低(较低程度相关，在 0.3 以下)。

人才测评中关注的心理测量概念还包括难度和区分度这两个指标。难度较好理解，通常为一个测量项目未通过占总体(或失分值占总分)的比例。测量难度的设计要依据测量对象群体在该能力特征上的分布，并不是越大越好。与难度有关的一个概念就是测评的区分度，区分度表征一个测评的鉴别力，是指一个测评能够将处于不同能力水平的个体区分开来的程度。一般而言，当难度极低(或极高)时，测评对象大多数都能够通过(或都不能够通过)，这样该项测评题目或指标的区分度就很低。由此可见，一般而言，难度处于中等水平的题目或指标，其区分度较好。一个测评的各个题目的难度指数通常在 0.3～0.7 比较合适，整个测评的难度在 0.5 左右为妥。此外，通过不同难度题目的搭配组合这样的梯度设计，可以提升整个测评的区分度水平，这是测评使用者常常使用的一种设计方式。区分度数值可以通过高分组与低分组通过率之间的差值，或者是该题得分与总分之间的相关来表征，一般认为测评题目的区分度在 0.3 以上。

总之，古典测量理论提供了测评设计、分析与评估的基本理论基础，是人才测评必备的知识基础。近几十年来测量理论获得了重大的发展，一些理论突破了古典测量理论框架的束缚，从独特的角度来分析测量问题。其中发展最为成熟的理论是项目反应理论。项目反应理论对被试在条目上的反应概率的模型进行分析，形成项目特征曲线(item characteristic curve，ICC)，由该条目的区分度、难度和猜测系数决定，它们之间的关系为

$$P_i(\theta) = c_i + (1 - c_i)\frac{\exp[Da_i(\theta - b_i)]}{1 + \exp[Da_i(\theta - b_i)]} \tag{2-1}$$

式(2-1)表达的项目特征曲线为一个 S 形的、上下两端分别趋近于 1 和 0(概率)的曲线。其中，θ 表示在该条目所测量的概念(如某种能力、态度等)上的大小；$P(\theta)$表示该条目在所测量概念值为 θ 的概率(注意上述方程表达的是概率而不是概率密度)；D 是一个常数，通常取 1 或 1.7；a 表示该条目的区分度；b 表

示项目的难度(或普遍度)；c 是猜测系数，表示被试猜测作答的程度。基于项目特征理论的运算较为复杂，使用者一般需要借用软件工具。同时，基于项目反应理论设计的测评工具通常基于信息系统运行。例如，美国教育考试服务中心(Educational Testing Service，ETS)推出的一系列类似于中国会考或入学考试的各种测试，包括托福、研究生管理科学入学考试(Graduate Management Admission Test，GMAT)等，都是基于项目反应理论设计并在计算机上运行的。

总结而言，心理测量理论是人才测评的知识基础。在使用某个测评工具时，人事组织工作者需要全面了解该测评工具的测量特征和数值；在设计一个测评并使之走向成熟应用之前，也应当进行全面完整的测量特性的分析。但在目前国内人才测评实践中，存在大量的测量滥用现象。例如，一些人力资源管理者使用完没有得到检验的测验，将分数进行排队来做出决策参考。这样人才测评不仅可能无法对工作起到推进作用，反而浪费了时间和成本得到一些不可靠的信息。所以，专业的人力资源管理者有必要理解基本的测量理论，在实际应用中选择可靠的工具来进行测评工作。

第三节　常用人才测评技术类型与发展

事实上，人才测评技术有悠久的历史。大哲学家老子认为"知人者智"，知人善任一直被认为是极为重要的、顶级的智慧之一，在我国几千年的历史进中，古人在人才测评方面进行了大量探索，发展了大量较为科学的技术手段。在选拔制度方面，早期战国时代一些诸侯国在军事改革中实施的军功封爵制度即有通过效标测验选拔的意味。例如，以在战场上取得敌人首级或耳朵的多少作为军官擢升(及封赏)的唯一凭据。另有学者考证，其实早在周代就可能已经采用"试射"的方法来选拔文武官员，甚至在《尚书》有尧对舜继位前长达二十多年测试和考察的记载。在其后两千多年中，有据可考的人才选拔方法包括汉代的察举和征辟制度、魏晋南北朝的九品中正制，以及起源于隋唐并成熟于后世的科举制。这些制度的演进和发展突出体现了在精英治理思维下的人才选拔制度不断创新与改革的尝试。

在人才测评相关的理论方面，很多学者都有在人才选拔方面的阐述和评论，其中最著名的要数韩愈《马说》中"世有伯乐，然后有千里马；千里马常有，而伯乐不常有"，其凸显了人才与机遇之间的关系，因一个社会缺乏好的人才选拔工具与手段无法做到人尽其才的感慨。在评论之外，古代一些学者也对人才测评与选拔的方法进行了一些描述，如在《吕氏春秋》中记载的"八观六验"人才测评法等。其中，最著名的就是诸葛亮提出的所谓知人七法，即"问之以是非，以观其志；穷之以词解，以观其变；咨之以计谋，以观其识；告之以祸乱，以观其勇；

醉之以酒，以观其性；临之以刑，以观其廉；期之以事，以观其谋”。另外，还有一些学者对人才类型进行了分析。例如，西汉刘向在谈论为官之道时将官员分为正面反面各六种类型，即六正六邪。六正有“圣臣”(高瞻远瞩，防患未然)、“良臣”(敬业睦群，扶善锄恶)、“忠臣”(夙兴夜寐，进贤不懈)、“智臣”(明察成败，转祸为福)、“贞臣”(恪尽职守，廉洁奉公)和“直臣”(刚正不阿，敢诤敢谏)；六邪有“具臣”(安官贪禄，不务政事)、“谀臣”(溜须拍马，曲意逢迎)、“奸臣”(巧言令色，嫉贤妒能)、“谗臣”(巧舌如簧，挑拨离间)、“贼臣”(结党营私，专权趋势)和“亡臣”(混淆视听，朋党比周)。三国时期的刘劭将人区分为“圣贤”“豪杰”“傲荡”和“拘栗”四个类别，“心小志大圣贤之伦也；心大志大豪杰之隽也；心大志小傲荡之类也；心小志小拘栗之人也”。

在测评技术方面，古代人才测评的内容通常包括“六德”“六行”与“六艺”，即通过各种品行的外在表现、行为举止、服饰装饰、情绪反应等来鉴别人才。例如，世人所熟悉的“六艺”包括“礼”“乐”“射”“御”“书”“数”，是对礼仪、骑射、算术等多方面的考核。在测评中采取的技术包括有问、听、观、访、察、论、试等，基本涵盖了我们今天所采取的面试、履历调查、群众评议、笔试、辩论等。古代一些测试与今天记忆力、推理能力的测验并没有本质的不同，一些发明包括连环套、七巧板也流传至今。在科举考试中，其考试方法就包括帖经、墨义、词赋和策论等(历代各有侧重和不同)。例如，策论就是针对当前政治、军事、民政或某个方面的现实问题，要求参试者就此设计出一套解决办法，这种办法能够有效地模拟考察受试者的事物处理能力，直到今天的公务员考试中仍有策论这个部分。

通过对古代人才测评发展的简短回顾，我们可以看出，中国古代存在大量的、丰富的人才测评理论与技术，甚至对今天的人才测评实践产生了深刻的影响。但需要承认的是，尽管中国古代存在大量的人才测评方面的记载和论述，但与其他自然和社会学科一样，由于实用主义倾向加之缺乏基于逻辑的分析思辨和系统整理的传统，没有形成概念化的知识体系而仅限于经验的描述和总结，终究没有形成一个独立的学科。所以，现代人才测评技术，包括学科知识体系、标准化测评方法、量化的指标体系等仍是从西方传入我国进而逐步发展起来的。

在西方国家，现代人才测评工具最初是在学校、军队、医院中使用，然后应用扩展到企业和政府组织的管理实践中去的。最早西方心理测验的产生源于教育实践中对弱智儿童的鉴别的需要。由于工业革命带来劳动力需求的急剧增加，一些工厂大量采用童工。地方官员与工厂主定约，每雇若干名童工，必须要带一个低能者；另外，一些学校也需要鉴别智力落后的儿童。在鉴别智力落后儿童的问题上，人们逐渐发现，仅靠经验观察可能是不准确的。在大量需求下，19 世纪末“比奈西蒙量表”被开发出来用以测量儿童的智力，并拉开了随后半个世纪中心理测验大规模应用的序幕。

第一次世界大战期间，为了选拔士兵和军官，美国心理学家推孟等最先把智力心理测验应用于军队中，由于大量实施测评的需要，他们将针对个人的智力测评方法改造成可以在群体中同时进行的智力测验形式，即所谓“团体智力测验”，用以筛查避免智力落后者进入军队，并挑选智力优秀者进入一些有特殊要求的兵种，如侦察、通信等。他们开发的量表即是后来人们熟知的“陆军甲种测验”和“陆军乙种测验”，两个量表分别用来测查英语使用者及文盲或非英语使用者。第二次世界大战中这些测验被改进，并且有一些新的测验被开发以满足军队中测评的需求。一些军用心理量表的预测效度在应用中得到了充分的验证。例如，早期美军招募的飞行员中有 87%因飞行表现不佳而被淘汰，而随着多种测验及选拔技术的发展和普及，美军飞行员淘汰率由 70%降至 36%。

标准智力测验通常由一系列笔试或操作任务题目所构成，这些题目分别从不同的智力维度对受试者的智力水平进行测度。以应用最为广泛的智力测验之一——“斯坦福-比奈智力测验”为例，在 1916 年比奈西蒙智力测验被引入美国以后，该量表得到多次修订。在 1986 年的修订版本中，这个智力测验由 15 个分测验构成，可以被用来评定 4 种智力，包括言语推理、抽象/视觉推理、数量推理和短时记忆。其后一些研究者通过因素分析等统计方法证明各个智力成分差异表现事实上是可以被一个基本智力维度所解释的，即所谓智力的单因素理论，他们将这种基本因素称为一般智力因素(或一般心智能力)。根据这个假说，强调智力测验涵盖多个维度范畴的意义非常有限，可以用成本更为节省的笔试来进行一般的智力测评。因此很多研究者和实践应用者开发了很多更便于使用的完全以笔试进行的智力测验方式并在人才招募和选拔中进行应用。

一般而言，智力测验是一种典型的最大成就测验，由于智力具有很强的评价意义，个体也被鼓励在问题解决中尽力提供最好的表现。受试者针对所设计的问题情境，通过智力认知活动形成答案来表明其智力水平[通过常模(norm)与人群分布进行比较]。智力测验通常包括一系列推理、演算、记忆等方面具有一定难度和区分度的题目，受试者需要在规定的时间内完成对这些问题的回答。

下面为一个典型的智力测验题目。

来自英国、法国、日本、德国的甲、乙、丙、丁四位旅客，刚好碰在一起，他们除懂本国语言外，每人还会说其他三国语言中的一种。有一种语言是三个人都会说的，但没有一种语言四人都懂，现知道：

(1)乙不会说英语，当甲与丙交谈时，他却能替他们做翻译。

(2)甲是日本人，丁不会说日语，但他俩却能毫无困难地交谈。

(3)乙、丙、丁交谈时，找不到共同语言。

(4)四个人中没有一个人既能用日语交谈，同时又能用法语交谈。

可见(选择正确的一项)________

A. 甲：日语德语 乙：法语德语 丙：英语法语 丁：英语德语

B. 甲：日语德语 乙：法语德语 丙：英语德语 丁：英语法语

C. 甲：日语法语 乙：日语德语 丙：英语法语 丁：日语英语

D. 甲：日语法语 乙：英语德语 丙：法语德语 丁：日语德语

E. 以上都不对

智力测验的分值通常由各个部分的题目分别加总而成，然后查看受试者的年龄，早期的智力测验用得分除以年龄得到的比值作为智力水平指标，即所谓“智商”概念的来源。而现在绝大多数智力测验都是查看在受试者年龄上测验分数的分布，即常模，因为常模通常为正态分布，考察均值与标准差即可确定该受试者在人群中的位置，以此作为智力测验的分值。通常而言，智商所设定的均值为100，标准差为15，计算智商的公式为

$$IQ=100+15(X-M)/SD$$

其中，X是智力测验的分支；M是该年龄段平均值；SD是该年龄段标准差。因此，智力测验的分值被转化为智商分数，根据正态分布的概率计算，智商在130以上，即超过两个标准差以外，占人群比例不到百分之五，应当属于高智商个体。

各类心理测验，尤其是智力测验，在20世纪上半叶的美国社会中逐步达到顶峰。在军队招募、公司招聘、学生入学等很多场合被广泛使用。智力成为很多组织的“通行证”，人们对智力测验的功能几乎达到迷信的程度。著名的电影《阿甘正传》(*Forrest Gump*)中，阿甘在一次申请入学时由于智力商数只有75分被校长拒之门外的场景，就是那段时期智力测验被广泛使用的一个缩影。另外，智力测量结果在各个种族之间的简单比较也造成了很大的负面影响，被认为是给种族主义提供所谓科学证据的支持。例如，Hernstein等在其作品“贝尔曲线”中，根据其发现的种族间在智力测量得分上的差距，就大肆鼓吹智力的种族优越论，这也引起了很多人对智力测验的质疑和智力理论的重建，其中就包括斯滕伯格提出的实践智力理论。

差不多在智力测验被广泛应用的同一时期，“诚实测验”(也称为“正直测验”)等非智力因素测验也得到广泛的关注。借助于测谎仪的应用，诚实测验似乎能够提供较高准确度的测评结果。测谎仪是一种通过测量刺激所引起生理参数变化的方式来判断受试者是否撒谎的仪器。其实“测谎仪”的原文可直译为“多项记录仪”(polygrapher)，它只是记录受试者的皮肤电阻、呼吸节律、心跳/脉搏等生理指标，但如果在记录这些指标的时候，给受试者呈现一系列刺激物，并要求其进行

一定的反应，对于撒谎者而言，其不经意流露且难以控制的生理变化可能将其谎言暴露出来。在测谎仪所记录的各项参数中，以皮肤电阻最为敏感，被使用的频率也最高。测谎仪和测谎方法被开发出来以后，在美国风靡一时，首先在刑侦、国防等方面获得了广泛的应用，其次被应用于保险、商贸，甚至雇员招聘领域。例如，20世纪80年代，里根总统曾试图在全美政府机构中广泛地使用测谎仪来进行有关国家安全方面的调查(但遭到国会的反对最后被搁置)。由于目前测谎技术不能保证百分之百的准确率，所以其在人才测评领域方面的应用遭到了美国劳工及人权组织的强烈反对，美国国会后来通过了一项法案，在很大程度上禁止了雇主使用测谎仪对工作申请人进行测评的行为，此后测谎仪在企业人才测评中的使用几乎绝迹。

在智力测验及诚实测验获得大量应用以后，有关人格、职业兴趣、价值观、创造力等各个方面的测评工具也被开发出来，并在招聘选拔中获得了广泛的应用。其中比较著名的包括梅耶-布里格人格类型测验(Myers-Briggs type indicator，MBTI)、霍兰德职业兴趣量表等，这样通过笔试进行的测评工具的发展到达一个高峰。但后来的一些研究也表明，一些测评工具事实上与使用者所关心的效标之间并无关联。例如，后续的实证研究结果表明，MBTI的测试结果与工作绩效之间没有显著相关。

在笔试测评被发展应用的过程中，研究者还提出了标准化测评的概念。事实上，各类人才测评工具实际上也是对行为样本的客观化和标准化的测量，通过向测评对象呈现一系列典型情境，要求测评对象对这些情境做出反应，并收集测验结果来分析和量化相应维度上的个体差异。而标准化人才测评的最重要优势在于其应用变得极为简化，测评者经过较短时间的专业训练即可掌握。一个标准化的人才测评工具应当有测验指导语、题本、计分方法和解释方法四个部分。测验指导语向测评对象说明在回答问题时的注意事项，包括测验的目的、测验的长度、需要的时间、作答要求、回答顺序等，但有些测验需要向测评对象隐蔽测验目的。测验题本由测验题目组成，测验题目必须是经过比较和筛选后确定的，具有较强的区分度和适当的难度，题目数量也必须适合，既使得测验结果能够有效减少测验的随机误差，又能够保证多数测评对象能在一定时间内完成。计分方法是测验结果的计算方式，即常模类测验(normative test)，测验分数的解释需要通过与常模的对照，所谓常模就是测验结果在对应施测人群上的平均数和标准差，而自模类测验(ipsative test)不存在常模。最后还应提供不同分数段的解释方式，保证人才测评工具解释方法的规范性和一致性。

标准化体现在人才测评工具的编制、实施、记分以及人才测评工具分数解释等一系列环节。根据古典测量理论，为了减少观测数值与真实数值之间的差距，可以从减少随机误差入手。为了保证人才测评工具在选拔应用上的效果，在使用前应当对测验进行标准化，使人才测评工具的施测条件和程序达到连贯性和一致性。在人才测评过程中，可能导致随机误差的因素很多：在测评对象方面，影响因素包括其身体状况、动机强弱、注意力集中程度、焦虑高低以及之前参与人才测评工具经验等因素；在测评主试者方面，有年龄、教育背景、态度、经验等因素；在施测过程方面，有场地的噪声、温度、光线、房间大小、设备运行状况等因素。通过测验的标准化，可以减少无关因素对人才测评工具测评结果的影响，使测量准确、客观，并可以形成统一标准，便于测验结果之间的直接比较，因而也便于测验被反复使用。对于人才测评工具的分类，可以从功能、呈现材料、组织方式等多个角度进行：从测验功能的角度，常用的人才测评工具包括智力测验、胜任力测验、职业兴趣测验、人格测验等；从测验呈现材料上，可以分为文字测验和操作性测验；从测验组织方式上，可以分为个体测验和团体测验；从测验反应的要求上，可以分为最高行为测验和典型行为测验，前者指测评对象尽最大努力进行填答，如智力测验，后者则要求测评对象在一般动机水平上按最常见行为方式进行回答，如职业兴趣测验、人格测验等。

某职业兴趣测验样例

请判断自己对以下事物是否感兴趣，如感兴趣，请在答题卡上将相应题号的①涂黑，如果不感兴趣，则将②涂黑。

……

- 为别人出主意　①感兴趣　②不感兴趣
- 数据的汇总和计算　①感兴趣　②不感兴趣

……

在标准化笔试之外，另一类测评技术也被逐渐开发出来并进入企业应用。在智力测验被广泛应用时，研究者发现智力对实际工作表现差异的预测力比较有限，大量的工作绩效变异实际上不能被智力测验所解释，尤其是对一些职责比较特殊的岗位或级别比较高的工作岗位，如政府或企业部门高管、高级军官及情报人员等。从人才测评的角度，在测评内容上，似乎总有一些非智力因素对预测绩效表现有重要影响；在测评方法上，通常的笔试方法似乎难以对这些关键因素进行有效的测量。基于这些测评需求，研究者开发出一系列标准化笔试以外的测评工具，这类测评技术以模拟技术为主，最早应用在军队中，通过模拟实战情境中各种任务的完成情况来对候选者的潜质进行评价。由于在军队中应用情况非常理想，极大地提升了人员选拔的准确性，这类测评技术的应用逐步拓展到民事组织中。在20世纪50年代，美国电话电报公司首先把美军招聘情报员使用的技术进行改进，用在企业评价、考核和选拔管理人员之中。测评对象被要求完成一些模拟任务，专家对其表现进行观察和评价。这套方法后来被称为评价中心技术(assessment center)，其中的很多测评工具有很好的预测效度。例如，积累的实证数据表明，对于工作绩效而言，评价中心技术的预测效度是多种测评方法中最高的。目前较常见的测评工具对绩效的预测效度汇总比较结果如表 2-1 所示。

表 2-1　各类测评工具对绩效的预测效度

测评工具	预测效度
评价中心	0.65
行为面谈	0.48～0.61
工作样本	0.54
能力测验	0.53
人格测验	0.39
履历核查	0.38
非行为面谈	0.05～0.19

评价中心技术主要是由一系列模拟技术组成。一般的评价中心的实施通常是在为期 2～3 天的时间中，多名测评对象被要求完成一些模拟任务，并由若干名评价专家或者是受到过严格培训的人力资源经理对测评对象的表现进行观察，并在事先设定的评价维度上对每位测评对象进行评估。一般这些任务是在一个较大的会议室完成，在某些测评中也使用装有单向玻璃墙的房间，以便于评价专家隐蔽地进行观察。常见的模拟技术包括无领导小组讨论、公文筐测验、演讲、管理游戏、情景面试等。

情景面试通过关键事件访谈等方法，对待选拔岗位进行分析，确定关键影响因素并设计一系列标准化问题及答案计分方法，在面试过程中对所有候选者询问同一组问题，并按照预设的计分方法对候选者做出评价。通常这些问题将访谈资料整理后，抽取出关键情景描述，然后加工改编还原情景内容，让受试者对这一模拟的问题情境进行回答，从而分析受试者相应的能力特质要素。以下为某组织部在选拔副处级干部时使用的一个情景面试问题的样例。

你向机关领导呈送一个待解决问题的请示文件，但收到批复后发现主要领导之间的意见不一致，作为办公室主任的你怎样处理呢？

答案标准(计分点)：①要严格保密，防止将领导不同意见扩散，造成不良影响或误会；②根据请示的内容，向主管领导汇报，根据领导意见决定具体处理办法；③了解文件呈送过程中的情况，为何文件直接交送到不同领导手中而没有依次进行，总结经验教训，防止类似事情发生。

从这个例子中我们可以看到，让所有受试者对同一问题情境进行反应有助于对他们进行公平的比较。而问题情境是根据待选岗位的工作内容和要素的关键点形成的，这样的问题距离实际工作情形更为接近，因此受试者的反应能够较好地体现并预测其在待选岗位上任职时的工作绩效。

另一个应用非常广泛的评价中心测评工具是无领导小组讨论。无领导小组讨论是由测评者提供一个讨论议题，测评者对受试者指定或者不指定特别的角色进行讨论(不定角色无领导小组讨论或定角色无领导小组讨论)，并要求在讨论后达成一个小组决定。一个小组通常由4～8名受试者组成。在讨论的过程中，测评者并不指定小组的主持者或领导，也不指定位置，由受试者自行组织决定。测评者(多数情形下是由多个测评者组成的评价组)本身并不参加讨论，但对每个受试者在讨论中的表现进行观察(也可借助于录像工具事后观察)。评价专家组对每一个受试者在事先设定的评价框架维度上对其进行评分，如沟通技能、说服能力、领导能力、自信程度、灵活性等能力特质要素。因此，在实施无领导小组讨论之前，测评者需要形成一个评分维度框架和细则，包括在哪几个能力维度上对受试者进行观察，以及受试者得分或失分的评分点的规则，都需要事前确定，以确保在同一个框架下对受试者进行评价。以下为某企业一次外聘高管人员时使用的无领导小组讨论题目。

假设你是某知名食品公司的业务员，现在公司派你去偏远地区销毁一卡车的过期面包(不会致命的，无损于身体健康)。在行进的途中，刚好遇到一群饥饿的难民堵住了去路，因为他们坚信你所坐的卡车里有能吃的东西。这时报道难民动向的记者也刚好赶来。对于难民来说，他们迫切需要解决饥饿问题，肯定会扑向这批过期面包，而记者一般也不会放弃这个捕获新闻的好机会。你认为这个业务员该如何处置最为恰当？请仔细思考如何处理这个问题，通过小组讨论得出解决这个问题的方法(可先依次轮流发言，然后集体讨论，最后总结形成决议，讨论时间为20分钟)。

在无领导小组讨论过程中比较容易观察到讨论的组织者、积极参与者、被动参与者、控制者等自主形成的角色。从讨论互动过程中，可以测评到单一面试所难以检测到的胜任力指标，受试者在讨论中也可能相对无意暴露自己较为真实的个性特征，因此无领导小组讨论能够相对全面地测评受试者多个方面的能力和人格特质，也便于在候选者之间进行横向比较，且能够同时测评多个受试者，能节省大量的时间。无领导小组讨论方法的应用范围也非常广泛，适用于多个行政管理领域的测评。因此，近年来无领导小组讨论这个测评方法，在中国政府各个级别职务的公开招考、各级干部选拔，以及企业一些关键管理岗位的内部选拔外部招聘，甚至是一些学校的工商管理硕士(master of business management，MBA)

招生过程中得到了广泛的应用。事实上，无领导小组讨论的议题的选择来源可以相当广泛，为避免知识和工作背景对结果的影响，通常选择的话题是一般社会生活或惯常的工作情境中发生的一个细节片段，以保证受试者能够在这一话题上有共同的语言来参与讨论，这样可以相对公正地评价受试者在关心的胜任力维度上的水平。例如，在某校 MBA 招生面试环节中使用的无领导小组讨论的议题就以近年来受到公众广泛关注的食品安全作为内容。

近期中国媒体曝光了部分地区出现的"毒生姜"事件，这一事件也引起了国外媒体的关注。美国《侨报》的报道称，虽然纽约市场上销售的生姜绝大部分来自中国，但是对于"毒生姜"事件，超市经营者表示，"完全不用担心"。

"毒生姜"是指用硫磺熏制的生姜，其外表颜色比普通生姜更嫩黄，经常食用该有毒生姜会对身体造成不同程度的损害。据报道，纽约市场上销售的生姜主要来自中国、夏威夷和南美地区，而中国出产的生姜由于有较强的价格竞争优势，一直以来保持较稳定的进货源。除了大型的华人超市负责人否定"毒生姜"入侵纽约市场，纽约华埠的零售菜贩也对"毒生姜"一事表示不担心。

纽约华埠中国城超市负责人表示，"美国食品药品监督管理局(Food and Drug Admini stration，FDA)一直以来对进口蔬菜水果管理得非常严格，虽然生姜来自中国，但是出口的蔬菜都要经过美国有关部门严格检测才能进入市场，我认为消费者完全不需要有后顾之忧"。

但事实上，这种说辞可能并不一定符合事实，尽管美国对食品监管严格，但在 2008 年，添加了三聚氰胺的宠物食品被进口到美国市场，直到出现了大量的宠物生病以及少量死亡病例时，FDA 才介入调查并将被污染的食品下架，但危害已经发生了。

你认为"毒生姜"真的不可能出现在美国华埠超市，并且美国消费者真的不需要担心买到"毒生姜"吗?

另外一个应用较为普遍的评价中心测评工具是公文筐测验。公文筐测验也是一种情境模拟测评技术。公文筐测验是由测评主持者事先准备好大量报告、备忘录、电话记录、信函以及其他材料，在实施过程中要求测评对象对这些公文进行处理，测评专家根据被试处理公文的质量，设定若干维度对测评对象进行评价。通常这些公文的选择是经过对待选岗位工作内容的详细分析，抽取最具有代表性的公文处理情境并加以简化和抽象而最终成型的。提供给受测者的公文通常会涵盖工作内容的各个方面。例如，某个行政性县局(副处级)选拔的公文筐测验所挑选的公文可能包括上级指示、人事组织、资金财务、政府法规、群众工作、上访处理、群体性事件、工会等多个方面。测评者既根据受测者的书面答案，也根据

其在处理公文中的行为表现，对受测者在计划、组织、决策、授权等方面的能力进行评价。与其他评价中心测评方法一致，公文筐测验也要求测评者将公文筐文件、所测评能力维度结构和评分细则在测评之前确定下来，保证所有评价者使用同样的标准来考察受试者。以下样例为某公司在招聘人力资源部门经理时使用的公文筐测试的一个题目缩略版。

某公司是一家以经营装修材料为主，集研发、生产、营销、设计、施工于一体的大型企业。经过近20年的发展，已成为拥有数亿元净资产的股份制公司。到2013年，公司员工800多人，在全国各地设立了多家销售分公司以及两个生产基地。公司实行董事会下的总经理负责制，下设生产副总、营销副总和人事总监三个副总经理级别的高级职位，分管相关职能部门，财务部和办公室直属总经理领导。

在本次测评中，设想你的身份是该公司刚上任的人事总监。公司前任人事总监上个星期五突然辞职另谋高就，本星期二你被公司确定接任其工作，你目前的直接上级是总经理。在担任此职务之前，你是公司公关策划部主管经理。

人事总监分管人力资源部，并兼任人力资源部部长。人力资源部下设招聘、薪酬、绩效、培训和劳动关系5位主管，共有12名员工。你被任命后，一直忙于新旧部门的交接工作，直至4天以后的今天(星期五)，你才有时间可以开始处理积压的公文。你上午8点已经到达办公室，但总经理秘书通知你总经理找你谈一件事情。9点钟你回到办公室，放在你办公桌上的有一些书面请示、便函等，还有一些电话录音和电子邮件需要回复。11点钟你务必参加一个公司高层的办公会议，所以，留给你处理公文的时间仅有两小时。

【测评任务】

在接下来的两小时中，请你查阅文件筐中的各种信函、电话录音以及电子邮件等，并用如下回复表作为样例，给出你对每个文件的处理意见。

具体答题要求是：

(1)确定你所选择的回复方式，并在相应选项前的“□”里画“√”；

(2)请给出你的处理意见，并准确、详细地写出你将要采取的措施及意图；

(3)在处理文件的过程中，请注意文件之间的相互联系。

回复方式(请在相应选项前的“□”里画“√”)：

□信件/便函

□电子邮件

□电话

□面谈

□不予处理

□其他处理方式，请注明

回复内容(请做出准确、详细的处理批复)：________

【文件1】

类别：电话录音

来电人：刘国能综合办公室主任

日期：星期一

总监：您好！

我是办公室老刘，给您反映的老丁那件事又拖一段时间了，您一直没有答复我。老丁从上次机构调整之后来办公室当副主任，我必须承认他确实是一个非常能吃苦的人。前段时间我因公出差，总经理将一项大型会议准备接待工作交给了他，他接到任务后，四处奔波，从联系开会地点、车辆、食宿到回程车票等，工作非常辛苦，但还是因为开会地点安排不当，使会议推迟了半天开幕。这类事情已经发生多次了，部门内部很多下属对他的工作能力都很有看法，希望您能和汤总沟通一下，对综合办公室的人事安排重新做出调整，否则综合办公室的工作会受很大影响。能否安排一个时间我们好好谈谈？

【文件2】

类别：E-mail(加急)

来电人：李平森尔尼培训公司销售主管

日期：星期三

×总，您好！

我是××培训公司李平，我们为贵公司的团队合作训练制订了一套拓展培训方案，总共三期，第一期培训已经完成。按照协议规定，在完成第一期后将支付当期的全部费用。但贵公司的培训主管李小红以员工对培训课程的满意度没有达到80%为由，拒绝支付剩余款项。虽然合同对培训满意度和费用支付有详细的规定，但由于培训课程的满意度是贵公司单方面进行调查的，我们对调查结果存有很大疑虑。我们希望能尽快与您见面，以解决费用支付问题，否则我们将按照合同规定中止后两期的培训，并按规定不再返还合同签订时支付的保证金。

【文件3】

类别：书面请示

发件人：厉明劳动关系主管

日期：11月23日

×总：您好！

最近，我在医疗管理上遇到一件麻烦事，不知怎么处理。事情是这样的：我们在徐州的生产基地最近频频出现工伤事故，事故数量占到今年集团工伤事故总数的68%。从事故的具体情况来看，多数为十级伤残，且绝大多数受伤员工是来自同一个职业中介机构，很多人还是同乡，工伤事故多发生在正式合同签订后的2、3个月内，事故发生后，单位都按规定为受伤的员工支付了全部医疗费用，但多数员工伤愈后都立刻提出解除劳动合同，并要求单位支付一次性工伤医疗补助金和伤残就业补助金。从我的角度看，这一系列事故可能不单纯是工伤事故问题，您看我该如何处理这个问题？——厉明

【文件……】

公文筐测验的一般实施程序是将设计好的文件整理堆放，要求受试者在规定的时间内对各类公文进行现场处理，评分专家则根据受试者在处理文件中的行为表现和书面答案，对其计划、组织、决策、沟通、授权等能力在事先设计好的能力维度上根据评分细则进行评价。从公文筐测验的设计和实施程序可以看出，这种测评工具最大限度地模拟了很多管理岗位的工作情境，具有很好的表面效度。公文筐测验考查内容广泛、应用范围大、综合性强、并可将多种业务知识及行业经验要素融入其中，具有非常好的适应性。目前的实证研究也表明公文筐测验的效标效度非常好，能够有效地预测工作绩效，因此公文筐测验是目前应用最为广泛的评价中心测评工具。但很明显，公文筐测验的时间跨度比较长、设计和评分相对复杂、测评成本也比较高，比较适合在一些重要岗位、较高级别职务的选拔程序中运用。

总结而言，前面的讨论对人才测评技术的发展和目前人才选拔中使用的各类重要测评技术进行了回顾、介绍和分析。一般而言，标准化笔试在人才测评的各类技术中是相对较易使用的、评分相对简单、结果比较客观、成本相对最低，并且比较容易通过信息系统进行自动分析处理以进入综合的信息化人力资源管理系统整合集成，但其缺点是对于一些非基础性的能力或人格特质较难通过笔试获得准确的测度，测评结果对实际工作绩效的预测能力有限。而相对于传统测评技术，评价中心技术通过模拟特定的工作条件和环境，并在特定的工作情景和压力下实施测评，测评对象在测评中面临的问题情境与实际工作的问题情境极为接近，测评情境与现实情境的匹配度大大提高，理论上可能使得测评对现实工作表现的预测度得到提高。一些研究也表明很多评价中心技术有较好的预测效度，更为重要的是，已有研究表明，与传统技术相比，一些评价中心技术能更为充分地解释预测效标的变异，再次证明评价中心技术较好的预测效度。评价中心技术的不足之处主要在于两点：一是测评需要的成本较高，花费时间较长；二是相对于标准化的心理测验而言，评价中心技术的实施效果比较依赖于测评人员的专业训练，没有受到系统培训的企业内部人力资源管理者在独立使用评价中心技术时可能会遇到较大的困难。

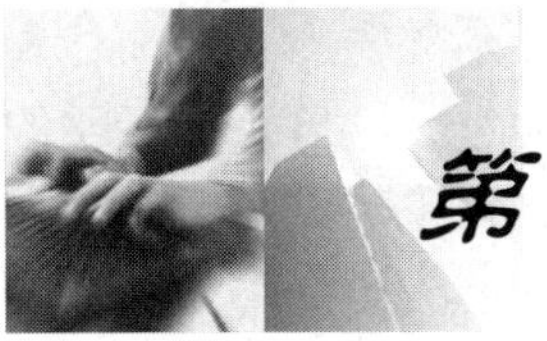

第三章

人才测评中的标准化测验

第一节　从工作绩效的KSAO模型看人才测评

在人才测评的各类测评工具中，标准化测验相对于其他测评方式显然在量化结果、操作的便宜性和成本上具有很强的优势，在学术研究和实践应用上可能都是被首先考虑的选择。从测评效益的角度，只有在存在标准化测验无法完成的选拔测评情形下，才考虑使用非标准化的测评工具。标准化测验中应用的最为广泛的两类测验，包括认知能力类测验和非认知能力类测验。认知能力类测验是对以认知能力为基础的各项能力特征进行量化测评，非认知能力类测验一般是指对认知能力因素影响以外的各类特质，包括人格特质、气质、态度倾向、价值观念等进行测评。

人才测评的目的是能够有效地预测受试者的工作绩效，甄别适合岗位要求具备发展潜质的个体。对于选拔应用而言，通过人才测评者应当比未通过测评者在中长期的时间有更优异的绩效表现，人才测评的结果应当能够比较有效地预测个体的工作绩效。因此，一般的人才测评程序都是从对所针对的岗位进行分析开始，确定测评的内容。究其本质而言，人才测评需要对绩效关键的内在的相关因素进行评定，从而对未来的绩效进行预测，并据此做出测评的结论。因此可以从绩效模型的角度来分析人才测评的理论，从而对众多的理论模型和测评技术做出一个分析框架。

工作绩效及其相关影响变量是长期以来一直受到关注的重要话题。在影响工作绩效的诸多变量中，研究者的关注点首先在影响工作绩效的直接因素上，包括工作知识、技能和能力。显而易见，不同的工作类型对工作知识、技能和能力的要求是不同的，这样似乎需要在不同的工作类型上分别构建绩效模型，从而作为人才测评的基础。另外一个问题是，工作知识、技能和能力都会随着工作经验的积累而提高，是工作时间的函数。在人才测评中，形成了两类不同的观点。一类观点认为，应当在较为深入、抽象的层面上对工作中的认知能力进行测量，如从一般心理能力(general mental ability)的角度对认知能力进行评价，很多研究证实了一般心理能力对工作绩效的预测效度。从较为抽象的概念层次上对工作中认知能力类因素进行测量的优势有两个：一是能够节省成本，不需要分别就很多不同的工作类别进行分析和测量构建；二是抽象的、深层次的认知能力有更高的稳定性，不受到练习、经验等因素的影响，对中长期的工作绩效有更好的预测效果。例如，虽然直接的工作知识确实能够有效预测测评对象即期的工作绩效，但是却难以预测其学习能力、创新能力等，因此对其发展潜力的预测效果可能较差。

另一类观点认为应从相关的直接的层面对造成绩效差异的因素进行测评。胜任力概念的提出可以被认为是这种观点的反映。胜任力是个体完成某项任务需要的能力，这里能力的概念是广泛的，包含知识、技能、行为等因素，胜任力概念是由心理学家麦克里兰提出的，目的是为了发现区分某个岗位绩效卓越者和平常者的关键因素。后来学者们提出了一系列胜任力的结构模型，如领导胜任力、管理胜任力、销售胜任力等。仔细分析这些胜任力模型，可以发现胜任力虽然主要涉及认知能力因素，但也涉及认知能力以外的因素，包括人格、意志力等。从与工作绩效关系的路径上看，工作知识和技能是近端的影响因素，一般认知能力是远端影响因素，而胜任力似乎介于两者之间。因此，使用胜任力作为测评的主要内容有两个优势，即胜任力有一定的稳定性和普适性，同时与工作情境有较强的匹配度。但是胜任力在理论上存在一些不足，首先研究者提出许多胜任力的类别，但是在有些类别上区分界限不是很明晰，更重要的是，胜任力包含了很多的元素，从认知能力到人格特质等，这样可能造成一些概念上的混乱。但基于胜任力的分析仍然是人才测评中确定测评内容最重要的理论基础。

除认知能力外，近年来学者们倾向于在更广泛的层面探索绩效的影响因素。研究者开始关注非认知类变量，包括人格、价值观等。尽管人们很早就观察到部分工作绩效变异可能是由一些非智力因素导致的，但是一方面由于对于这些非智力因素的结构和测量方法都缺乏共识，另外很多非智力因素被证实与工作绩效之间也没有显著的相关；另一方面则由于智力测验的大量应用，最终使得这些非智力因素没有引起人们足够的重视。但近年来由于大五人格模型(five-factor model，FFM)的提出为非智力因素的研究提供了扎实的理论基础，后来的实证研究表明了人格特质事实上可以预测很多岗位的工作绩效，同时人格特质对工作绩效的作用是独立于认知能力因素而发生的，这些令人振奋的研究结果又重新点燃了人们对非智力因素的兴趣，随后很多研究表明特质对于绩效行为的预测是有效的，间接否定了早期米歇尔关于特质因素对行为影响非常有限、远不及情境因素重要的论断。由于包括大五人格特质在内的很多关于非智力因素的测评是通过标准化笔试工具所进行的，这些研究表明了对于非智力因素的测量也可以通过标准化测评进行，并且测评结果是能够有效预测工作绩效变异的。

Greenberg 提出一个关于个体差异与工作效果的一般模型，这个模型反映了通常研究者所认为的工作绩效和相关影响变量的一般关系模式。这个模型认为，个体的工作绩效受到个体的知识、技能、能力和其他因素(knowledge，skill，ability，other，KSAO)的影响，此外还受到情境因素的制约，最终形成了一个关于工作绩效前因变量的 KSAO 模型，如图 3-1 所示。

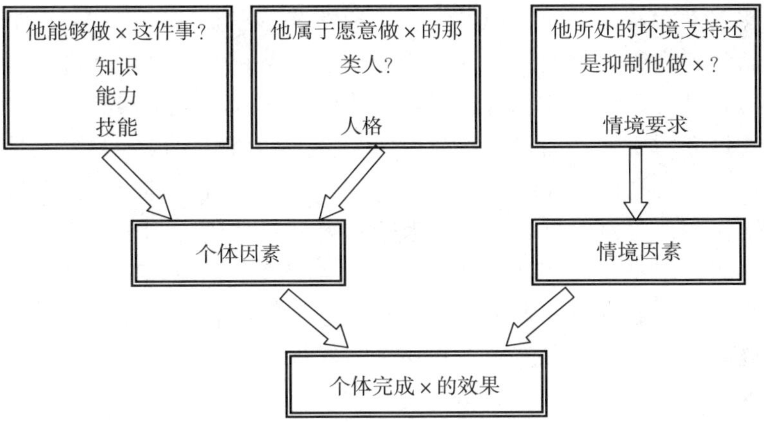

图 3-1　工作绩效及其影响变量的一般关系模式

资料来源：Greenberg J. Organizational Behavior(8th ed.). New York：Lawrence Erlbaum，2001

根据 Greenberg 的绩效前因变量的一般模型，绩效由工作者个体因素及情境因素(以及两者之间的交互作用)共同决定。其中，个体因素包括工作的能力和工作的意愿，工作能力由个体的知识、技能和能力所决定，工作意愿由个体的人格、价值观等因素所决定。这些因素与工作绩效的作用关系，有的因素比较近，有的因素比较远。例如，工作知识可能是影响工作绩效的近端(直接)因素，而一般心智能力可能是影响工作绩效的远端(间接)因素。而根据计划行为理论，行为意愿、工作动机可能是影响工作绩效的近端因素，而人格特质可能是影响工作绩效的远端因素。但无论这些牵引变量对工作绩效发生作用的相对远近，从影响绩效的角度，可以将人才测评的内容分为基于认知能力的测评和非认知能力因素的测评两个类型。认知能力测评包括智力测评、工作技能测评等，通常采取最高行为测验的方式，测评对象存在很强的动机、尽最大努力完成测评中呈现的任务；非认知能力类测评包括一些人格测验、职业兴趣测验、管理风格测验等，通常采取典型行为测验的方式，测评对象按照一般的行为模式进行反应。另外还有一些测评同时涉及认知能力类因素和非认知能力类因素。例如，一些使用模拟技术进行的管理决策测评，既考察基于认知能力的抽象思维能力、系统思考能力等因素，又考察决策风格、沟通方式等。从认知能力因素的角度区分两类人才测评主要是为了理论讨论的进行，两者之间并没有一个绝对的界线。

另外一点需要特别指处的是，通常而言，对于近端的、直接的影响工作绩效的因素通常是有工作特异性的，这些因素一般随岗位职责内容的不同而变化。所以，尽管近端因素可能对工作绩效的预测效果更好，但对这些因素的分析常常需要结合具体的工作岗位、通过工作分析等访谈和观察的方法才可以获得，所以对近端因素的测评往往难以采取通用的标准化测评工具来进行。而通常相对远端的、间接的、基础的影响因素虽然在预测工作绩效的效度上可能会有一定的折扣，但这些因素常常具有跨情境的特征，通常并不需要随岗位和应用情境的不同而特别编制测评内容，因此较容易使用通用的标准化工具来对其进行测评，如一般心智能力和大五人格特质。在这里，人才测评实践者似乎遇到了一个需要平衡问题。但人资部门工作者需要始终注意的是应用的情境是决定测评工具选择的最重要因素。如果待选岗位是一般初级入门职位，候选者(或应聘者)人数众多，通常采用标准化测评工具对远端的、一般个体差异特征进行测量，不是一个节省时间和成本的明智之举；而如果待选岗位是中层或高管职位、候选者人数有限，这时标准化测评工具若测量一般个体差异特征，可能难以将候选者区分开来，因为候选者在这些特征上的差异有限，而这个时候提升测评的预测能力对于这些高级岗位的测评又非常重要，因此需要通过更为复杂的方法，即测量较近端的影响因素。

这样，总结而言，对工作产出的预测能力是评价测评工具最重要的指标，根据工作绩效的KSAO模型，可以大致将人才测评工具分为认知能力测评和非认知能力的测评。从标准化测验的角度，对一般智力因素和非智力因素的测量可能是较容易通过标准化笔试获得较为准确的测评信息的。因此，下面我们将重点介绍一般智力和非智力因素的相关理论概念和标准化测评工具。

第二节 认知能力的测评

认知能力因素测评的理论研究是从对智力结构的探讨开始的。古代中国人们已经开始采用一些操作游戏、系统观察的方式来考察个体的智力水平。据考证，在中国古代，七巧板、华容道、九连环等游戏被用来作为衡量儿童智力的指标，图3-2列出了中国古代七巧板拼出的各式图样和文字。公元六世纪初，南朝人刘勰的著作《新论·专学》中提到了类似现代“分心测试”的思想。但对智力的考察很少像现代心理测验那样系统、独立地进行，其考察通常与品质、道德、诚信等联系在一起，诸葛亮曾经提出了一些测评的方式："一曰，间之以是非而观其志；二曰，穷之以辞辩而观其变；三曰，咨之以计谋而观其识；四曰，告之以祸难而观其勇；五曰，醉之以酒而观其性；六曰，临之以利而观其廉；七曰，期之以事而观其信。"以现在的视角，这七类考察涉及个体的兴趣、价值观、诚实、智力等因素的测评。

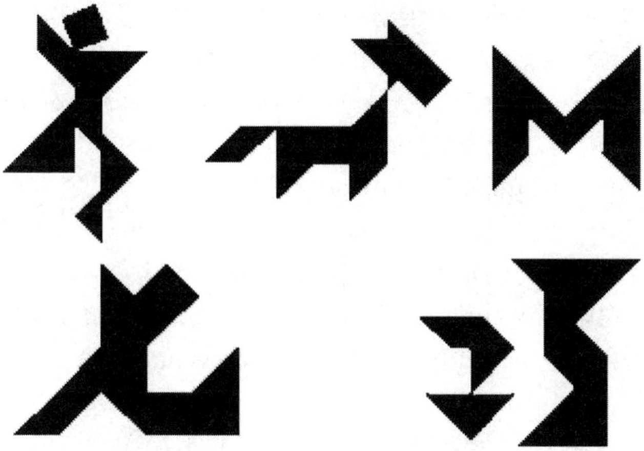

图 3-2　中国古代七巧板拼出的各式图样和文字

智力是认知能力因素中最重要的概念之一，智力通常被认为是各种认知能力的基础。如果从第一个系统的智力测验的提出算起，智力的研究已有一百多年的时间，但是研究者对智力的定义和结构都没有达成广泛的共识，仍存在很大的争议。智力这个概念可能源起于更为古老的哲学概念"智慧"。对于什么是智慧这一话题千百年来人们争论不休。虽然无法直接观察或捕捉到智慧活动过程，但从人类社会生活和发展各个方面可以明确地体会到智慧的作用痕迹。可能正是因为智力活动的窗口无法直接打开以供观察，哲学家从外部活动来推论智力的活动过程，可以从不同的角度解构而得到完全不同的结论。因此，在对智力的定义上，迄今为止仍然没有一致的结论，智力一直以来都是最难把握的概念之一，并且很少有其他的概念如同智力一样能够激发如此之多的关注。由于可以从不同方面和角度对智力进行定义，所以对于智力这个概念，首先值得注意的是迄今为止研究者对智力的内涵仍存在较大的争议。另外，由于对智力的理论研究与智力量表的开发是分不开的，并且社会现实生活对智力测量工具的需要常常超过了对智力理论探讨的关注，各种智力测量工具在智力理论/结构成熟之前就被大量使用，而后研究者对智力的界定和结构描述又以测量数据结果形态为依据，重新对智力的进行界定，这样使得智力的定义显得更为混乱。这样混乱的局面甚至使得一些学者直接指出，智力的界定几乎只能总结为"智力就是智力测验测得的那些内容"

(Jensen，1998)。

其次，研究者对智力的结构长期以来也没有达成共识。智力研究中最重要的理论当属结构流派。智力的结构理论认为，智力是由一些基本的元素组合而成。表面上对应于各种问题解决情境的具体智能因素，实际上可以被一些基本因素所决定。根据心理测量学的理论，可以通过因素分析方法，对一组测验结果的相关矩阵进行运算，寻找其背后隐匿的潜在维度结构，从而了解在测验分数上变异的来源。这些潜在的维度结构就是智力的结构。早期研究者提出了一系列智力结构的理论，其中影响较大的有斯皮尔曼的双因素理论(two-factor theory of intelligence)、瑟斯顿的基本因素理论(primary mental abilities)，以及吉尔福特的智力结构理论(structure of intelligence theory)。斯皮尔曼的双因素理论认为，智力由两类因素构成，一类为普通因素(general factor)，一类为特殊因素(specific factor)，普通因素是智力的基础，决定所有的一般性认知活动的能力表现。瑟斯顿的多因素理论则认为智力是由多个基本能力构成，包括语言理解(verbal comprehension)、语言表达(word fluency)、数字运算(number)、空间关系(space)、联想记忆(associative memory)、知觉速度(perceptual speed)和一般推理(general reasoning)，并且这些基本能力是同一层次的，并不存在一般因素和特殊因素的区分。吉尔福特的理论则从智力活动的内容、操作以及结果出发来分解智力的结构，在这三个维度上区分不同的内容、操作及结果进而进行组合，总共提出150种不同的能力，吉尔福特的智力结构理论如图3-3所示。在形式的角度，吉尔福特的理论全面地描述了人类智能活动的特点，但是其复杂的结构难以通过实证研究的方法对其进行检验。目前主要的智力结构理论仍是沿着斯皮尔曼和瑟斯顿开创的因素结构(factor structure)假设继续推进的。

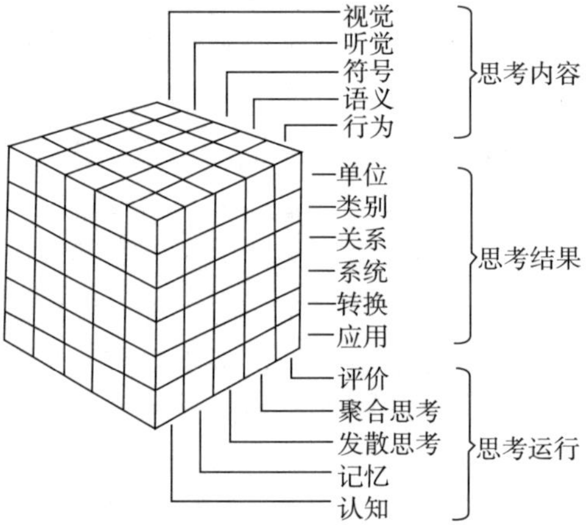

图 3-3 吉尔福特的智力结构理论

当代对智力的主流实证研究还是延循结构理论和心理测量的脉络，通过对智力测验的结果分析探讨智力的结构。自西方首个智力测量工具(比奈量表，尽管比奈本人认为该量表只能用来鉴别学习能力较低的儿童，并不能测量智力)推出以来，西方研究者提出了数十种影响较大的智力理论和智力测量工具，并且积累了大量的关于智力测验在各个领域预测效度的数据指标。例如，陆军甲种测验及陆军乙种测验在数十年中积累了大量的数据。因此一些研究者开展了一系列元分析研究，试图最终澄清智力的结构。这些研究的结果发现：常用的智力测验测得的多种智力，呈现出某种较大的共同变异成分。很多研究者认为这种共同成分(一般智力因素)是智力的核心因素，在这些研究当中，Carroll(1993)等进行的研究工作为集大成者，并被最多次数地引用。Carroll(1993)进行的一项大型的元分析研究，取样了60多年以来智力研究的460个数据样本共13万被试的测量数据，统计结果支持了各种智力之间存在共同潜变量的论断的合理性。在此基础上，Carroll整合了智力的结构理论，这个理论可被标定为智力的三层次理论(three stratum theory)。这个理论认为，在最低的层面，智力由一系列特殊的能力要素(f，c，y，v，u等)构成，这些能力要素决定直接的认知活动的效能，再往上的一个层次是智力的8个因素，包括流体智力、晶体智力、一般记忆与学习能力、视知觉能力、听觉能力、提取能力、认知速度和加工速度。最上面的层次是一般智力因素(g)，它能够解释各种特殊能力的大部分变异，是人类智力最重要的基础，Carroll的智力层次理论如图3-4所示。

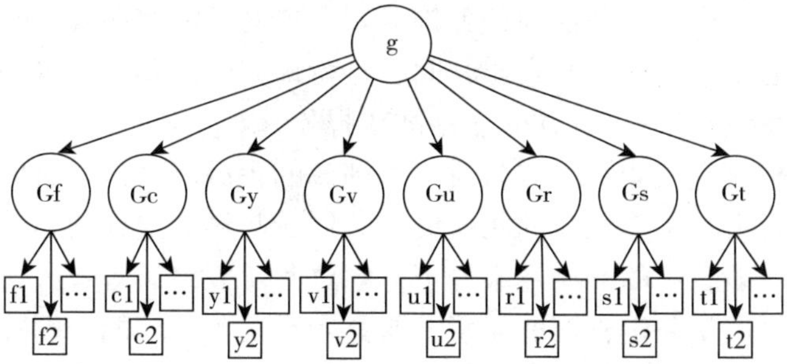

图3-4 Carroll的智力层次理论

由于其扎实的实证数据基础，一般智力因素理论逐渐获得了研究者的认同。组织管理领域的研究者则对智力测验在人才选拔中应用的另一个相关问题，即智力测验的结果是否能够预测工作绩效进行了关注。智力对于工作绩效的预测效度被早期一些研究所证实，近年来的一些元分析研究表明智力与工作绩效间有显著且稳定的相关关系。目前的研究结果倾向于支持智力测验与工作绩效存在中等程度的相关。一些研究表明，智力与工作绩效的关系是显著而稳定的。在近年来一项元分析研究中，Schmidt 和 Hunter(2004)发现一般智力与工作绩效呈现中等程度的相关，并且两者的关系随着工作类型的复杂性的提高而增加(最小值为0.23，最大值为0.58)；同时这项研究有力地支持了斯皮尔曼的双因素理论，一般智力对工作绩效的相关要高于特殊能力或其组合。从这项研究的结论出发，如果将智力测验应用于人才测评领域，则可以专注于一般智力的测量，而且由于一般智力的预测效度高于不同智力因素及其加权组合的预测效度，智力测评采取成本较低、操作简单的标准化团体测验来测查一般智力因素就足够了。

由于智力测验的发展已经非常成熟，再加上其对工作绩效的预测较为稳定，因此智力测验在人才选拔中得到了广泛的应用。截至目前，智力测验可能是使用最为广泛的标准化人才测评工具。智力测验除了效标效度稳定、标准化测验容易推行、成本相对较低之外，还可以方便地采取团体测验的形式，进一步提升了测评的效率并降低其成本。最后，由于智力测验一般采取最高行为测验的形式，测量结果受测验对象印象管理策略等因素影响相对较小，即受试者难以通过故意的作假行为来获得较高的评分，因此其测试结果能够反映受试者的真实智能水平。总结而言，在人才测评中使用智力测验，具有成本较低、使用方便、结果可靠、效率较高等优势，智力测验比较适合在人才测评中作为标准化测评工具进行应用，尤其适合在外部招聘的初试环节中应用。

在所有的智力测验形式中，应用最为广泛的智力测验是以纸笔形式呈现的团体智力测验，测验采用言语或图形的形式，采用非言语的形式可以使智力测验扩大到非母语或不能使用语言的人群，并且在一定程度上可以减少文化因素的影响。智力测验一般由一系列认知任务构成，测验对象需要在规定时间内完成这些问题，评分者通常根据标准答案对其回答进行评分确定其智力水平，评分过程也容易通过软件系统自动完成(并形成标准化报告)。

尽管元分析研究表明智力测验对工作绩效的预测能力是显著的，但一些研究的结果发现，智力与工作绩效的相关要显著低于与学业成绩的相关，并且对于某些绩效指标，一般智力的预测效果并不好。这些研究结果对智力测验在人才测评中的广泛应用提出了一定程度的质疑。研究者提出各种可能的解释，如工作绩效中非智力因素的作用等，其中与认知能力有关的一种解释，即智力测验所测量的认知能力，与实际工作情境中造成个体差异最重要的认知能力之间，存在很大的区别。以管理工作为例，多数采用纸笔测验形式的团体智力测验中的问题情境都是线性推理，存在绝对的正误之分且通常答案唯一，但是在管理工作中，像如何向上司汇报一个工作失误，其思考过程并非是线性推理可以完成的，并且不存在绝对的正确错误之分，在某些情形下，直接的沟通可能既推进工作又能够获得上司的好评，在另外一些情形下，间接沟通和观察上司的情绪反应似乎变得必不可少，而仅基于认知推理的思考似乎难以形成一个正确的答案。在这些情形下，经验、情境和分析能力都是非常重要的成功要素。由于智力测验所呈现的问题情境与现实工作情境中需要面对的问题情境存在很大的差别，因此智力测验与工作绩效的相关并不高。因此，人才测评中需要预测力更强的测验来弥补单纯依赖智力测验的不足。例如，工作知识测验就是一类智力测验以外的认知能力测验。工作知识测验以相关岗位上所需要的知识为测查内容，通过各种问题呈现方式对测验对象的知识熟悉理解和掌握程度进行考察。根据 Greenberg 的工作绩效前因变量模型，工作知识相对于一般智力而言，是更接近工作绩效的、更为直接的前因变量，其预测效度可能会更好。工作知识测验通常以答卷考等纸笔测评方式呈现，考查的通常是陈述性的工作知识，包括规则、制度、处理方式，通常难以对可能更为重要的、难以使用语言表达的程序性知识进行考察。如果工作知识测验以模拟情境测验的方式进行，在很大程度上与评价中心一系列测评方法是非常相似的。正如对测评工具的优劣势分析所言，综合而言，一般智力因素的测量便于形成通用的标准化测试，但由于一般智力因素是较远端的、间接的预测变量，会损失对一部分工作绩效的预测力；而相对更为近端的、直接的预测变量包括岗位或职务特异的胜任力或工作知识测验较难标准化，但可能预测能力更好。从测评综合效益的角度，在人才选拔中应根据具体的测评情境选择最为恰当的智力测评工具。

第三节 非智力因素的测评

人们很早就关注到，智力也许不是决定成就的唯一因素，在智力因素之外，可能存在众多的影响成就指标的因素，如性格、自信、情商等。认知能力以外的这些因素通常被称为非智力因素。如上所述，从绩效的 KSAO 模型来看，工作绩效不仅受到认知能力因素的影响，也受到非认知能力因素的影响。事实上，非认知因素涉及的范围很广，包括人格、兴趣、态度、价值观、人际关系等，研究者开发了大量的对非认知因素的测量测评工具，其中一部分在人才测评中被广泛应用。霍兰德职业性向测验为代表的职业兴趣测评早就在人才测评领域得到了充分的发展，基于人-职匹配思维的一些人事决策中常应用职业兴趣的测评获得个体的职业倾向信息，根据个体对职业兴趣选择分析的信息和岗位分类，对个体提出相应的职业发展和规划建议，这个理论在西方职业咨询领域获得了广泛的应用，与之相关的人-职匹配概念也在人力资源管理中形成了广泛的共识。

本测验量表将帮助你发现和确定自己的职业兴趣和能力特长，从而更好地做出求职择业的决策。如果你已经考虑好或选择好了自己的职业，本测验将使你的这种考虑或选择具有理论基础，或向你展示其他合适的职业；如果你至今尚未确定职业方向，本测验将帮助你根据自己的情况选择一个恰当的职业目标。本测验

共有七个部分，每部分测验都没有时间限制但请你尽快按要求完成。

下面列举了若干种活动，请就这些活动判断你的好恶。喜欢的，请在“判断”栏里打“√”；不喜欢的打“×”。请按顺序回答全部问题。

题目	判断
1. 装配修理电器或玩具	
2. 修理自行车	
3. 用木头做东西	
4. 开汽车或摩托车	
5. 用机器做东西	
……	

霍兰德职业兴趣类型理论是在测量数据分析的基础上得到的，这个理论认为职业兴趣可以分为六个类型，即现实型(R)、研究型(I)、艺术型(A)、社会型(S)、企业型(E)和传统型(C)。按照其相近程度排列如图 3-5 所示。这六个职业兴趣类型可以用一个六边形模型表示，其中六边形的边代表两个类型之间的相近关系(双横线表示)，相邻的两个角之间的两个类型是中性关系(单横线表示)，而对角之间的两个类型是相斥关系(虚线表示)。研究者同时根据职业词典，将各类职业按照其内容划分到这六个基本类型以及基本类型的组合类型之中。例如，在R 型(现实型)职业中可能包括木匠、农民、操作 X 光的技师、工程师、飞机机械师、鱼类和野生动物专家、自动化技师、机械工(车工、钳工等)、电工、无线电报务员、火车司机、长途公共汽车司机、机械制图员、修理机器、电器师等职业；IRA 组合类型(研究型、现实型和艺术型组合)中包括地理学家、地质学家、声学物理学家、矿物学家、古生物学家、石油学家、地震学家、声学物理学家、原子和分子物理学家、电学和磁学物理学家、气象学家、设计审核员、人口统计学家、数学统计学家、外科医生、城市规划家、气象员等职业。这样通过对受试者职业兴趣的测量，就可以为其提供具体的职业建议。霍兰德六类型模型和测验由于具有较好的理论简洁性和较高的预测能力，在职业咨询领域获得了广泛的应用，同时也被一些人力资源管理者用来测评应聘者的职业兴趣类型以做到最好的人-职匹配。

在职业兴趣以外的一些非认知因素的测量发展程度则参差不齐。尽管心理学研究中提出了大量的特质概念，并且一些实证研究也证实了这些特质概念与工作绩效等关键工作产出指标之间的显著关系，但整体而言，这些概念并没有引起学者和实践工作者足够的关注，这其中重要的三个原因是：①这些概念并没有提出一个整体的关于非智力因素的框架描述；②这些概念在逻辑上与工作产出关键变量之间的关系较远；③这些概念与工作绩效等产出指标之间的相关程度较低或结

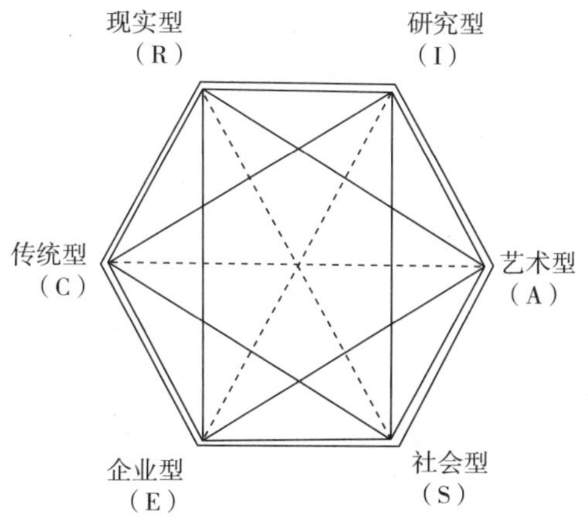

图 3-5　霍兰德职业类型 RIASEC 模型

果并不稳定。例如，A 型性格和 B 型性格，尽管这个概念能够区分一部分重要的个体差异的变异，但是却仍无法成为一个相对完整的理论框架。MBTI 人格类型又被实证研究证明其与工作绩效等产出之间的相关不稳定。所以，多数非智力因素的概念没有在人才测评中获得足够的关注和广泛的应用，只有“情商”（情绪智力）、“社会智力”等“智商”衍生类概念和“大五人格理论”获得了较为普遍的关注，或是得到了广泛的理论和实证数据的支持。

情商这个概念最早是由心理学家 Salovey 和 Mayer 提出的，但使这个概念获得广泛影响力的工作是由 Goleman 等完成的。尽管缺乏非常一致的精确的定义，但一般理解的情绪智力是指个体识别和理解自己及他人的情绪状态，并利用这些信息来解决问题、调节行为和影响他人的能力。Goleman 等的研究调查了很多企业组织的职位胜任力模型，他们发现很多胜任特征是与情绪智力相关的，Goleman 在其《情绪智力》的畅销书中阐述了他的研究结果，他认为个体的自我控制、毅力、投入等能力在其一生历程中对成就水平的影响要比一般智力（智商）更为重要。Goleman 的研究工作获得了非常广泛的影响力，“情商”这个概念立即成为最为流行的心理学概念，在企业、政府及非政府各类组织的人才选拔招募、培训等领域获得了广泛的关注。

但研究者对情绪智力的定义、结构内容、作用及其测量方式都存在很多争议。Salovey 和 Mayer 的模型认为情绪智力是社会智力的一个部分，这个观点其实可以看做情绪智力的狭义定义。但 Goleman 的模型则认为情绪智力包括更为广泛的内容，包括对自身感受的准确理解、控制冲动、理智处事、在挑战和考验面前保持平静等能力。还有研究者将情绪智力的定义更多地拓展到人际关系方面，认为情绪智力包括了一系列个体情绪的、人格和人际能力的综合。由于存在这些差异，直到目前为止对情绪智力仍缺乏一个统一的定义，但一般理解的情绪智力包括个体自我控制成分、情绪及压力管理成分和人际成分。在定义和结构的争论之外，对情绪智力对工作绩效的影响也存在一些争议，一些实证研究结果表明情绪智力对工作产出的影响有时并不能独立于一般智力因素，在智力和人格特质因素进入对工作绩效的回归方程之后，情绪智力的影响就变为不显著了，这些研究结果质疑了情绪智力作为一个独立概念结构存在的必要性。在情绪智力的测量方面也存在非常多的争议。在标准化笔试测量工具上，对情绪智力常采用典型行为测评的方式，但由于情绪智力本身有很强的社会评价意义，所以受试者伪装和印象管理的倾向很高，尤其是在人才测评的情境中，这样将导致测量结果的严重偏差而难以提供相对准确的测评报告。对于情绪智力在人才测评中的应用，总结而言，情商作为一种非智力因素概念，一经提出，很快获得了大众的关注，但由于其缺乏相对明确的定义、扎实的理论和实证数据的支持，近年来事实上对情绪智力的关注已经逐渐减弱，对非智力因素的测评亟待更为严密的理论模型的提出。

五因素人格模型(five-factor model)的提出回应了对严密的非智力结构模型的期待。根据学界对人格的界定，它是非认知能力因素中最重要的概念。人格是个体内在的、稳定的、系统的特征，这些特征构成了个人心理、行为的特有的统合方式。从定义来看，人格概念的内涵很广泛，包含如气质、认知风格、自我概念、情绪反应方式等因素，是个体之间相互区别的基础。尽管从概念上看，人格是最重要的个体差异，但是在人才测评中单独对人格进行的测评并没有全面系统地展开。这与多个因素有关：首先，长期以来学术界对人格结构没有达成共识，存在重大的争议，使得从事测评实务的实践者无所适从。其次，人格与工作绩效的关系没有得到确凿的实证数据的支持，当然这也与人格结构缺乏共识有关，研究者因而无法从一个共同的结构来进行元分析研究，来检验人格与工作绩效的关系。最后是很多干扰因素的影响，在人格研究相关领域，新的概念不断涌现，以至于长时间以来学科关注点在不断变化，没有形成聚焦，并且人格测评通常采用典型行为测验的方式，测评对象在陈列问题上报告其一般的行为反应，而人才测评的结果会对测评对象产生利益相关的影响，因此可以预期测评对象会存在较强的印象管理行为，使测评结果产生偏差。这些因素综合起来，使得人格测量一直无法成为企业人才测评中的关键内容。

由于人格研究的复杂性和研究者的个人背景及研究取向的不同，人格研究领域存在多种从理论假设、研究方法到人格描述方式差异非常大的理论流派，人格存在多个理论流派，包括精神分析理论、特质理论、社会学习理论及人本主义理论等。综合起来，从研究方式取向上看，人格理论流派大致可以归为三类：第一类是临床研究取向，主要包括精神分析人格理论和人本主义人格理论，这类理论主要根据临床观察和理论家的构想提出理论假设，这些理论中的一些概念虽然很有价值，但总的说来，到目前为止，这些概念的合理性和完整性较少得到实证研究的支持。第二类是实验研究取向，包括基于行为主义和认知理论的一些人格理论。这类研究取向尽管具有客观性和可操作性，但由于实验方法的局限，这类理论对人格的描述难以完整和系统，并且基于实验情境的推论的外部效度较少得到证实。第三类是整体实证研究取向，主要是人格特质理论。人格特质理论可以通过心理测量方法，并用实证数据来检验以及发展。人格特质理论所采用的实证研究方法，直接从个体本身的特点出发探讨人格问题，基于词汇学假设的研究方法，是人格实证研究途径的典范，通常被认为是目前研究人格最客观、最可靠的方法。20 世纪 30 年代，阿尔伯特提出了一种新的人格研究途径，研究者不再完全依赖对个人经验的自省，或者是从临床和日常观察来构建人格理论，而是对整个文化中积累的关于人格特点的知识、经验和智慧进行分析，在此基础上构建人格理论，这种方法被称为"词汇学"方法。阿尔伯特认为，人类语言的功能是帮助个体更好地适应环境。任何关于客体、环境以及人的特点，如果与生存密切相关，那么随着时间的推移，在语言中一定会出现一个词来描述它。阿尔伯特指出，"在人们生活中非常明确的、与社会活动有关的个体差异最终都会被编码到他们的语言中去；这种差异越重要，它就越有可能由一个单独的词来描述。对从自然语言中获得的人格词汇进行分析就可以得到一组数目有限的特质，用以代表在这一语言背景下的人们行为的最重要的特点"。后来的研究者循着这一研究思路，使人格特质理论建构在可验证、可比较的实证研究基础上。

在人格的词汇学研究方法被阿尔伯特提出以后，随着数据的积累和分析的深入，西方很多研究者提出了一个五因素人格维度的框架。Cattell(1945)使用因素分析方法对阿尔伯特归纳的词表进行研究，得到了 16 个人格特质。但其他一些研究者并不能重复这种因素分析结果。Fiske 在 1949 年抽取了 Cattell 的大部分变量，编制了更为简化的词表，发现无论在自评、同伴评定还是心理学工作者评定上，因素分析都可以得到相似的五因素结果；Tupes 在 1957 年对 Cattell 20 因素双向量表进行因素分析后，得到一个五因素的结构。后来 Tupes 和 Christal 在 1961 年重复了这个结果。Norman(1967)和 Goldberg(1981)分别由直接从《韦伯斯特新国际词典》(*Webster's New International Dictionary*)(英语)抽取和整理的词表(Goldberg 使用了 Normal 的词表)进行因素分析，结果得到五因素结构。这样，进入 20 世纪 80 年代以来，人格特质的大五人格模型得到了广泛的共识，结束了人格特质理论领域"使用各自不同的语言"的"诸侯割据"的局面，尽管在人格因素名称和内涵上还存在一些争议。表3-1列出了一个被广泛使用的大五人格结构，NEO 个性评估体系(neuroticism extraversion openness personality inventory)(McCrae and Costa，1989)的各人格因素和层面的名称。

表 3-1　NEO 体系的人格结构的维度及其层面

人格结构维度	层面
外向性	热情 合群、爱交际 自信 活动性 追求兴奋 积极情绪
愉悦性	信任 诚实、坦诚 利他 顺从 谦逊、质朴 温和、亲切
公正严谨性	能力 守秩序 负责任 追求成功 自我控制 严谨、深思熟虑
神经质	焦虑 愤怒、敌意 抑郁 自我意识 冲动 脆弱、敏感
开放性	幻想 爱美、有美感 情感丰富 行动 观念 价值

资料来源：Costa P T，McCrae R R. Revised NEO personality inventory (NEO-PI-R) and NEO five-factor inventory(NEO-FFI). Lutz：Psychological Assessment Resources，Inc，1989

在五因素人格理论及其测量工具被提出以后，有关人格因素与工作绩效的研究重新活跃起来。在大五人格模型出现并逐渐成为西方人格研究领域的“标准语言”之后，出现了一些元分析研究，使用大五人格模型的框架来整合先前人格特质工作绩效关系的研究结果。尽管在方法和结果上都存在一些差异，但这些元分析研究得到的一个一致结论是：某些大五人格特质能够显著地预测多数职业类别上的工作绩效；某些人格特质则可以预测部分职业类别上的工作绩效或工作绩效相关的某些层面。此外，直接使用大五人格测量工具的研究也大量展开，这些研究发现，至少某些大五人格特质能够显著预测工作绩效。Barrick 和 Mount (1991)发表了一篇后来被广泛引用的元分析研究，该研究搜集了 1952～1988 年进行的 117 个人格与工作绩效相关的共 162 个数据集(样本总量为 23 994)，区分了五种工作类型，即专业工作者(工程师、建筑师、律师、会计、教师、医生和教士)、管理者、警察、销售员以及专业技术工作类型(文员、护士、卡车司机、生产线工人等)。研究者在基于大五人格模型的框架上重新分析数据，选取三种绩效指标，即工作熟练性(job proficiency)、培训效果(training proficiency)和人事数据(personnel data)。结果发现：公正严谨性在各种工作类型上与各个工作绩效指标显著相关(r 为 0.20～0.23，均值为 0.22)；外向性在管理者(r=0.18)和销售员(r=0.15)两种工作类别上与绩效相关显著；情绪稳定性(emotional stability，相对于 NEO 体系的“神经质”)在警察群体上与工作绩效相关显著(r=0.10)；愉悦性在警察和管理者上与绩效相关显著(r=0.10)，开放性在 5 种工作类型上都没有发现与工作绩效的显著相关。此外，在 3 种工作绩效指标上，只有公正严谨性与所有的绩效指标的相关都显著(r 为 0.20～0.23，均值为 0.22)，外向性和开放性能有效预测培训效果(r 分别为 0.26 和 0.25)。可以看到，Barrick 等的元分析研究发现人格与工作绩效的相关处于较低的水平(0.20 左右)，但研究者本人在讨论中指出，他们的元分析研究没有包括那些只报告显著相关数据的样本，并且没有包括那些使用了复合分数的样本，这样可能造成对人格和工作绩效相关估计的偏低。Barrick 等的研究最引人注目的结果就是大五人格特质“公正严谨性”与工作绩效的稳定关系，其他人格特质与工作绩效的关系似乎取决于工作类型，以及选取的绩效指标。但有趣的是，与 Barrick 等在同一年(1991年)、同一期刊(*Personnel Psychology*)上发表的对人格特质和工作绩效关系的元分析研究，Tett 等(1991)得到的结果与 Barrick 等存在较大的不同。造成这种不同的关键可能在于方法上的差异，Tett 等使用一种验证取向而不是探索取向的方法。Tett 等在 97 个数据集(样本量为 13 521)上进行的元分析结果得到人格对工作绩效整体上的预测效度为 0.29。所有的大五人格特质都能够有效地预测工作绩效，平均预测效度比 Barrick 等的研究结果高出近一倍。此外与 Barrick 等的结论不同，愉悦性对工作绩效的预测效度最高(0.33)。直接使用基于五因素人格理论的测量工具进行的研究也证明了人格对工作绩效预测的有效性。Hurtz 和 Donovan (2000)进行了一项对直接使用大五人格测量工具进行的人格特质与工作绩效关系的元分析研究。结果发现，公正严谨性、情绪稳定性(即神经质的负极)、愉悦性、外向性和开放性与整体工作绩效的相关分别为 0.22、0.14、0.13、0.10 和 0.07；在各个的工作类别上(销售员、服务行业从业者、管理者和熟练/半熟练雇员)，公正严谨性仍然是预测效度最高的人格特质；并且，人格特质对于关系绩效(contextual performance)的预测效度要高于对任务绩效的预测效度。

以大五人格模型作为人格理论框架去整合先前研究的元分析(共16例，基于PsycINFO数据库的检索)的研究结果表明：大五人格特质中的“公正严谨性”这个维度可以有效地预测个体在多种职业背景下的多种职务绩效；而其他各维度至少可以在某些工作类型上或对某些绩效指标进行有效的预测，尽管它们的预测效度系数还不确定。20世纪90年代进行的这些元分析研究肯定了大五人格特质可以作为有效的工作绩效预测源，并且部分消除了人们对人格测量在人才测评中进行应用的疑虑，近年来的“心理学年度回顾”关于人事选拔的论述中都将人格作为有效的预测指标(Borman et al.，1997；Hough and Dswald，2000)，尽管还缺乏足够的实证证据将这一结论推广到所有的职业类型中。从具体研究结果上来看，公正严谨性描述的是“自信的、守秩序的、负责任的、进取的、追求成就和思考周全”这些层面的内容，多个元分析研究一致发现公共严谨性人格维度能够有效地预测工作绩效。神经质(或其反极标定“情绪稳定性”)被认为与“自尊”“控制源”“自我效能”等概念的关系非常密切，一些研究者预期它能够显著地预测工作绩效，但元分析研究仅在少数工作类别或某些工作绩效指标上发现神经质与工作绩效的显著相关。此外，外向性、愉悦性被发现与某些组织绩效指针正向相关，但是这些相关可能受到工作类型等因素的调节。例如，外向性对个体工作绩效的预测在销售和管理工作中显著出现。开放性被发现与某些绩效指标存在中等程度或较弱的相关。但是在Barrick等的元分析研究中，愉悦性和神经质被发现与工作绩效没有关系。对于后一个的结论，研究者提出，愉悦性和神经质可能起到阈限的作用，神经质较高的个体可能被解雇或者自动离职，因此保留在研究样本中的通常是神经质较低的个体；愉悦性的情形可能也是这样。在某个阈限范围以后，神经质和愉悦性与工作绩效指标的关系可能不再显著。这种解释显然遭到了其他一些研究者的质疑，Tett等的元分析研究就发现愉悦性在大五人格特质诸因素中与工作绩效的相关最高。这可能与样本选取和分析方法的不同有关。由于公正严谨性与工作绩效的关系在多数研究者之间取得了共识[Barrick等曾将具有公正严谨性特质的工作者称为“理想的雇员”(ideal employee)]，研究者开始着手研究公正严谨性的不同层面[小因素(facets或sub-traits)]与工作绩效的关系。Stewar在1999年进行的一项研究表明，公正严谨性的两个层面——“守秩序”和“成就取向”在不同工作年限的任职者上对工作绩效的影响不同，“守秩序”对新进员工的绩效影响显著，“成就取向”对熟练员工的工作绩效影响显著。此外，在大五人格模型中，公正严谨性的内涵和结构并没有得到共识。McCrae和Costa提供的NEO模型对公正严谨性的六个层面的划分缺乏实证研究支持。相对于大五人格特质中的外向性和神经质，研究者对公正严谨性的内涵存在较大的分歧。Hogan（1986）曾将这个人格特质命名为“责任感”（responsibility）或“可依赖性”（dependability）；其他一些研究者认为这个人格特质应该包括某些意志成分，如勤奋工作（hard-working）、坚韧（persistent）、成就取向这些层面（McCrae and Costa，1989）。在大五人格特质与工作绩效关系研究方面，对C因素结构的澄清可能是一个关键。

总结而言，在对非智力因素的测评上，具有扎实的理论基础，并且目前已经获得广泛共识的大五人格理论及其测量工具可能有非常大的潜力，尽管在测量上可能还需要进一步优化以适合各类人才测评的应用情境。在学术界使用最多的测量工具是大五人格量表修订版（revised neuroticism extraversion openness personality inventory，NEO-PI-R），这个标准化人格测量工具由240个自陈式多点评定的问题组成，测度五个人格特质以及每个特质下的六个层面。

表3-2是描述人们性格特点的句子，其中有些较符合你的性格，有些则不太符合。填答时请你看清每个句子，然后圈出一个数字，以代表该句子的内容与你性格相符的程度。每个人的性格都有其独特性，所以答案没有对错之分，只要照实作答就可以了。非常感谢你的合作。

表3-2　人格量表NEO-PI-R题目样例

请圈出你对下列陈述的看法	完全不符合	不太符合	不确定	比较符合	完全符合
1.　我不是一个充满烦恼的人	0	1	2	3	4
2.　我的确喜欢大部分我遇见的人	0	1	2	3	4
3.　我有很活泼的想象力	0	1	2	3	4
4.　我有怀疑及讽刺别人的倾向	0	1	2	3	4
5.　我以谨慎和具有常识而著称	0	1	2	3	4
6.　别人对待我的方式常使我感到愤怒	0	1	2	3	4
7.　我会躲开人群	0	1	2	3	4
8.　美感和艺术感对我来说并非十分重要	0	1	2	3	4
……					

从NEO-PI-R这个最具典型性的五因素人格测量工具来看，尽管五因素人格模型具有扎实的理论基础和可靠的预测效度，但在人才选拔的情境中应用还是具有较大的困难。首先是测量条目过多，NEO-PI-R有240个条目，这大大延长了

测评的时间，损失了测评的效益。其次，由于采取自陈式测量方式，也很难保证受试者在填答过程中没有伪造及印象管理行为。最后是五因素人格模型的文化适用性问题，这在理论研究领域存在广泛的争议，下文将详细介绍。对于量表过长的问题，一些研究者设计了测度 5 个人格特质的简短测量工具。例如，由 44 个自陈问题构成的大五人格量表，甚至只有 10 个自陈问题的大五人格量表短试(10 item short version of the big five inventory)。一些学者还设计了非语言自陈题目的五因素人格测量，通过一组卡通图片的行为情境对 5 个人格特质维度进行测量，如图 3-6 所示。这种方式虽然能够较好地屏蔽语言的影响并便于进行跨文化比较，但也很难解决人才测评需要的对于个体的测量准确性问题。

图 3-6 非言语五因素人格量表样例

其实在非言语五因素人格量表出现之前，非智力因素的研究者提出了很多不同于自陈测量的方法。我们知道，自陈量表的好处就是便于标准化、便于使用、便于解释等，但缺点也同样非常严重，受试者在自陈量表上的反应未必真正代表受试者的真实特质。对自陈量表这一缺陷的深切认识使一些研究者探索了很多新的测量方法。在这些测量方法中，投射测量是一种非常有特色的测评方法。投射就是提供给受试者模糊的情境，并要求受试者不在限定的选项内做出自由的反应，通过分析受试者对模糊情境的反应来分析受试者深刻的、(通常是)内隐的人格特质。学者对投射测验的一个前提假设是，当人们面对模糊暧昧情境的时候，由于并不受到明确的语义的引导，所以在自由表达中可能会下意识地将隐藏的特质倾向流露出来。使用较多的投射测验包括罗夏克墨迹测验(Rorschach inkblot test)和主题统觉测验(thematic apperception test)。罗夏克墨迹测验中，受试者分别观察印在纸上的一组墨迹，每次呈现一张，受试者通过想象回答主试的问题，如“你看这张图形像什么”“这张图形会使你想到什么”，允许受试者转动图片，或者从不同的角度去观察这个图片。主题统觉测验也是让受试者观察一组图片，但与罗夏克墨迹测验不同，主题统觉测验图片的主题通常由具体的人物和背景构成，但其关系模式和社会意义非常模糊暧昧，受试者根据图片的主题、凭自己的感受来描述情境中的内容。在罗夏克墨迹测验和主题统觉测验中，受试者的反应内容都不受限制，这两种投射测验的目的是以图片中情境为基础或主题，使受试者在其想象的解释或故事中，下意识地将个人隐藏的特质或倾向通过对图形内容的描述反映出来，即所谓的将主观思维投射到外部情境之中。投射测验是一种对非智力因素进行测量的非常独特的方法，在一定程度上避免了通常使用的自陈式测量的社会矫饰的弊端。但从投射测验的测量方式和内容看到，投射测验的评分对主试者的经验能力要求非常高，而且难以建立客观统一的标准，对结果的解释也比较困难，并且效度检验也难以进行。这些严重的缺陷限制了投射类测验在非智力因素测评中的应用。

基于上述讨论，我们可以看到，相对于认知能力测评而言，目前为止对非智力因素测评还处于发展初期。但令人欣慰的是，人格特质理论的发展为人格测量的标准化应用提供了扎实的理论基础，人格的系统研究为非智力测量提供了扎实的理论根基。目前亟待发展的是测度准确的标准化人格测量工具，以便于测评使用者在各类人才选拔和发展情境中直接使用。在这一方面，各种大五人格量表似乎成为非智力因素测量的解决方案，但在下面的分析中我们可以看到，由于文化情境因素差异的存在，人格结构可能在不同文化之间存在很大的差异，而这些差异可能使得直接套用五因素人格模型及其测量工具的测评方案带来严重的结果偏差。在后面的讨论中，我们将看到基于本土研究(indigenous research)思路的人格结构探索和人格测评工具的构建。

第四节　非智力因素测量的本土化

标准化量表无疑是人才测评中最易于使用的测评工具。在获得量表的施测指导说明、计分表和常模分布之后，事实上测评使用者可能需要很少的专业知识就能够实施测评。测评使用者详细阅读量表测量的目标内容、实施注意事项、呈现顺序和填答方式及指导语之后，可以按照这个标准化量表所规定的施测程序进行测量。在测试完成之后，按照测量说明规定的计分方式对结果进行统计，(如果是常模量表)并在常模数据表中找到受试者所得分数(原始分值)的对应等级，或者是通过常模数据计算出原始分值对应的标准分。在根据常模数据对分数进行转换之后依据分数解释标准，对受试者给予相应的分数解释，表 3-3 列出了某非智力因素量表常模数据情况。

表 3-3 某非智力因素量表常模数据(非真实样例)

16 维度 \ 得分	1	2	3	4	5	6	7	8	9	10	X	S
A	0～1	2～3	4～5	6～7	8～9	10～11	12～13	14～16	17～18	19～20	9.63	3.17
B	0～2	3	4～5	6	7～8	9	10	11	12	13	7.93	2.05
C	0～6	7～8	9～10	11～13	14～15	16～17	18～19	20～21	22～23	24～26	15.16	3.27
E	0～1	2～4	5～6	7～8	9～11	12～13	14～15	16～18	19～20	21～26	11.18	3.56
F	0～1	2～3	4～5	6～8	9～10	11～13	14～15	16～18	19～20	21～28	10.74	3.77
G	0～4	5～6	7～8	9～11	12～13	14～15	16～17	18	19	20	13.25	3.23
H	0～1	2～3	4～5	6～7	8～10	11～12	13～14	15～17	18～19	20～26	9.95	3.71
I	0～3	4～5	6～7	8～9	10～11	12～13	14	15～16	17～18	19～20	11.11	2.30
L	0～4	5～6	7	8～9	10～11	12	13～14	15	16～17	18～20	11.12	2.30
M	0～4	5～6	7～8	9～10	11～12	13～14	15	16～17	18～19	20～26	12.62	3.25
N	0～2	3	4～5	6～7	8	9～10	11～12	13	14～15	16～20	8.71	2.56
O	0～1	3～4	5～6	7～8	9～11	12～13	14～15	16～18	19～20	21～26	11.03	3.54
Q_1	0～4	5	6～7	8～9	10～11	12～13	14～15	16～17	18～19	20	11.76	2.92
Q_2	0～4	5～6	7～8	9～10	11～12	13～15	16～17	18	19	20	12.75	3.30
Q_3	0～4	5～6	7～8	9～10	11～12	13～14	15～16	17～18	19	20	12.70	3.60
Q_4	0～1	2～3	4～5	6～8	9～10	11～13	14～15	16～18	19～20	21～26	10.83	3.60

在人才测评的过程中，测评工作者很早就意识到不同文化之间的常模通常是不一致的，尤其是在引入英语版本的标准化测量工具并在中国人才选拔的情境中应用。因此，人才测评的第一项工作就是要重新修订常模数据。自 1978 年以后，人才测评的应用逐步开始复苏，在开始阶段研究者最重要的工作就是引入西方标准化测量工具并进行施测和常模修订。

但常模的修订可能只是量表引入的初步工作。我们可以看到，无论是认知能力因素还是非认知能力因素，现代人才测评理论及工具主要都是从西方世界产生和发展起来的。由于人才测评的对象是人，同时涉及文化、社会、工作关系等多种因素的广泛影响，因此移植外来理论和工具可能会造成很大的“不契合感”，即理论与实践的严重脱节，以及工具使用中预测效度的下降甚至是完全丧失。从这个角度，测量研究者不仅应当注意到常模数据上的差异，更应当关注到概念理论结构上的差异。忽视理论结构差异的一个可能的严重后果包括两点：一是所引入概念在引入的文化样本没有意义或者是意义产生偏差；二是不同文化样本之间的结果可能无法进行比较。

在 20 世纪 80 年代，中国台湾和香港地区的社会科学界发起了社会科学的本土化运动，与此同时，日本、美国、韩国、印度等地的一些学者都不约而同地提出本土化研究的观点。其中多数研究者持一种“朴素实证主义”的心态，他们仍使用规范的西方实证科学的研究范式来进行本土化研究，检验或者修正西方心理、社会及管理学理论在本国文化中的适用性、理论与现象的契合度，或者在足够的数据基础上重新构建理论模型。

在本土化研究中，主位(emic)和客位(etic)是两个非常重要的概念，这两个概念最早是从语音学研究中由 Pike(1967)提出的“phonemic”和“phonetic”两个概念发展而来的。文化研究领域中，主位取向指研究者从所研究的文化意义系统的角度来分析和阐释这个文化中的个体或群体的行为；客位取向则是以研究者所认为的文化普遍性角度，采用这个文化之外的意义和符号系统来进行分析和阐释。本土研究可以被认为是主位研究取向的，它关注所处地区及其文化的独特的问题并提出相应的概念和理论。例如，在中国文化下，对家长式领导方式的研究、对人情和面子的研究、对中国人人格结构的研究(樊景立和郑伯壎，2000；黄光国，2004；王登峰和崔红，2003a，2003b)等。但如何将本土研究推向世界学术舞台是一个值得关注的问题(梁觉和吴培冠，1998)。虽然与主位取向的研究相比，客位研究方法不仅使得不同文化之间的比较成为可能：研究者不需要在不同文化之间逐一进行分析研究，而是在共同的概念上进行比较和分析，形成“跨文化”的结论和理论，但是如果不假分析地将某个文化下形成的概念直接套用到另一个文化当中，可能就落入所谓“强加的一致性”(imposed etic)的陷阱(Berry，1990)，漠视文化之间可能存在的概念意义的差异而得到错误的研究结论。值得指出的是，这个问题并没有引起研究者足够的重视，据 Schaffer 和 Riordan(2003)进行的文献统计，超过半数的管理学及相关领域的跨文化研究被质疑可能存在强加一致性的问题。

如果从跨文化研究的视角，可以从测量对等性(measurement equivalence)的角度来理解所测量概念理论结构的差异。无论是分析概念水平上的差异(水平导向)还是概念间关系(结构导向)的差异，都需要探讨研究所涉及的概念及其测量工具(或实验操纵方法)的对等性问题。例如，“孝”的概念在中西方的差异很大，孝是中国传统的伦理概念，是子女对父母辈以上的供养、敬、顺从和爱护的行为准则，而在西方思想中人们对孝的意识相对比较狭窄。此外，在不同的文化中同一个测量条目可能有不同的意义指向。例如，骑自行车在美国被试中可能被当做一种娱乐运动，而在中国被试中可能被当做一种交通方式，因此将骑自行车作为休闲活动的一个测量条目进行跨文化比较是不恰当的。在跨文化研究中，需要采取一些分析方法和统计手段，检验所研究概念在概念上及其测量(或操纵方式)上的对等性。一些内涵和指向比较简单的概念，如工作满意度、工作超负荷等，通常可以被认为在不同文化下是近似或对等的。但一些较复杂概念，如人格、成就动机(Wang et al.，2005；Yu，1996)等，在不同文化之间可能具有较大的差异。Farh 等(2004)探讨了在中国文化下组织公民行为(organizational citizenship behavior，OCB)的结构，研究者发现在中国文化下一些组织公民行为维度的内涵与在西方文化下组织公民行为的一些对应维度接近，但一些维度只在中国文化中出现。因此如果在中国文化下的研究直接套用西方组织公民行为的测量工具，那么就忽视了组织公民行为中的那些在中国文化下重要的内容。

分析测量的对等性首先要考察的就是概念的对等性。概念对等性是在跨文化研究中的非常关键的一环。对概念对等性的分析是一个比较复杂的问题，研究者可以从以下几个方面着手：首先需要探讨概念的结构，如果是多维度结构，可以比较维度结构在不同文化之间是否一致；其次考察这个概念与其他相关概念之间的关系(如相关系数)在不同文化间是否存在显著的差异，如果存在，则可能表明这个概念存在文化间差异；最后考察与这个概念存在因果关系的变量之间的关系，如果这些关系存在文化间差异，并且研究者可以排除其他可能的情境变量的解释，则也可能表明概念在不同文化之间不对等。此外，在研究设计的时候宜采取一种文化平衡的方式(decentered approach)，即同时从所关注的不同文化的角度来进行概念分析和研究设计，而不是以某个文化为主。例如，一项全球范围进行的领导行为研究(globe project)(House et al.，2004)，从多个文化中分析概念的含义并抽取测量条目的来源，而不是只在某个文化中进行分析和确定概念内涵和测量方式。Leung 和 Bond(2004)进行的社会通则研究也是从不同文化中抽取条目。

在水平指向的研究中，不仅要检查概念对等性，还要进行更深入的测量对等性的探究。即使确认了目标变量在不同文化间的概念对等性，我们也不能将在这些文化下测得的分数直接进行比较，因为我们不能确证在不同文化下的测量在单位上是一致的，就如我们不能认为在长度上 100 肯定大于 90，因为前者的单位可能是毫米而后者的单位可能是英里。在对目标变量进行跨文化间水平比较之前，我们需要考察这个变量的“测量对等性”。

如果测量的对等性是由于条目偏差引起的，则这个问题通常可以通过统计技术予以校正。条目偏差是在跨文化研究中经常可能遇到的问题，即使研究的概念在不同文化间具有概念对等性，测量这些概念的一些条目也可能在不同文化之间存在偏差。如果不同文化的、在某个概念上具有同等水平的受试者，在用以测量这个概念的某个条目上如果存在不同的期望分值，这个条目就具有文化偏差。如果对研究概念进行测量的工具存在具有文化偏差的条目，从这个测量工具得到的跨文化研究结论可能不再可靠。因此，在跨文化研究中通常需要对所采取的测量工具进行测量对等性分析。

多种方法可以用来分析测量对等性，包括方差分析(van de Vijver and Leung，2000)、项目反应理论(Maurer et al.，1998)、验证性因素分析(confirmatory factor analysis)等。较为简单的是方差分析方法，即将条目上的分值作为因变量，文化和量表总分值(分为若干个组)作为自变量，进行方差分析。如果文化和量表总分值的交互作用显著，即在不同文化之间，条目分值与量表总分值的关系模式不一致，即表明这个条目存在偏差。

跨文化研究中最常使用的检验测量对等性方法是验证性因素分析。这种方法将测量对等性当做一个多样本比较的问题，即比较不同文化样本之间有关参数是否相等。验证性因素分析中假定存在潜变量(latent variable)结构、并估计潜变量与观测变量以及残差之间的各种关系。在多样本验证性因素分析中，观测变量与潜变量、截距和残差之间存在以下关系：

$$X_k^g = \tau_k^g + \boldsymbol{\Lambda}'^g_k \xi^g + \delta_k^g \tag{3-1}$$

其中，X_k^g 表示样本 g 中第 k 个观测变量；ξ 是其对应的潜变量；τ 表示截距；$\boldsymbol{\Lambda}'$ 表示潜变量 ξ 对观测变量 X 的回归斜率；δ 表示残差。这个等式表示在组 g 中潜变量对观测变量的回归方程。

我们假定潜变量和残差是相互独立的，式(3-1)可以转换为

$$\boldsymbol{\Sigma}^g = \boldsymbol{\Lambda}_X^g \boldsymbol{\Phi}^g \boldsymbol{\Lambda}_X^{g} + \boldsymbol{\Theta}_\delta^g \tag{3-2}$$

其中，$\boldsymbol{\Sigma}$ 表示观测变量的方差协方差矩阵；$\boldsymbol{\Phi}$ 表示潜变量的方差协方差矩阵；$\boldsymbol{\Lambda}$ 表示潜变量到观测变量的系数矩阵；$\boldsymbol{\Theta}$ 表示残差方差矩阵。讨论跨文化研究中测量对等性的问题，从多样本验证性因素分析来看，即探讨不同文化样本之间相关参数矩阵是否可以认为相等。如不能拒绝零假设，就可以认为具有跨文化样本之间在某个层次上的测量对等性。

Vandenberg 和 Lance(2000)总结了大量使用验证性因素分析(confirmatory factor analysis，CFA)进行测量对等性分析的研究，并归纳了进行测量对等性研究的建议。将 CFA 应用于跨文化研究中的步骤如下。

(1)分析不同文化样本之间观测变量的方差协方差矩阵是否全等？如果这两者全等，表明这个测量具有完全的跨文化一致性，不需要进行以后的步骤。由于几乎很少有可能全等性的例子，很多研究并没有进行第一步检验。但一旦确认整体全等性则确认了测量对等性，因此先进行全等性检验不失为一个便捷的方法。

(2)探讨不同文化样本之间是否具有“结构对等性”(configural equivalence)，结构对等性是指不同文化样本之间是否可以认为有相似的因素结构，如果不能确认结构对等性，则不能进行以后更进一步的对等性探讨。

(3)检验不同文化样本之间是否具有“量度对等性”(metric equivalence)，即不同文化样本之间 $\boldsymbol{\Lambda}$(潜变量到观测变量的系数矩阵)是否是相等。

(4)检验“截距对等性”(scalar equivalence)，即不同文化样本之间 τ(截距)是否相等。

(5)检验不同文化样本之间残差 $\boldsymbol{\Theta}$ 是否相等。

(6)检验不同文化样本之间潜变量(因子)的方差、协方差是否相等($\boldsymbol{\Phi}$)，后

者探讨潜变量之间的相关是否具有对等性。

(7)检验不同文化样本之间潜变量均值是否相等。这个步骤即检验文化样本之间潜变量水平的差异。

在应用验证性因素分析进行对等性检验时，通常采用模型比较的方法来检验上述对等性是否成立，具体做法是将设定为对等的模型(即设定相应的参数相等)与没有设定对等性的模型进行模型比较。由于设定对等性会减少参数估计的数目，导致自由度的增加，如果卡方差值检验不显著，即可接受相应的对等性假设。除卡方差值检验外，研究者提出，模型比较可应用相对拟合指数(comparative fit index，CFI)变化的标准，如果CFI的变化不超过0.01，即表示可接受对等性假设(Cheung and Rensvold，2000)。

项目反应理论也可被用来分析测量对等性问题，这个理论的数学模型前文中已经介绍。对于态度、信念等常见的管理学变量，可以采用简化的Rasch模型(Fischer and Molenaar，1995)，即假设不存在猜测，并且条目的区分度固定为1：

$$P_i(\theta) = \frac{\exp(\theta - b_i)}{1 + \exp(\theta - b_i)} \tag{3-4}$$

使用项目反应理论分析条目跨文化偏差的思路为：如果条目的区分度或难度在不同文化之间存在显著差异，则表示这个条目存在文化偏差。在运用项目反应理论检验文化偏差的时候，可以采用两种方式，即参数比较方式和模型比较方式(van de Vijver and Leung，1997)。参数比较的方式是在各种文化中分别估计参数(区分度和难度)，然后比较区分度和难度在不同文化下的差异；模型比较的方法是将设定跨文化间参数相等的模型与设定跨文化间参数为自由估计的模型进行数据拟合上的检验和比较。

总结而言，测量对等性是一个非常重要的问题。在选择测评工具的过程中，测评工作者必须在问题提出、概念形成、测量或操纵方法选择上，仔细分析可能存在的概念和测量对等性问题，减少结论出现偏差的可能性。一般来说，在引入西方测评工具的时候，从测量对等性的角度，一般需要保证所有的条目都对等；如果发现有少部分条目不对等，可以采取删减这些不对等条目的方法，保留对等的条目；但如果发现大部分条目都不对等，可能需要重新考虑测评工具的选择方案了。

使用统计技术从测评对等性对引入的西方量表进行分析的一个前提是，这个概念的内涵具有跨文化的一致性。而且，从测量对等性的分析过程也可以看到，如果概念的结构并不对等且存在很大的差异，事实上很难在原量表的基础上进行修订而获得一个适合本土测评情境的工具。当概念结构出现很大的不同时，修补式的量表修订方法带来的效益非常有限。例如，如果在中国文化背景下个体的人格特质与五因素人格结构完全不同，则很难在基于 NEO-PI-R 量表的基础上修订出一个适合在中国文化情境中五因素人格特质的测评工具。在这种情形下，完全的本土化研究可能更为切合，尤其是从成本收益的实用主义角度，如果重新编订测评工具带来的预测效度提升的效益超过了其成本，则很明显这样做是合理的。

由于非智力因素具有非常明显的文化差异性，因此对其测量方式的本土思考进行的比较深入。中国文化具有显著的不同于西方文化的特质。例如，自我概念方面、情绪表达方面、人际关系方面，甚至是基础的思维模式方面(Nisbett 等认为西方人的主导思考模式是分析/逻辑型思维，而东方人的思考方式是整体/辩证型思维)。所以，相对于认知因素，对非认知因素的本土化研究开展得比较深入。其中，对人格的本土化研究在人格结构理论及人格测量工具方面，取得了非常显著的进展(王登峰和崔红，2001，2003a，2003b，2004，2005)。

通过对人格研究的回顾，我们发现，基于词汇学假设的人格特质模型研究路线具有扎实的理论基础。近年来在西方文化情境下进行的大量实证研究表明了五因素人格结构的合理性，基本结束了人格研究领域纷争不息、流派林立的局面。在大五人格模型在西方(主要是美国)研究领域取得前所未有的共识以后，与之相关的一个重要的问题自然被提出：大五人格模型是否适用于所有人类文化群体？坚持大五人格模型具有跨文化一致性观点的研究者强调大五人格特质的“生物性”，他们认为大五人格模型可以跨越文化的边界(McCrae et al.，1998)，甚至是物种的边界而广泛成立，如 Gosling 等(2003)对狗类的“个性”特征的研究。但是，从大五人格人格理论的研究途径上可以看到，大五人格结构是基于英文词表，并在西方被试群体中施测得到的。这样仅从表面研究方式的角度，就可以质疑大五人格结构所声称的跨文化一致性，因为文化差异导致的语言和词汇差异可能使得在非英语语言中的词汇学研究得到的人格结构与大五人格结构呈现较大的差异。部分实证研究的证据支持这种质疑：一部分基于词汇学假设的人格研究在某些语言文化下得到与大五人格结构相似的结果；但另一部分研究则得到与大五人格模型差异很大的结果，以至于不能认为大五人格结构在这个文化下是适用的(崔红，2003)。在理论分析上，人格结构可以分为两部分：第一个部分是所有文化下人们共有的人格成分(典型、内在和稳定的心理和行为特征)，它是人类生存和发展过程中遗传的相似性、生存环境压力相似性的结果；第二个部分是某一个文化下人们所独有的人格成分，它是某个文化独有的适应生存压力的结果。借用语言学研究的概念，跨文化心理学家将前者称为人格的 etic 成分，将后者称为 emic 成分。大五人格模型及其测量工具都是在西方文化下建立起来的，因此无论是大五人格模型本身还是基于这种模型的测量工具(形容词评定或问卷测量)，都是针对西方文化的特点以及西方人的日常生活经验，并非涵盖了其他文化的特点或其他文化下人们的日常生活经验。如果直接使用这种人格测量工具，则将多出一部分不属于中国人人格特点的成分(外部 emic 成分)，丢失中国人人格的独特成分(本土 emic 成分)，并且这些结果混杂在共同成分中(共同的 etic 成分)，难以区分。

在个体心理/行为层面，中国文化下个体的价值观、认知和思维方式、情绪反应特点、行为方式都与西方文化存在一定的差异。但人格结构是否存在差异?针对这一问题的回答可能仅通过理论思辨是很难达成共识的，最好的办法是以相同的词汇学研究方法、通过严格的实证研究数据来探索这个理论问题。王登峰等通过系统的词汇学研究方法，从《现代汉语词典》中抽取形容词表，经过广泛的施测，最终得到中国人人格的七因素人格结构，以及相应的测量工具。中国人人格结构的七个维度分别为外向性、善良、行事风格、才干、情绪性、人际关系和处世态度，各维度解释如表 3-4 所示。从各维度内容上可以看到，中国人人格诸特质与大五人格特质之间没有明确的对应关系。基于七因素人格模型的研究结果，可以认为测评工作者是无法通过对大五人格量表的修订，来形成一个针对中国人人格特质的准确的测量工具的。

表 3-4　中国人人格量表各维度和二级小因素名称和内容

维度	内容	二级小因素
外向性	反映人际情境中活跃、主动、积极和易沟通、轻松、温和的特点，以及乐观和积极的心态，是外在表现与内在特点的结合，包括活跃、合群、乐观三个小因素	(1)活跃：人际交往中的主动性和人际技巧特点。高分反映与人交往中主动、积极、活跃、自然和擅长组织协调的特点；低分反映不善言辞、社交场合拘谨、沉默等特点 (2)合群：人际交往中的亲和力特点。高分反映待人亲切、温和、易于沟通和受人欢迎的特点；低分反映不易亲近和不受欢迎的特点 (3)乐观：个体积极乐观的特点。高分反映积极、乐天和精力充沛的特点；低分反映情绪消极和低落的特点
善良	反映中国文化中“好人”的总体特点，体现对人真诚、宽容、关心他人，以及诚信、正直和重视感情生活等内在品质。包括利他、诚信和重感情三个小因素	(1)利他：个体友好和关注他人的特点。高分反映对人宽容、友好和顾及他人；低分反映容易迁怒、自私和为达目的不择手段 (2)诚信：人际交往中的信用特点。高分反映个体诚实、言行一致和表里如一；低分反映人际交往中的虚假、欺骗 (3)重感情：对情感联系或利益关系的看重程度。高分反映重感情、情感丰富和正直，低分反映注重目的和以利益为重

续表

维度	内容	二级小因素
行事风格	反映个体的行事方式和态度，包括严谨、自制和沉稳三个小因素	(1)严谨：工作态度和自我克制的特点。高分反映做事认真、踏实和严谨；低分反映做事马虎、不切实际、缺乏合作和难缠等 (2)自制：安分、合作的特点。高分反映自我克制、安分、合作和淡泊名利；低分反映做事不按常规、别出心裁和与众不同 (3)沉稳：做事谨慎沉着的特点。高分反映凡事小心谨慎和深思熟虑；低分反映粗心和冲动
才干	反映个体的能力和对待工作任务的态度，包括决断、坚韧和机敏三个小因素	(1)决断：决断能力。高分反映敢作敢为、敢于决断、思路敏捷和个性鲜明；低分反映遇事犹豫不决、紧张焦虑和无主见 (2)坚韧：做事的毅力特点。高分反映做事目标明确、坚持原则、有始有终且持之以恒；低分反映做事难以坚持、容易松懈 (3)机敏：自信、敏锐的特点。高分反映工作投入、热情敢为和积极灵活；低分反映回避困难、遇事退缩
情绪性	情绪稳定性的特点，包括耐性和爽直两个小因素	(1)耐性：情绪控制能力和情绪表现特点。高分反映情绪稳定、平和，能够控制自己的情绪；低分反映情绪急躁、冲动、冒失、容易发脾气和难以控制情绪 (2)爽直：情绪表达的特点。高分反映心直口快、急性子和对情绪不加掩饰；低分反映情绪表达委婉、含蓄
人际关系	对待人际关系的基本态度，包括宽和与热情两个小因素	(1)宽和：人际交往的基本态度。高分反映待人温和、友好、宽厚和知足；低分反映计较、暴躁易怒、冷漠和自我中心 (2)热情：人际沟通的特点。高分反映沟通积极主动、活跃，以及行事成熟、坚定；低分反映被动、拖沓、和盲目
处世态度	对人生和事业的基本态度，包括自信和淡泊两个小因素	(1)自信：反映对理想、事业的追求。高分反映对生活和未来坚定而充满信心，工作积极进取；低分反映无所追求、懒散和不喜欢动脑筋 (2)淡泊：对成就和成功的态度。高分反映无所期求、安于现状、退缩平庸；低分反映永不满足、不断追求卓越和渴望成功

资料来源：王登峰和崔红(2004)

如果中国人人格结构能够反映中国文化下个体的人格特点，那么对大五人格测量数据进行的因素分析应该不再呈现出原来的因素结构，而是一种类似大七人格模型的结构(或可以被中国人大七人格模型所解释)。最近的实证研究结果支持这种猜想：王登峰等对大五人格和大七人格(基于词汇学研究结果的中国人人格测量工具)测量结果进行的数据分析的结果显示，基于大五人格模型的标准人格测量工具在中国文化下裂解，可以被中国人人格结构的七个因素所解释；大五人格测量工具单独进行的因素分析结果并不呈现原来的五因素结构，大五人格测量工具(如 NEO-PI-R)的部分条目分散到中国人人格结构中(Wang et al.，2005)。这个结果也有力地支持了中国情境下人格是由七个维度构成的，并不能直接修订五因素人格量表进行测评的结论。

在测评工具的开发方面，基于本土化研究的人格测评工具，中国人人格量表(qingnian zhongguo personality scale，QZPS)已经完成了标准化测评和常模数据收集的过程。在测评结果的效标效度方面，中国人人格量表测量的人格特质对工作绩效指标的预测效度在多个工作类型上已经被证实。在本书随后的章节中，将具体报告一个研究实例，笔者也使用中国人人格量表探索党政领导干部群体中人格特质与绩效指标之间的关系，中国人人格量表题目样例如表 3-5 所示，结果证实了人格特质在中国政府基层党政领导组织中对工作绩效和职业发展的预测效度。

表 3-5 中国人人格量表题目样例

请圈出你对下列陈述的看法	完全不符合	不太符合	不确定	比较符合	完全符合
我容易被影片的情节感动	0	1	2	3	4
我是个心直口快的人	0	1	2	3	4
在社交场合，我常常感到很拘束	0	1	2	3	4
初次见面时，常是我主动与对方沟通	0	1	2	3	4
我能言行一致	0	1	2	3	4
我不会因成绩而沾沾自喜	0	1	2	3	4
我喜欢憧憬未来	0	1	2	3	4
……					

总结而言，相对于对智力的测评，对非智力因素的测评，还存在很多不完善之处，但近年来其发展非常迅速。首先，对最重要的非智力因素——人格的结构逐渐获得了广泛的共识，在五因素人格模型的理论框架下，研究者终于可以使用"统一的语言"来进行对话和结果的交流了。正如在 19 世纪物理学中电磁理论获得充分的发展以后，一些学者认为"所有的重要工作都已经被牛顿和麦克斯韦完成了，以后物理学家要做的事情就是把实验做得更精密一些"。目前在非智力领

域的研究结果似乎带给学者们充足的信心或者说是错觉，即似乎所有重要的理论工作已经终结，需要做的仅仅是完善基于五因素人格理论测量的问题。但事实上，也许正如物理学一样，19 世纪正处于一个迈向伟大发现的门槛上，包括相对论和量子力学的基础理论，都是在当时提出的。五因素人格理论看上去是一个非常完美的理论，但实际上，也许其激发的研究问题比要解决的研究问题还要多。例如，五因素人格理论的跨情境一致性似乎过于强大和稳定，以至于一些学者甚至认为不仅用其描述人类的人格特质具有强的解释力(Costa 等将其归结为遗传因素的作用，并通过大量的实证研究试图证实这一点)，也可以用其解释绝大部分宠物的个体差异(也许称其为“狗格”更为适合)。如果是这样的话，人格特质似乎应当是某种处于初级水平的基因表达(否则无法解释所谓跨物种的一致性)，但似乎这与人们一般所认定的人格表达是较为高级和复杂的行为差异与功能的观念所不符。另外，尽管一部分研究者认为五因素人格结构具有跨文化的一致性，是基础的个体差异特征并不随文化的不同而改变，但在很多文化情境中所进行的研究似乎并没有证实这一点。例如，在中国文化下，王登峰等使用严格的词汇学研究方法得到的人格因素结构，并没有得到五因素人格特质。另外，梁觉等开发的另一个人格测评工具——中国个人性量表(Chinese personality assessment inventory，CPAI)在中国情境下进行的测量也没有得到五因素人格结构，事实上研究者的研究结果发现大五人格量表并没有完全测量出中国情境下个体差异的全部重要特征。在中国文化以外，很多实证研究也发现了一些不同的结果，一些研究者甚至提出了修正版本的五因素人格结构，即所谓的“五加一模型”和“四加二模型”(后者是由于五因素人格模型中的“开放性”维度常被认为是西方文化影响的结果，所以一些研究者据此提出了修正模型)。这些与五因素人格模型不吻合的研究结果事实上质疑了五因素人格模型所声称的跨情境一致性结论。而在其中，本土研究取向的视角可能为这种质疑提供了理论支撑。从上述对中国人人格结构的研究可以看出，在人才测评中对理论模型和测量工具进行本土化研究的必要性和重要性，研究者应当从本土研究的视角，重新审视引入理论的文化契合度。从测评的视角，测评工具的解释和预测能力是最为重要的。如果实证数据的积累能够表明基于本土研究的测量工具具有更好的效标效度，可能将是对五因素人格模型的严重挑战。最后，从人才选拔的角度，对非智力因素测量的最重要的问题可能仍然是测量工具的优化，标准化测量工具目前面临的问题也许使其在实际测评中的应用困难重重，研究者和测评工作者可能需要设计出更为精巧的测量工具对包括人格在内的非智力因素进行更为准确的测量，可能才能使非智力因素的测评获得更为广泛的应用。

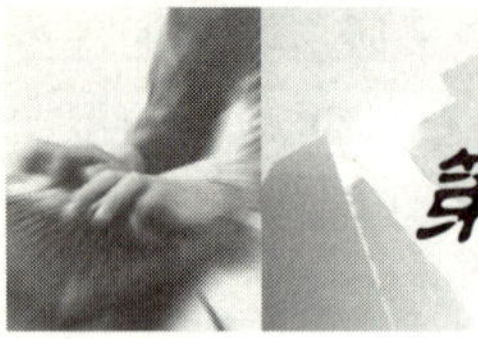

第四章

实践智力及其测量

第一节　智力的g因素理论

智力的测量一直以来都是人才测评关注的重点之一。在人才测评中对认知能力因素的测量至关重要，无论是选拔性测评还是发展性测评，对测评对象认知能力方面信息的准确把握是人事决策的重要依据。而智力测验又是认知能力测评的最重要、最基础的部分。人才测评中对智力的考察有悠久的历史，但直到目前为止对智力的理解仍存在很多的不一致。一般可粗略地将智力理解为问题解决的能力，而纵观文献资料，传统的智力理论流派很多，但大致可以归结为两个类别：一类是静态的、个体差异视角的智力观；另一类是动态的、认知成分视角的智力观。总体而言，前一个类型的智力理论对智力测评的实践影响较大。

基于个体差异视角的智力理论试图通过个体在一系列问题解决能力上的差异来理解智力概念本身的结构。一般而言，个体差异智力理论都是从对智力问题解决的结果数据开始，通过对协方差矩阵的分析，探索或验证测量结果差异后面潜在的影响因素是什么，并认为这些潜在的因素可能表征了一种不同的智力结构维度。各种个体差异智力理论其实在研究方法本身和理论导向上并没有非常严重的分歧，这些理论的重要差别聚焦在组成智力的因素结构上，包括智力含有哪些方面的重要因素，这些因素之间的关系/层级，以及因素重要性的排列。例如，斯皮尔曼的两因素理论、瑟斯顿的七因素理论以及吉尔福特的智力结构理论。由于个体差异理论流派在基本假设和基本研究方法上并没有太大的分歧，因此通过实证数据检验理论模型使得这个流派的研究可以进行理论的整合，事实上在后来 Carroll 的元分析研究中进行了这样的理论整合工作并带来了很大的影响。

另一类智力理论就是认知成分理论，这一流派的学者从动态的角度分析问题解决过程中认知加工成分，以此作为智力分析的基本出发点。很多研究者从各认知加工成分过程的速度来解释治理。例如，一些学者提出应当使用没有受到任何变量污染的简单反应时作为认知速度的纯粹指标，尽管从理论上看这一观点非常完美，但是简单反应时与通过测评得到的智力之间的相关非常低，因此将简单反应时作为智力的表征受到了严重的质疑。还有一些研究者提出选择反应的速度作为智力指标，其中一个研究发现是，如果选项越多，选择反应时与智商测量的结果之间的相关就越大，但其相关仍维持在中等水平以下，并且与很多效标效度之间的相关很低，因此无法作为智力的表征。

基于个体差异的智力结构理论和基于认知过程的智力成分理论各自的发展都为理解人类智能活动现象提供了很好的窗口，其中对认知过程的分析也许最终能破解人类智力的密码，实现真正的人工智能。但从智力测量的角度，由于智力的成分理论并没有提出一个有效地测量智力水平的工具，所以目前为止对智力测量产生广泛影响的仍然是基于个体差异的智力结构理论。

在智力测量方面，如前文所述，自首个被官方认可的智力测量工具比奈量表推出以来，陆续有十多种有较大影响的智力理论和智力测量工具被提出，且西方研究者积累了大量的关于智力测验在各领域预测效度的实证数据。据此研究者也提出了大量关于智力结构的理论，其中影响力最大的，是基于 Spearman(1904)提出的一般智力因素理论。Spearman 认为，个体表现出来的多种能力倾向中，存在一种支配性的共同成分，Spearman 将其命名为智力的一般因素。作为支持这种观点的重要证据，早期的研究就已经发现了通过编制的智力测验测得的、原来构想的分离的多种智力之间，实际上存在较高的相关，尽管对这种高相关存在不同的解释(可以看到后面的学者将对此提出完全不同的解释)。

对智力的标准化笔试测验通常在结构理论的指导下，对各个维度设计编制问题解决的题目，形成初步测验；然后在一个较大的样本中进行施测，并对获得数据的协方差矩阵进行因素分析，检验因素结果是否符合假设理论结构的预期，并可能根据结果对原有理论假设进行调整和修正。笔试呈现的智力测验可能包括多种题目形式，比较常见的有逻辑推理、数量运算、图形推理、空间旋转等。为便于计分，通常采取客观选择题的形式。如前文所述，在形成最终的测验之前，通过施测数据对题目的难度和区分度进行统计，并删除难度过高及过低，以及区分度较小的题目。一般智力测验题目呈现的顺序是按照难度从小到大进行排列的。如果是基于项目反应理论的、在计算机系统上运行的智力测试系统，其呈现方式则有所不同。

1. 一投资者以每股 75 元的价格买了一公司的股票 n 股，此后，他以每股 120 元的价格卖掉了 60%，剩下的在随后一天又以每股 70 元的低价卖出。如果他从这次股票炒作中获得 7500 元的利润，那么他买了多少股，即 n 等于多少？

A. 250

B. 300

C. 350

D. 400

E. 500

2. 如果在 A、B、C、D、E 各图中某处添上一条线（任何形状的线皆可，但线条不能重叠），哪幅图案能够变成左图所示的形态？

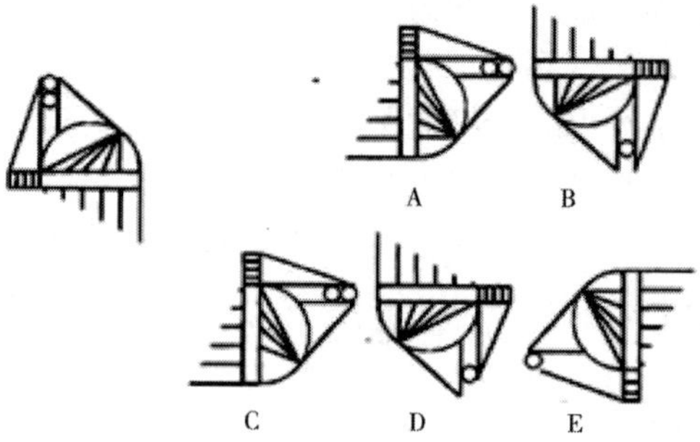

A. 图形 A

B. 图形 B

C. 图形 C

D. 图形 D

E. 图形 E

3. 根据图形呈现的顺序规律，问号方框中分别应当填入哪一个图形？

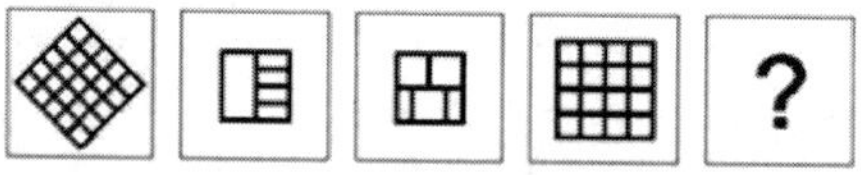

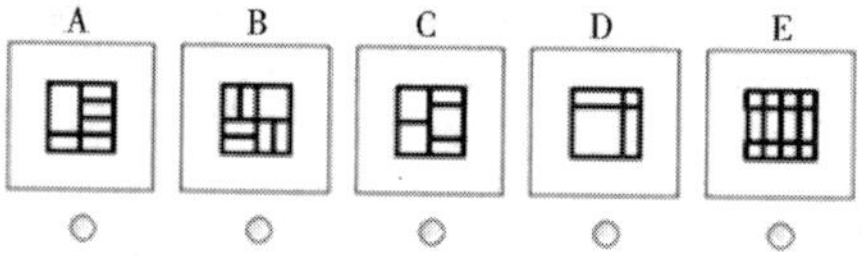

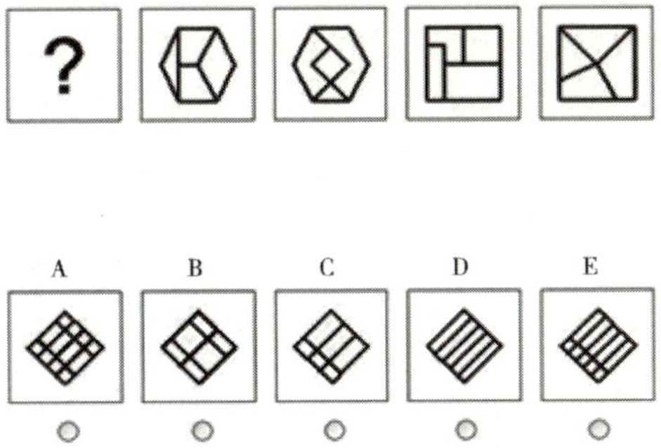

4. 只有在统治者不能照旧统治下去，人民群众也不能照旧生活下去的时候，革命才会发生。就个人而言，选择革命或接受革命，也往往是别的路走不通之后，才被逼上梁山的。由此可见：

A. 任何一次革命，都不是人为制造的结果

B. 革命不需要领导力量也会成功

C. 革命不需要动员，群众也会自发参与

D. 所有在个人生活中遇到挫折的人都会参加革命或支持革命

E. 以上都不对

基于个体差异的智力测验的发展积累了大量的数据，近年来，一些研究者在对近 100 年中进行的智力测验数据进行了一些归纳研究工作。其中，以 Carroll 等进行的工作被最多引用。Carroll(1993)进行的一项大型的元分析研究，取样了 60 多年以来智力研究的 460 个数据样本、共 13 万被试的测量数据，结果表明，在统计上多种智力之上存在共同潜变量的合理性。Carroll 发现常用的多种智力测验的数据在因素分析以后可以被较少几个因素所解释；同时，从这些因素中可以再抽取出一个共同因素，这个潜变量可以解释相当部分的变异。Carroll 认为，这种共同变异可以被认为是多种智力的共同因素，即一般智力因素。大量研究已证明一般智力因素能够显著预测工作绩效(元分析研究和文献综述)，如 Hunter J E 和 Hunter R F(1984)、Hunter 和 Schmidt(1996)以及 Schmidt 和 Hunter (1998)。Hunter 和 Schmidt(1996)进行的一项元分析研究发现一般认知能力对工作绩效的直接路径系数为 0.31(民事组织)和 0.15(军事组织)。g 因素的对多数工作类别的工作绩效预测似乎已经达成了共识，g 因素被认为是稳定有效的绩效预测变量，是心理学中的“碳元素”(Ree and Earles，1993)。

但是笼罩在看似完美的智力 g 因素理论下的一个阴影是，研究发现 g 因素对

非学业/教育领域绩效的预测要远低于对学业领域绩效的预测，这种现象引起了很多研究者的关注。如果说智力是一切问题解决能力的认知因素基础，为什么在学业、教育情境中，智力对绩效产出的预测要高于在工作情境中对绩效产出的预测呢？例如，对于智力 g 因素对工作绩效的相关现象，研究者指出，g 因素与工作绩效的相关可能与工作技能和工作知识的习得有关：一般认知能力较高的个体，能够更有效地习得工作必要的技能和知识(Schmidt and Hunter，1998)。根据这个分析思路，在工作知识技能之外当然存在大量的影响工作绩效的因素，这些因素并不能被智力 g 因素所预测。因此，一些研究者认为存在 g 因素以外的认知能力因素，直接影响个体的作业绩效。这样，尽管心理测量取向的、基于传统智力测验数据的研究结果在统计上表明多种作业之间存在共同认知能力潜变量的合理性(Carroll，1993；Jensen，1998)，但研究者提出了基于传统智力测验的一般智力因素理论的局限性。其中，斯滕伯格(Sternberg，1985，2000a，2000b)提出的“实践智力”非常引人注目。

早在 20 世纪初，各种智力测验在美国社会被大量使用的时候，著名的心理学家桑代克就指出，这些智力测验包含的范围狭窄，不能涵盖人们对于智力所理解的内容。例如，社会智力就没有包括在智力测量中。后期的研究者也从多个角度对 g 因素智力理论进行了分析和批评，认为 g 因素理论忽视了智力的文化差异性，没有涵盖应有的智力内涵等方面。

对智力的理解和智力对适应能力的预测存在文化差异性。通常认为，智力是一个评价意味很强的概念。就如同在各种文化中“美”的概念存在差异一样，对智力的理解可能存在实质性的文化差异。人们所理解的不同环境下成功需要的潜质，不同文化的人群之间存在很大的差异。斯滕伯格的研究组在各个文化下进行的研究表明，多种文化下对什么是智力的理解(斯滕伯格等称之为“内隐智力”的研究)(Sternberg，2000a，2000b)与在西方文化下人们的理解存在很大的差别。与西方文化强调认知操作的速度和准确性不同，东亚文化还强调社会适应性。斯滕伯格(Sternberg，1997)等对中国台湾地区进行的一项研究发现，人们对智力的理解除了一般智力因素包含的范围(记忆、推理等)，还包括自我调整(intrapersonal)、人际调整(interpersonal)、明智的自我宣扬(intellectual self-asserting)、明智的自我掩饰(intellectual self-effacing)四个因素。在其他一些地区，包括俄罗斯、肯尼亚、北美北极地区少数民族等，研究表明对智力的理解和成分的强调与西方文化的理解也存在不同程度上的差异(Sternberg，2000a，2000b，2004)。

斯滕伯格所进行的大量所谓“智力内隐理论”的研究，对比了学者(内行)和大众(外行)对智力这个概念理解上的差异，结果发现学者和大众在几乎所有的智力概念范畴的理解上都存在很大的不同，表 4-1 列出了学者和大众对不同智力维度概念的理解差异观点。学者所理解的智力内涵可能更加聚焦，而大众理解的智力内涵可能更加贴近智力概念的原意。事实上，由于具有相似的工作情境，也不难理解学者们所设定的智力定义可能更多地反映了基于分析、思辨、探索等方面的内容，而公众认为的智力包含的范围更加广泛。

表 4-1 学者和大众对不同智力维度概念的理解差异观点

学者的观点		大众的观点	
智力维度	行为表现	智力维度	行为表现
语文能力	词汇丰富、语言流畅 好读书、善于理解 对事物有好奇心 言论能见及事理之各面 兴趣广泛、知识渊博 思考敏锐且有深度 观念表达有系统、有组织	语文能力	说话清楚而有条理 具备某方面专门知识 喜欢读书且兴趣广泛 善用文字表达思想 善言辞辩论 有随时随地阅读的习惯
解决问题的能力	能运用知识解决实际问题 有丰富的常识 头脑冷静能客观看问题 在乱局中善于抉择 爱真理且肯为行动负责 有直觉力、凡事早有准备 能洞察问题的关键	实际解决问题的能力	思想开放能接受别人意见 能理解问题情境及关键所在 能整合观念作合理的思考 能从经验中形成个人的知识 能权衡轻重做出恰当的抉择 对新奇事物敢于尝试 善于运用多方资源解决问题
实用能力	能掌握问题情境 选择有目的、有方向 能洞察周围环境 对世界一切变化感兴趣	社会能力	能悦纳他人、容忍别人的过失 能遵守和别人约定的时间 能公正作判断、具有道德感 能体察别人需求与困难 对人对己坦率而诚实 对社会事物有兴趣 遵从社会规范

资料来源：斯滕伯格(Sternberg，1985)

一些学者指出，对智力的文化差异的忽视可能是目前多数智力测验的结果有利于文化强势种族的重要原因。在一部极具争议性的畅销书《贝尔曲线》(*The Bell Curve*)中，Herrnstein 教授等报告了一个非常令人震惊的研究结果：在美国社会，黑人和其他部分少数族裔(如 Hispanic，拉丁裔)在智力测验上的平均得分显著低于白人，如图 4-1 所示。这本书的作者将表面的智力测验的结果差异简单归结为遗传因素的影响，得到了学术界和社会舆论的一致批评。由于这本书的影响非常大，以至于美国心理学协会不得不声明智力研究和智力测验成绩的适用解释范围，并强调导致智力测量差异的结果可能包括多种可能的原因，包括教育、不良营养比例、动机倾向等。例如，黑人家庭一般对学业教育的重视要低于白人家庭，并且黑人儿童在同伴中接受到的偶像原型是球星、歌星等体育、艺术明星，而不是工程师、科学家、律师等需要较好的学业成绩作为基础的职业成功者。所有的这些因素都可能是导致智力测量在种族间存在差异的原因，将原因简单地归结为遗传因素是一种不负责任的故意误导大众的行为。

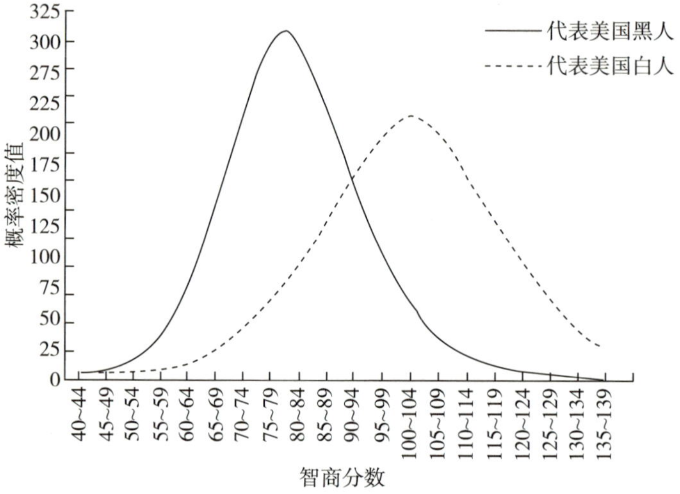

图 4-1 美国白人和黑人在智力测验上的分数分布

《贝尔曲线》的作者指出，即使采用所谓的“文化公平”的智力测验，种族间的智力均值虽有所减少，但依然是统计显著的。使用最为广泛的文化公平的智力测验之一瑞文智力测验，全部通过图形推理的方式来呈现问题情境，使测验结果较少受言语及受教育程度的影响。对此，持智力遗传决定论的学者坚持其观点，认为种族间智力差异是有遗传基础的。但更多的学者提出文化贫乏的观点来解释这种差异，其中一个有利的证据是，新加坡、韩国和日本在第二次世界大战后由于经济的快速发展、营养和教育水平的快速提升，学童中智力优异(平均值加两个标准差，即智商 130 以上)的比例大为提高。以日本为例，优异儿童的比例已占到全部学童的 10%，而在欧美发达国家中这一比例只有 3%左右。这一结果挑战了所谓白人遗传优异的种族主义论调。但如果智力本身不存在根本的种族间差异，智力测验的结果却可以观测到明显的统计差别时，人们对智力存在一般因素的理论观点以及基于这种观点的智力测评方式就产生了深刻的怀疑。

基于智力测验在不同族群(图 4-1)、不同家庭背景等人群中呈现的显著的群体差异，学者认为传统的智力测验只与部分文化下对某些智力成分的理解和强调存在较高的一致性。如果忽视这些文化差异，对智力测验的结果直接进行比较可能有很强的误导性。正如一些学者所言，智力测验是“企图用一种最初设计用来打破特权的工具来维护特权”，常用智力测验，包括美国大学和研究生入学的各种所谓的“能力测验”，对于不同文化背景的人群并不是公平的。在心理学和教育学研究领域，不少学者对常用的智力测验的公正性提出了严重的质疑。

对于智力是否存在文化差异性的问题，学者们存在很多争论。Berry(1984)提出，无论智力结构在不同文化下是否相同，至少，人们对于智力的理解是不同的。Berry 和 Irvine 进一步提出，情境因素将约束个体的智力表达。他们将智力表达的情境分为四个水平，即生态/文化水平、经验水平、表现水平以及实验水平。在某种文化下具有适应特征的某种能力(如一般智力测验为指标)，在另一种文化下并不能保证也具有适应性特征。例如，Grigorenko 等在肯尼亚(东非国家)某个地区的农村发现，在该地区生存的一项重要能力——识别草药的能力，与智力测验成绩呈负相关。这项研究结果非常令人震惊，因为一般而言智力 g 因素通常能够促进工作产出，即使它们之间的相关非常小、对工作产出变异的解释率非常低，但是负相关是很难想象的。这项研究表明了智力的表达其实与个体的文化、生活情境密切相关，智力测验测量的所谓一般智力因素也许并不是“一般”的智力因素，智力是无法脱离具体情境而独立存在的，因此一般智力理论的模型在这个实证研究结果的质疑下被蒙上一层深深的阴影。

此外，即使在同一文化下，实证研究的结果反复表明，智力测验对学业领域成就的预测效度要显著高于对其他领域成就的预测效度。麦克里兰曾在 20 世纪 70 年代提出，用智力测验来预测工作绩效和学术领域以外的成功时，预测效力比较低。他提出了其他的概念和测量方法取代传统智力的概念，作为非学术领域绩效的预测指标。现有的研究发现常用的智力测验(斯坦福-比奈量表、韦克斯勒量表等)与在校学生的学业成绩的相关一般在中等程度以上；但是智力测验分数与其他作业成绩，包括操作成绩、工作绩效评价、升值、工作满意度等学业成绩以外的指标的相关则比较低。如果一般智力因素理论不能解释为什么 g 因素在预测学业领域成就要高于对其他领域成就的预测，那么一般智力因素的“一般性”就会遭到人们的质疑。由这些质疑形成的理论反思，促使研究者们提出了新的智力结构理论和对应的测量方式。

第二节 从一般智力到实践智力

由于智力的 g 因素理论存在各种理论困境，一些研究者提出，所谓的智力 g 因素，只是一部分人类智能的体现；人类个体在面临的很多情境中的问题解决能力，不能被 g 因素解释。这些研究者从多个角度拓展智力理论的内涵和智力测量工具的新模式。其中，R. J. 斯滕伯格的三元智力理论(triarchic theory of intelligence)和他领导的耶鲁大学的潜能、能力、专长心理学(Psychology of Abilities, Competencies and Expertise, PACE)研究中心的相关研究工作在近年来非常引人注目。

斯滕伯格提出，对智力的理解绝不应只停留在智力研究者所认为的智力内涵之上。事实上，哲学家、大众和智力研究者对智力的理解是存在很大差异的，并且无法证明智力研究者对智力的理解最接近智力的本质。斯滕伯格提出一个智力内隐理论的研究思路，即通过众人对智力内涵的感知来确定智力中到底包括哪些元素。这一点事实上得到了不少研究者的支持，智力不应当仅仅局限于智力测验所测得的那些东西。Gardner 教授也认为现行的智力测验内容过于偏重基于知识的测量，这样大大窄化了智力的内涵，甚至曲解了智力的本质。与斯滕伯格的观点基本一致，Gardner 也认为智力是在某个文化情境所设定的价值标准体系下，个体解决问题满足需要的能力。例如，美国黑人儿童相对出众的运动和音乐才能，应当是这种环境适应性能力的一部分，但是在一般智力测验中被忽视了。Gardner 教授认为智力大概应当包括八个方面的能力，包括语言能力、数学逻辑能力、空间能力、音乐能力、运动能力、社交能力、自我能力和自然能力。Gardner 提出的智力结构很明显突破了一般智力因素框架的束缚，将智力的内涵拓展到更为广泛的空间中。

基于智力的情境适应性前提，并受到认知加工成份理分的影响，斯滕伯格提出了智力的三元理论。斯滕伯格认为基于结构(心理测量)和基于认知成分的单一智力理论都不能对智力进行完整的描述。斯滕伯格(Sternberg，1985)早期提出著名的三元智力理论，认为应该从情境(个体与外部世界)、经验(个体的内部世界)和成分(智力行为的认知过程)三个方面完整地考察智力。1999 年斯滕伯格再次提出了“成功智力”的概念，明确地将智力的机能特征——成功适应，作为定义智力的基础。同时将多种智力要素概括为三种智力维度，即分析智力、实践智力和创造智力。其中，分析智力涉及问题解决和判定思维成果的质量，分析智力也是与智力 g 因素重叠程度较大的一个部分；实践智力涉及方案实施方面的智能活动；创造智力涉及扩散形成好的问题和想法。在斯滕伯格提出的三种智力中，受到较多关注和得到实证研究最多的是实践智力部分。

斯滕伯格指出，人们在现实生活中经常发现，某种作业情境下的问题解决能力比较高的个体，在其他的一些问题情境中的处理能力并不高。例如，学业成绩高的个体，可能并不一定是一个出色的销售员。西方智力领域的研究者自 20 世纪 70 年代以来开始关注这个问题，他们发现，不同的问题情境，即使对于抽象层面上结构相同的问题，个体也表现出不同水平的处理能力。例如，斯滕伯格在一项对家庭妇女在超市购买行为的研究中发现：一些家庭妇女能够迅速地判定购买何种规格/容量的洗涤剂最合算，但是如果将相同的判断比较情境表述为文字数学问题的时候，她们的成绩将显著下降；而大学生被试的表现则正好相反(Sternberg，1985)。大量类似的实验结果显示，问题解决能力存在很强的情境特异性。

智力的g因素理论的一个前提假定是常用的智力测验基本涵盖或无偏代表了在各种作业中需要的智能全体。但是，斯滕伯格指出，常用的智力测验只涉及了“内涵广泛、结构复杂的人类智能的极小一部分”。常用智力测验得到的智商(g因素的指标)和智力理论主要反映的是学术领域中专家(心理/教育学者，智力领域研究者)对智力的观点，而没有将在更多情境下的问题解决能力包括进来。这样不同领域中的问题解决能力的共同变异可能被夸大。此外，智力测验无论从情境内容上，还是测验形式上，主要与学业成绩的考察高度的相似。这也是智力能够最好地预测学业成绩，但对其他领域的作业成绩预测程度相对较低的一个重要原因，表4-2对比了学校智力与实践智力的特征。

表4-2 学术智力与实践智力的特征

学术智力	实践智力
由他人提出/界定(施测者)	需要自己提出界定
定义清晰	定义模糊
信息提供是完整的	需要自己寻找必要信息
固定数目的正确答案(通常是单一的)	有多种正确解决方案
固定的解决路径(通常是单一的)	多种解决路径
与通常经验是脱离的	需要将问题联系先前经验
与个人兴趣/目标是脱离的	需要个体动机和卷入

资料来源：Wagner(2000)

斯滕伯格认为由于传统的智力测验表达的是类似学术领域中的问题情境，测查的维度和内容是西方文化下专家认为的智力要素(反应速度、记忆、逻辑推理等)，而这些要素通常没有包含很多实践领域中需要的能力成分，因此斯滕伯格不将g因素认为是所有智力要素的共同潜变量。斯滕伯格从智力的功能意义上对智力做出界定，他提出，智力应该被定义为个体为了寻求目标实现，对环境通过适应、塑造、选择等过程获得优化选择适应的能力。斯滕伯格指出，智力应该代表某种适应能力，能够预测个体在某个领域成功的可能性。

对一般智力因素理论，斯滕伯格认为，如果智力的内涵按照通常专家界定的若干维度的内容(即在西方文化下，专家认定的智力要素，包括知觉速度、识记、逻辑推理等)，并且智力测量的形式采用类似学业测验的假设问题情境(即固定假设情境、有限解决方案等)，那么从数据结果中可以抽取共同的潜变量。但这并不意味着这个共同的潜变量(g因素)是所有作业需要的智能的核心内容；事实上，是否存在这样一种共通的智能结构现在为止也不能确定。如果智力的界定引入更为广泛的内容、智力测验采用其他形式，并不能抽取出共同因素(如加入测量创造力的发散能力测验之后)。

智力的g因素理论面临的另一个严重的理论挑战是：所谓的g因素，其背后对应的认知机制到底是什么？最开始研究者从反应速度中去寻找，提出简单反应速度应当是智力的一般基础，但后面的实证研究发现简单反应时与测量的问题解决能力之间相关非常低。后来研究者提出选择反应时模型，认为选择反应速度是智力的基础，但尽管随着选择项的增多，选择反应时间与问题解决能力之间的相关增加，但增加幅度逐步减少，并且总体上两者之间的相关也非常低，意味着只有很少一部分问题解决能力的变异是被选择反应速度所解释的。在这些尝试失败以后，研究者还提出很多其他关于g因素机制的模型，但遗憾的是并没有找到足够的实证研究证据表明问题解决的变异是由这个认知机制所决定的。这样笼罩在智力G理论背后的一个巨大阴影就是，g因素到底是什么？什么认知机制导致了普遍的问题解决能力之间的个体差异？现代认知神经科学的发展也提出了一系列可能的解释，包括皮层激活水平等，但遗憾的是迄今为止并没有一个充分具有说服力的答案。

智力g因素理论存在的理论困境和在实际应用中对工作产出预测能力有限的现实问题，诱导研究者提出了新的理论模型来重新考察人类智能现象。在实践智力之外，“社会智力”概念就是一个非常有影响的理论体系。桑代克（Thorndike，1918）曾将社会智力定义为理解他人、与他人良好协作的能力。后面的学者多数继承了这一核心定义的内涵，并加以拓展。例如，斯特朗强调有关人际的已有知识经验在发展社会治理中的作用。弗农（Vernon，1933）全面扩展了社会智力的定义，认为社会智力包括与人相处的能力、有关社会事物的知识、与他人融洽相处的能力、对团体中其他成员发出信息的敏感性、对他人状态和特质的洞察。

在社会智力的测量方面，研究者通常采用的办法是对一般认为聪明的、学业有成的、在日常生活中机敏的个体所具有的行为特征进行评估，然后对这些特征的个体差异数据作因素分析，通过这样类似一般智力测量的方法探索社会智力的内在结构。例如，一个研究者发现社会智力由四个维度构成：①亲社会技能，包括对他人需要做出反应、情感上支持等特征；②领导技能，包括知道如何处理事情、设定目标等特征；③社会自在性，包括容易适应环境、对人真诚坦白、喜欢社会活动并积极参加等特征；④自我功效，包括良好的自我概念、具有自己的个性和价值观等特征。

在社会智力的测量方面，研究者提出了一些非常有特色的测量方法。例如，Rosenthal提出的非言语敏感度测验（profile of non-verbal sensibility，PNOS），这个测验对个体进行多侧面的剖析，受试者将接收到的内隐信息进行编码，推测两种描述中的哪种更好地刻画他看到或者听到的事物。还有研究者提出一种社会解释测验（social interpretation test，SIT），在这个测评中，受试者看到一张图片，如两个人在谈话，受试者判断这两个人是熟悉还是陌生。在测量方法上，针对社会智力的这些测验为测量学术智力以外的认知能力进行了有趣的尝试。但是社会智力这个概念从界定到测量方法都存在比较严重的缺点，首先社会智力如果是一种情境特异的能力因素，其内在结构并没有得到充分的探索，迄今为止还没有形成对社会智力的一致的维度结构；其次，很多社会智力的测量方法似乎并没有覆盖社会智力所有的内涵。例如，PONS聚焦于非言语解码方面，但是基于一般的常识理解，很难认为这就是社会智力的全部。因此，尽管社会智力的提出是探索学术智力以外智能因素的一种积极尝试，但对于学术智力以外智能因素的理论建构和测评方法，研究者和测评实践者迫切期待一个基于更为完整理论架构的、覆盖概念重要侧面的智能概念和测评工具。

对智力一般因素理论提出挑战性的理论，在Gardner的社会智力理论之外，当属斯滕伯格提出的三元智力理论。斯滕伯格受到认知加工理论的影响，试图超越传统的智力研究中的个体差异取向，从认知历程的观点来解释认知活动的外在效能。根据斯滕伯格的智力三元论，个体在智力上表现出来的差异，是因为面对刺激情景时个人的加工方式之间存在的不同。在提出智力的情境、经验和成分三类亚理论之后，斯滕伯格认为人类智力是由联结的三边关系组成的统合体。这三种智力成分分别是组合性智力、经验性智力和情境性智力。组合性智力是指个体在问题情境中，运用知识分析资料，经由思考、推理、判断形成问题答案的能力；经验性智力是指个体运用既有经验处理新问题时，统合不同观念而形成的顿悟或创造力的能力；情境性智力是个体在日常生活中，运用积累的知识经验处理日常事务的使用能力。这三种智力后来亦被命名为分析智力、创造智力和实践智力。很明显，斯滕伯格的智力三元理论大大拓展了智力的观念，传统的智力测验得到的智商只能代表三元智力中的组合性智力，并不可以作为全部人类智能的数量表征。在斯滕伯格的三元智力理论中，他提出的这两种新的智力类型激起了研究者广泛的兴趣，即创造智力和实践智力。斯滕伯格在其推进的教育改革计划中，曾对创造智力进行了广泛的研究。但目前为止研究做得相对更为透彻的，是实践智力的理论研究和测验的编制。斯滕伯格及其团队在美国陆军的合作项目中进行了大量的实践智力和军官领导力的研究，这些研究表明了实践智力具有较好的测量指标并能够预测军官的领导指挥效能，其团队还进行了企业经理人、销售经理等不同职业群体的实践智力研究，获得了很大的影响。以下将重点介绍斯滕伯格的实践智力理论及其测评工具的编制程序。

基于三元智力理论，如前文所述，斯滕伯格等提出了实践智力的概念，这个概念革新了非学术智力研究领域，并可能为从更加广阔的角度了解人类智能活动提供很好的理论框架和测评工具。在实践智力这个概念提出以后，斯滕伯格等在军队、企业和学校等多个行业组织进行了很多实践智力量表的编制和效标效度的检验。目前的实证研究结果部分支持斯滕伯格关于实践智力的理论观点：首先，实践智力(通过实践智力量表)能够显著地预测多个群体(陆军基层军官、管理者、销售员、心理学家等)的工作绩效(Sternberg et al.，1995，2005；Sternberg，1997，2000a，2000b)；其次，实践智力对工作绩效的预测与其他个体差异类变量是独立的，即实践智力指标与一般智力因素指标、人格特质、动机/需要等的相关较低；最后，实践智力能够在 g 因素、人格特质、动机等变量进入方程以后显著地增加变异解释率(Sternberg，2000a，2000b)。

根据斯滕伯格的理论，智力 g 因素不能够涵盖专业领域需要的个体解决问题的职能要素；学业领域的问题情境与实践领域中差距非常大，具体可以预期：在某些领域，实践智力与智力 g 因素(斯滕伯格称之为“学业智力”)可能呈现较低的相关；甚至，在某些与学业问题情境差异非常大的实际问题情境中，g 因素可能完全不能预测个体的问题解决能力和成就。斯滕伯格的研究组进行的一些研究证实了这种预期：在肯尼亚的农村地区进行的研究发现，传统智力测验与某种重要的生活适应能力(识别和使用草药的能力)之间呈现负相关。在北美北极地区少数民族中进行的研究也表明个体在本部落中的各种适应能力与 g 因素无关，但在城市中的适应能力与 g 因素相关。

在美国本土文化中，斯滕伯格的研究组编制了几种针对企业管理人员、军官、心理学家的实践智力量表，并且考察了实践智力量表分数(实践智力指标)与多种绩效指标的关系。目前的研究一致表明，内隐知识对工作绩效有显著的预测力。首先，斯滕伯格和他的同事发现，实践智力对相关绩效和成就指标的预测效度高于或不低于 g 因素。在一些工作类型中 g 因素与内隐知识以及工作绩效正相关；但是在另一些工作类型中，如心理学家、企业管理者等，g 因素与内隐知识的相关很弱。另外，斯滕伯格还发现工作经验对绩效的影响是通过内隐知识的增长为中介的。此外，在一项研究中，美军陆军军官的晋升与内隐知识而不是工作经验相关，陆军军官的领导力与内隐知识测度的实践智力的相关值高于学术智力。在学生的学业成就领域，斯滕伯格认为实践智力也能够显著地预测相关的成就指标。PACE 研究组使用斯滕伯格成功智力成套测验(Sternberg Triarchic Abilities Test，STAT)、Cattell 文化公平智力测验，以及 ETS 编制的学术能力评估测试(scholastic assess ment test，SAT-I)考试(高中学生进入大学的重要参考指标)同时对学生在大学的平均成绩(grade point average，GPA)进行测量，发现实践智力和创造智力都能够在一般智力测验(测量 g 因素)、SAT 之外，对学生的 GPA 的回归有独立的贡献。另外，STAT 成绩对学生对大学生活的满意度、幸福感、身心健康等适应指标都有显著的预测(Sternberg et al.，2005)。目前关于实践智力的实证研究正在大量展开，当前积累的证据表明实践智力能够从智力 g 因素中分离，并且对多种成就指标有较高的预测效力。而目前正在开展的实证研究可能为实践智力效度提供更多数据支持。在第三节中，我们将详细介绍实践智力测验的编制方法。

第三节 实践智力的测量

在提出三元智力理论和实践智力这个概念之后，斯滕伯格研究组在各个实际领域研究了人们解决问题的思维过程。例如，在对有经验的商学院 MBA 学生的一项研究表明，他们思考解决问题的方式并非是学者描述的一种逐层递进的、线性的、从问题界定到问题解决的理性过程，而是一个启发式的、探索式的、经验依赖的过程。基于对三元智力理论的分析和对问题解决方式的研究，斯滕伯格认为，人们在解决实际问题过程中，通常使用已有的知识结构来同化当前的问题情境，迅速获得问题的解决方法。这就是三元智力的情境性智力，对于日常事务的处理是依赖于个体的经验累积的。所以，在这种意义上，斯滕伯格将“实践智力”定义为一种“发展中的专家素质”(developing expertise)，斯滕伯格认为，这种专家素质本质上是一种内隐的程序性知识。斯滕伯格进一步提出，可以以“内隐知识”作为测量个体实践智力的指标。在随后的实践智力研究中，斯滕伯格和他的团队开发了一系列针对不同职业群体的内隐知识测评工具，并检验了这些测评工具的预测效度。

对于斯滕伯格提出的内隐知识概念，Wagner 和 Sternberg(1987)分析了内隐知识与知识存储系统的关系，如图 4-2 所示，内隐知识主要是从个体经验中获得的一部分程序性知识。这部分知识通常是通过个体经验(包括直接经验和习得经验)、基于情境记忆(episodic memory)存储于个体知识系统的。与语义记忆(semantic memory)不同，情境记忆是基于个人经验的、对发生在一定时空的事件的记忆。情境记忆的提取也是需要通过具体的情境线索的激活来实现。通过对个体在解决日常生活及工作中的现实问题过程的分析，我们可以看到，个体对问题的处理常常并不需要非常困难的认知努力，并且个体很难陈述解决问题的逻辑依据是什么，但通常个体对处理问题的方式及其导致的结果有较强的信心。这样看来，在其中最主要的认知过程是基于情境知识的经验启发模式，即斯滕伯格所谓的“发展中的专家素质”或“内隐知识”。

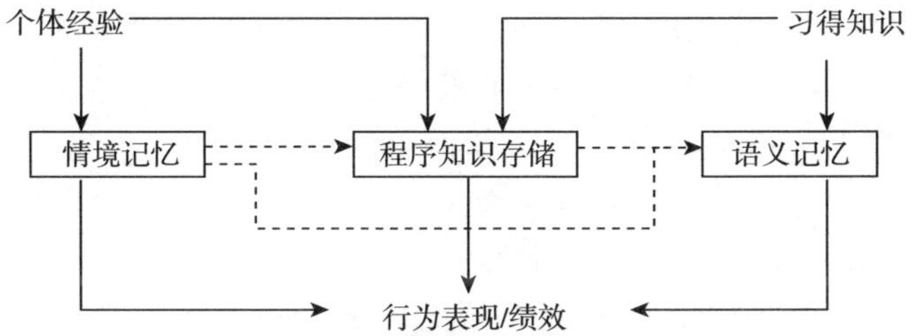

图 4-2 内隐知识与知识存储系统的关系

资料来源：斯滕伯格(Sternberg，2000a)

斯滕伯格认为实践智力是一种“发展的专业素质”。斯滕伯格认为，在各个实践领域，专家与非专家最关键的区分因素在于专家拥有大量一般个体所不具有的专业知识。在专业知识领域，斯滕伯格并不关注专业技术知识，斯滕伯格认为这些知识对于各个领域的差别非常大，并且是可以直接通过培训、传授获得的。斯滕伯格强调的是“内隐知识”那一部分，所谓内隐知识是一种程序性知识，是个体在实践情境中在没有或较少外部支持下，与个体目标相关的那一类程序性知识，通常难以或者不能通过言语直接表达。斯滕伯格认为，大量现实作业情境中问题解决所需要的知识是很难或不能被表述的[“从做中学”(learning by doing)、“行而后知”]，并且不能直接通过培训和传授获得，甚至在很多时候个体不能察觉到其重要性，但是这些知识对于工作是否能顺利完成是至关重要的。例如，很多销售人员不能表达是如何成功实现一次销售的，若非在特意的研究情境中，影响销售成功的多种知识因素很难被发现。但是成功的销售员知道如何接近潜在客户、如何说明产品的功能价值、如何发现顾客决策的关键考虑因素，以及如何在关键时点上进行及时的跟进和有效的说服。尽管销售员可能将其中的一些知识表达出来，但最为核心和有效的成分通常是程序性的、难于编码和表达的。斯滕伯格等在美国陆军中进行的领导力研究也发现了同样的现象，很多基层军官知道在各种情形下问题的正确处理方式是什么，有些处理方式是无法在训练条例中找到明确答案的，但这些军官能够在各种情形下快速地判断并做出决策，无论从上级军官对他们的评价，还是下属的感受以及所指挥部队的训练成绩看过去，具有有效的领导力的基层军官和领导能力匮乏的军官，他们在对这些情境上的经验知识上存在显著的差异。斯滕伯格等在对企业职业经理人的研究中也发现了类似的现象。因此，斯滕伯格提出对实践智力的测量可以通过对内隐知识的考察而获得，内隐知识决定了个体在其领域实践智力的水平。

需要注意的是，斯滕伯格提出的内隐知识的概念，强调内隐知识的各个特性并不是绝对区分的，并且斯滕伯格指出内隐知识概念的定义并不是一种基于充要条件的定义，而是一种基于典型特征的定义，必须从几个方面同时考察才能够确定某个知识/经验是不是内隐知识(Sternberg，2000a，2000b)。单从某一个方面是无法进行准确判断的。根据其定义，内隐知识是一种发展中的专家素质，是一种程序性知识，也是能有效区分某职业群体中高绩效者和低绩效者的重要指标。因此，对内隐知识的测量，斯滕伯格和他的团队提出了一种非常独特的测评模式，并且这套流程可以方便地被广泛地应用到多个职业情境中，以编制各个群体中具有针对性的特异的内隐知识测验版本。

斯滕伯格和他的研究组认为，由于内隐知识是一种难以被直接表述的程序性知识，因此对内隐知识的测量通常是通过情境判断测验(Wagner，1987；Sternberg，2000a，2000b)。通过研究关键事件的访谈和分析，分析关键事件中需要的内隐知识，然后设计情境测验，并提供多种解决方案，被试评价或选择这些方案。斯滕伯格提出的这一套编制内隐知识测验的方法在程序上与很多情景面试题目选择设计方式是比较接近的，基于关键事件法的问题编制模式可以定位那些最能够影响工作产出的关键内隐知识点，对这些内隐知识的测量显然可以较好地预测工作绩效指标。斯滕伯格(Sternberg，2000a)提出编制实践智力量表的一般过程描述如下。

(1)通过访谈收集可能的内隐知识的运用情境。根据斯滕伯格提出的方法，首先确定特定领域中的任职者并从中抽取样本。在访谈中应先向被试表明研究目的，并向被试保证提供的信息只在学术研究使用。然后要求被试讲述一段与工作相关的经历，在这段经历中他们学会一些对当前工作有用的经验。研究者向被试澄清，研究关注的是那些在自我经历中获得的非正式的但实用的经验，不是那些从书本、培训中获得的知识，也不是那些纯业务性的知识，如如何处理某个项目中技术细节等问题。根据斯滕伯格提出的建议，访谈中要聚焦于被试提出的某个情境故事进行深入的挖掘，用追问的方法寻找与内隐知识有关的经验中的内容。如前所述，一般通过三个标准判定内隐知识，即与个体实现某个目标有关、行动指向的(程序性知识)、个体在获取这些知识的时候没有/较少得到环境的支持。在访谈中应鼓励并引导被试表述内隐知识相关的方面。对访谈的整个过程录音，以便于在下一步整理中使用。内隐知识访谈一般持续的时间约为45分钟，在访谈之前研究者需要阅读大量的材料并与主管或富有经验的在职工作者进行一些非正式沟通，充分了解这个职业群体的工作特征、惯用术语及关键绩效行为等。事先的了解能够帮助研究者在随后的访谈中及时捕捉关键信息，以保证内隐知识测验的编制能够获得更多有用的素材。

这个研究是了解各级干部在实际工作中遇到的问题和处理这些问题的方式。研究目的是纯学术性的，访谈结果仅使用于学术研究。研究将在全国几个地区先后进行，我们将得到的数据进行共性的分析，所以不需要记录你的姓名。

我们知道，在具体工作中，你可能通过自己的体会获得了一些经验，这些经验是非正式的，但是对于处理一些工作问题是非常有用的。我们想了解一下这方面的东西。

你所讲的内容没有好坏对错之分，为了便于交流，我们将对访谈进行录音。对这次访谈你还有别的什么问题吗?

1. 你在目前的岗位上工作多久了? 你主要的工作内容包括哪些?

2. 工作常常要面对哪些问题? 处理哪些事务和关系?

3. 在这些处理过程中，你的一些个人经验可能是非常重要的，能不能谈谈你的某次经历，在这次经历中你获得了某些特别的经验?

4.(如果时间允许)你能不能再讲述一次类似的经历?

---

(2)对访谈收集的内容进行整理编码。整理工作首先与录音核对，确认被试提供的情境描述。其次，运用内隐知识判定的标准筛选被试提供的经验描述。最后，使用前提-结果的形式将这些情境编码，即用 if、then，以及 and、or、else，将故事情境编排为情境条件下个体采取的某种应对行动。采取这样的编码方式是为了使通过关键事件法访谈收集的信息条理化和程序化，使测验编制者完全掌握访谈者所提供情境信息的细节和经验推演模式，这样在后续测验的编制中能够恰当地对这些信息进行整理和重组以编制测验的条目。

对编码后得到的条目集根据专家的分类标准进行归类，并对这些分类进行分析，使得最终的实践智力量表的条目具有较好的代表性。由于内隐知识反映的是一种基于经验的、言语难以完全表达的程序性知识，所以对其内在结构一般较难完全澄清。测验编制者一般采取的方法是从表面的、功能性的特征中整理出一个分类框架，由此对编码后的内隐知识条目进行归类。由于在这里对编码好的条目的归类并不是根据内在的结构维度，所以分类框架难以做到严格意义上非常完备的“互斥共全”，测验编制者只需根据条目特征采取一个最有覆盖性的分类框架即可。

例如，A 部门的负责人注意到，一些非常渴望得到提升的下属项目负责人常常愿意承担任何任务，即使他们负责的组没有足够的实力完成。他们用各种手段促使他们的下属超负荷工作以完成他们主动承担的项目/任务，这些下属常常苦不堪言。并且，这些负责干部在执行的时候从不在他的上级或同级那里获得帮助和资源，即使主动寻求帮助会使他们的工作负荷减少很多。这位负责人在多次经历这些事情后，要求他的下属在申请接受任务之前，首先对自己组实际的工作能力作一个客观的评估报告。

编码后的形式：

if　如果你的下属干部非常渴望得到提升

and　他们经常接受高负荷的工作任务

and　他们不愿意从你或者他们的同级那里获得支持

then　让他们在接受任务之前对他们单元的实力和现有资源作一个客观评估

because　正确的评估报告可以表明他们组具备的能力和资源，这样可以防止下属干部们对他们的单元施加过度的工作负荷

注：这个情境是虚构的，根据斯滕伯格公布的在美国陆军中进行的访谈结果改编

(3)使用问卷调查分析这些得到的条目。调查的目的不是得到被试在这些条目上的反应，而是初步测定这些条目的有效性。在任职这种抽取被试，要求被试对这些条目在四个维度(质量、熟悉度、常见性、一致)上对这些条目列出的问题处理方式进行评定。然后使用判别分析，区分一般工作产出和成就指标较高的个

体和较低的个体，建立一个典型方程。在典型方程中系数较大的条目被认为具有更高的鉴别力，进入后面编制的量表中。当然，测验编制者也可以通过其他的统计方法，选择最具有工作产出区分度的条目进入到内隐知识的测验之中。

A. 如果你是当事者，你认为这个处理方式好不好？

1 ------------ 2 ------------ 3 ------------ 4 ------------ 5 ------------ 6 ------------ 7

非常不好　　不好不坏　　非常好

B. 就你了解，你认为有多少干部可能会知道这样处理问题？

1 ------------ 2 ------------ 3 ------------ 4 ------------ 5 ------------ 6 ------------ 7

很少有人知道　　一部分人知道　　大家都知道

C. 你认为碰到这种情况的可能性有多大？

1 ------------ 2 ------------ 3 ------------ 4 ------------ 5 ------------ 6 ------------ 7

很少碰到　　有时碰到　　经常碰到

D. 你认为这种处理建议在多大程度上与你自己的行事方式/风格相一致？

1 ------------ 2 ------------ 3 ------------ 4 ------------ 5 ------------ 6 ------------ 7

跟我的方式不一致　　有时跟我的方式一致　　跟我的方式一致

如果你认为 A、B、C、D 四个问题的答案分别是：这种处理方式比较好，有一部分干部可能知道，你有时可能碰到这种情形，通常情况下你也是这样处理的，则你在上述四个问题相应的选择值上分别选择 5，4，4，6。你的选择没有好坏之分，调查的结果只在学术范围内匿名使用，你填答的所有信息将被严格保密。请按照实际发生的情形回答这些问题。

---

(4)通过内隐知识条目测查(tacit knowledge survey，TKS)得到的各项指标，选取条目编制党政领导干部内隐知识量表。首先，选择那些区分度较高的项目；其次，选择的项目涵盖更多的类别；最后，被选择的条目应该被认为具有较高的出现频率。完成筛选后，将选择的条目按照相似的情境组合。恢复访谈中情境故事完整的内容(并补充内容使情节合理化)，但避免个人化和引起敏感(政治不正确、歧视等)内容。内隐知识测验的编制者必须要了解测验并不可以违反政府法规条例或者是违背一般伦理规范。例如，即使在访谈中获得了具有较强的种族主义意味的条目，即使这个条目具有较好的区分度，也不可以将其纳入到测验之中。另外一点就是测验条目也不能有非常高的社会称许性的暗示，否则会降低题目的区分度。

---

1. 假设你是陆军某个连队的指挥官，在一次野外训练回到营房后，下属报告清点枪械并入库时，发现丢失了一支自动步枪。这件事情看起来非常严重和棘

手，以下列出的措施哪些是重要的并需要马上去做?

(1)马上紧急集合人员并通报事件，强调盗窃枪械是严重违纪的行为。

(2)马上向上级汇报枪械丢失事件并请求处理方法。

(3)马上召集并通知下属军官立即摸查情况。

……

(5)专家反馈意见。将编制好的量表组织若干次专家讨论会(各级党政领导干部)，讨论每一个情境故事和相应处理是否符合内隐知识的定义，是否是个体从经验中获得的处理方案。并要求专家提出该情境下是否存在其他处理方案，问卷是否存在其他问题等。并与前期得到的条目集和数据结果相对照决定是否接受专家建议。由于专家的意见是内隐知识测验评分的基础依据，所以收集准确的专家建议非常重要。首先，测验编制者要非常谨慎地选取专家团队。斯滕伯格及其团队在他们进行的美国陆军军官实践智力的研究中，对测验条目评价的专家团的选择是根据两个条件，一是在这个级别上被一致认为具有指挥出色、训练成绩突出、士兵接受度高等条件的军官，是上一级的优秀军官。专家反馈的意见被用来完善内隐知识测验各个题目的问题情境及答案选项，专家团对各个题目的典型反应模式也需要被完整记录下来，用作下一步评分标准的数据依据。

(6)记分标准和方法。与一般的情境判断测验的记分方式类似，实践智力量表的记分方式采用专家作答的标准为记分基点，个体在各选择项上的评定与专家指标(profile)的接近程度作为实践智力量表的指标。通常的情境判断任务是由被试在列出的选项中选择最优或最差选项，但对于自模数据(ipsatized)的处理可能存在很多困难，在统计上处理较为复杂。已经有实证研究证明了在情境测验中使用 Likert 量表对每一个选项进行判断然后计算欧拉距离的方法具有统计上的合理性(Legree，1995)。所谓欧拉距离，其具体算法就是，将各个内隐知识的指标为个体评定与基准评定做差异平方和。基准指标通常用专家团对各个题项的反应方式，所以受试者与专家反应模式之间的差异越小，代表这个受试者的反应越接近该领域中成功者一般采取的经验反应方式。因此，通过欧拉距离计算的内隐知识测验的结果代表受试者在各个题项上的反应与专家反应之间的离差平方和，因此，其数值愈小，表示个体的内隐知识水平愈高。

斯滕伯格和他领导的研究团队根据上述基本的内隐知识编制流程，在美国陆军军官、企业经理人、销售员、大学助理教授等群体中编制了一系列内隐知识量表并进行广泛的施测，结果表明了内隐知识量表具有较好的测量特性。内隐知识测量反映了测验所针对领域的关键经验。例如，在企业经理的内隐知识测验中，题目测度了职业经理人在处理人际关系、提升部门绩效、提高声誉等方面的情境中的反应特征，通过他们在这些情境的应对选项上反应的评价与专家的评价模式进行比较(欧拉距离)，即可以得到受试者的内隐知识水平，并以此作为评价其实践智力高低的标准。仅从人才测评的角度，斯滕伯格的这套内隐知识测量方法开创了一种新的测评模式。我们知道胜任力测评可以采取大量的工作样本方法，包括无领导小组讨论、情境面试、公文筐等方法，但这些方法的一个弱点是难以用标准化笔试推行，因此使用起来有相当的困难和较大的成本。斯滕伯格的这种内隐知识测验，通过对关键经验反应模式的测量，考察受试者的实践智力，既具有较好的测评针对性，又能够方便地实现标准化笔试测量。当然，截至目前实践智力的测评工具研究尚处于起步阶段，其测量效果需要大量的实证数据检验，但可以预期这种测评方式可能具有非常广阔的应用前景。

以下为企业经理实践智力量表样例。

1. 你在一家通信公司担任中层经理已经两年了，你所领导的部门大约有三十多人，大家对你在第一年的工作反映普遍较好，对你所管理部门的评价即便不是更胜一筹，但至少和你接手前一样好。你有两个助手，一个能力很强，一个则表现一般，不能为你提供任何实际的帮助。

你认为尽管你受到大家一致好评，但你的上司不一定认为你比公司的其他几名级别相当的部门经理技高一筹。你很想迅速被提升，进入公司的上层。以下列出了你在后面两个月中考虑要做的事情。很明显，你不可能事事都做。请根据你的目标(晋升)，评估每个项目的优先权。

(1)找机会除去部门中的“朽木”。例如，表现非常一般的助理以及部门里面另外成绩平平的两三个人。

(2)更加投入地参与本地社区的公益事业组织。

(3)想办法使你的上级注意到你重要的工作成就。

(4)对超出你直接领导的部门范围内的事情提出一个工作建议报告，用以引起上司的注意。

(5)做决定之前，更加注意考虑上司的意见。

(6)接受朋友的邀请参加一个贵宾俱乐部，许多高级经理是那里的会员。

(7)让上司对你所做的重要决定做出评价。

(8)调整工作时间以提高效率。

2. 一个下属找你咨询如何在这家公司里获得成功。你对这个下属并不是很了解，所以无法谈得很深，只能说一些一般性的建议。你认为下述建议对于在公司中获得成功的重要性有多少？

(1)对重要任务经常设置优先级。

(2)当你在状态的时候才去工作。

(3)在每天中早一些的时间中把常规工作做完。

……

3. 你的单位派你到一所大学去招聘管理培训生。你考虑大学生的哪些特点对他们在商业上的成功是重要的。请评价如下列出的各项特质的重要性。

(1)能力或智力。

(2)根据任务的重要性来设置其优先级。

(3)商业相关领域的知识(如财务、生产等)。

……

4. 在招聘面谈的过程中，一位应聘大学生问到哪些事情能够增加他在商界中成功的机会。对于以下列出的选项，请评价其对商业中职业成功的重要性。

(1)避免批评别人，除非你有一个更好的解决办法或建议。

(2)在被人批评的时候要捍卫你的观点。

(3)利用机会在本地媒体的报道中获得注意力和好评。

……

5. 很多因素可能对造就一名经理的声誉有关。请评价以下各项的重要性。

(1)批判思维能力。

(2)可见度(即在公司里广为人知)。

(3)对上司意图的敏感性。

……

6. 你刚刚被提升为公司一个重要部门的经理。这个部门的前任经理被公司平调到另外一个较不重要的部门任职。你认为公司这次人事变动的原因可能是这个部门的业绩总体上看起来非常一般，当然并没有什么特别的失误，仅仅是看上去不那么出众而已。你的任务是要重组这个部门，估计公司期望你能够快速做出成绩。对于以下由你的同事提出的一些建议，你认为哪些是相对重要的使你能够在这个新职位上成功的关键。

(1)永远把任务指派给职位较低且你信得过的人去办。

(2)不断地向你上司汇报工作进展。

(3)促进开诚布公的沟通方式。

(4)小心地避开公司里面惹不起的人物。

(5)不要做得过多过快。

……

……

资料来源：斯滕伯格(Sternberg，1985)

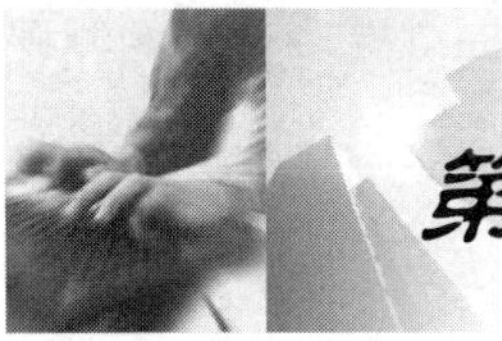

第五章

中国情境下实践智力研究实例

斯滕伯格的实践智力理论提出后受到了很多测评工作者的关注。某种意义上，实践智力理论颠覆性地改变了人们长期以来对智力的认识，以及智力测量方式的惯例，应该说实践智力理论的出现是智力测量方面的一次“革命”。由于智力概念的重要性和对各类工作产出指标的稳定的预测能力，在中国政府组织的人才测评变革中引入实践智力的标准化测量毫无疑问具有非常重要的实践意义。斯滕伯格在美国陆军中进行的大量的军官领导力的实践智力测量表明实践智力具有非常好的独立的预测能力。这样，如果能在政府组织的人才测评中引入实践智力的测量并获得对于绩效指标较好的预测效果，则为在政府组织的人才测评中推进实践智力的应用作了铺垫。由于实践智力理论强调智力的情境因素，所以实践智力的测量工具根本无法直接引入，必须进行扎实的本土化研究，因此对实践智力的研究天然地就无法直接引用西方成熟的标准化测量，而必须通过严格的本土研究设计出适合中国政府组织情境的实践智力量表。自斯滕伯格的实践智力理论首次提出以后，国内学术界中出现了大量的文献综述，但是实践智力的测评工具、检验实践智力的效度以及与其他相关变量的关系的实证研究则相对比较缺乏，尤其是针对政府组织情境的量表开发和效度检验。以下内容中作者将完整呈现一项在中国基层党政机关进行的关于实践智力的实证研究，该研究包括测验工具的开发以及绩效模型的检验，在研究中同时考察了非认知能力因素——人格特质因素对工作绩效的影响，并通过整合的模型表明智力因素和非智力因素与工作绩效的显著相关性，从而证明了实践智力量表的效标效度，并且也间接表明了实践智力独立于非智力因素。作者希望能够起到抛砖引玉的作用，引起更多的研究者对实践智力的研究和测评工具的开发，为政府组织的人才选拔实践提供更多有效的测评工具。

第一节 基层政府组织干部实践智力量表的编制

对于实践智力的测量，如前文所述，斯滕伯格认为内隐知识是实践智力的一个重要方面(Sternberg et al.，1995；Sternberg，2000a，2000b)，可以通过对情境特异的内隐知识的测量作为个体实践智力的指标。在内隐知识角度上，斯滕伯格将实践智力看做一种“发展的专家素质”。内隐知识作为实践智力的一个重要组成部分，被界定为与个体目标相关的、一般在较少外部支持下获得的、对解决问题起关键/重要作用的、通常难以用言语表达的程序性知识。在这个界定中，斯滕伯格强调内隐知识的三个主要特征。

(1)内隐知识的获得一般较少得到外部支持。斯滕伯格所指的外部支持是指学习中直接通过他人或媒介获得知识的途径或资源。内隐知识通常是不被直接表达的、不被强调、不能被有效传递的知识。例如，在对党政领导干部的访谈中，研究者发现，大量实用的操纵和应对方式，是这些任职者在长期实践中自我总结的，这类知识的获得较少获得外部直接的支持和帮助。

(2)内隐知识是一类程序性知识。内隐知识是关于“how”而不是指向“what”的(Sternberg，2000)。Anderson(1983)认为存在两类知识，即陈述性知识和程序性知识，程序性知识以达成某种目标的操作过程为表征。多数情形下，内隐知识是个体从个人经验中获得的。由于内隐知识是一类程序性知识，因此可以被表达为“条件-方式”(if-then)的模式。例如，某机关秘书在面对上级要求对改好的公文重新处理的一个情境，可以被表达为：

如果领导对你写的讲话稿做了很多修改后交给你，并且多数修改不如原文的意思表达清楚，那么按照领导的要求修改并及时交回，不论文章表达清晰与否。

(3)内隐知识与个人目标相关，存在个体功利性价值。与个体目标相关程度越高，该内隐知识的价值可能越大。目标相关性可能主要表现在面临问题情境时内隐知识的激活方面。从这个意义上，很多下意识反应未必是内隐知识所应该测度的内容，而只有具有个体目标达成导向的内隐知识才是在实践智力测量中应该予以考察的。

值得注意的是，斯滕伯格所强调的内隐知识的三个特征，即经验习得、程序性和目标指向并非分散的、毫无联系的，三者之间存在紧密的内在联系。首先，相对于陈述性知识，程序性知识在很多情形下是与个体目标相关的；其次，程序性知识通常需要练习才能获得并巩固，且相对于陈述性知识，它在更大程度上可能是通过个体在独特经验中获得的；最后，相对于一般性的知识，个体在经验中较少依赖外部支持所获得的知识，可能使该个体拥有差异化的生存和竞争优势，这些知识与个体达成个人目标更为相关。例如，在基层政府机关的工作人员，如果知道如何有效应对领导对稿件的处理，相对于不能有效解决这一问题的个体，可能具有更多的竞争优势；而这类知识是无法在一般教育过程中获得的，通过逻辑推理也很难找到合理的解决方法，更多的可能要靠个人经验的积累或者是基于观察学习的经验；同时，对这样问题的解决能力也是一种程序性的知识而非陈述式的知识。

斯滕伯格强调，他提出的“内隐知识”概念不是一个“命题概念”(nominal concept)，而是一个“自然概念”(natural concept)，命题概念是指那些可以通过有限的条件定义就可以判定某个个案是否属于这个类别的概念。例如，仅通过概念定义，我们可以知道“6”是偶数，“7”是奇数。但是，多数人使用的概念并不具有这样精确的、充要的、排他性的定义。例如，我们很难给“家具”下一个精确的定义，然后仅通过这个定义来判断某种新的器具是否属于“家具”类别。在自然概念中，判断某个个案是否属于本类的方法通常是根据该个案与这个概念的典型个案之间相似性程度，而不是根据精确的定义条件。例如，我们可以知道一个新式、怪异的咖啡桌仍然属于“家具”这个类别，而一个电动按摩椅不属于家具类别(Sternberg，2000a，2000b)。“内隐知识”是一个自然概念，因此没有“充要条件”来判定某个案例是否属于“内隐知识”，对内隐知识的判定是通过该案例与概念相关定义的符合程度。这样，对某些“边缘”案例是否属于内隐知识的判断可能存在差异，但可以通过专家对案例判断的一致性程度来判定案例的归属。因此，在这个研究中，将主要通过专家判断方法(访谈和测评)确定某个问题情境的处理是否涉及相关内隐知识。

直接内隐知识测量方式是分析这类程序性知识的心理表征结构。但是，由于内隐知识通常是被试难以陈述清楚的，或者即使被试可以试图澄清，但这些陈述通常是高度简化的，通常表达为一般性的原则。例如，当直接解释内隐知识的概念，并要求被试给出个人的示例时，被试通常表示比较困难，使用诸如“作为领导，要知人善任”“有时要唱阴阳脸”“要随机应变”等一般原则来陈述自己作为领导干部的“内隐知识”。

在目前的理论建构水平上，斯滕伯格建议在功能性的层次上测量内隐知识。通过收集某个领域内与内隐知识运用有关的个体对具体情境的处理方式，再通过量表或其他操纵/呈现方式(如斯滕伯格编制的对销售员使用录像的呈现方式进行的“实践智力量表”)来对内隐知识进行测量。具体的，对内隐知识的测量通常是使用情境判断测验，因为内隐知识通常不能直接表述，但可以通过对个体在某些问题情境下的处理方式来推知内隐知识的存在和运用。研究者通过关键事件的访谈和分析，抽取情境和个人处理方式，对这些方式编码，然后进行一系列质性和量化分析，选择符合内隐知识构念的条目。再将这些条目设计成情境测验，并提供多种解决方案，确定评分准则，根据被试对选项的评定与专家指标(profile)之间的差距作为评价个体内隐知识水平的指标。

内隐知识量表的编制的流程如图 5-1 所示。可以看到，按照斯滕伯格研究工作的一般思路，在编制实践智力量表时，首先进行相关领域的文献回顾，找到相应的内隐知识相关材料。但是国内缺乏相关的文献材料，现有的材料多数是从宏观管理、经济社会发展、道德品质、思想政治工作等角度展开的，很少有与内隐知识概念相关的、党政领导干部个人经验方面的资料。尽管一些来源并不可靠的文献资料有关于基层党政干部的个人经验描述，但由于其来源可靠性非常不稳定，研究中很难采信。因此，对于编制基层党政领导干部实践智力量表这个目标而言，文献回顾很难有效地进行。我们在这个研究中，直接从访谈开始，进行材料的收集，随后进行质性和量化分析，形成和优化实践智力量表。

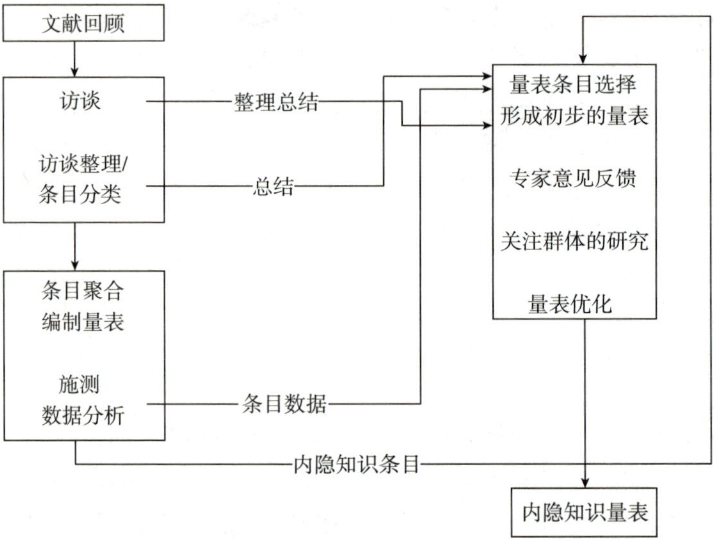

图 5-1 内隐知识测验编制流程图

资料来源：斯滕伯格(Sternberg，2000a)

党政领导干部实践智力量表的编制，第一步是通过访谈收集内隐知识的相关运用情境。这个研究采取的程序是，在某地级党校的培训班中(学员为科级到县级的本地干部)，抽取 47 个被试进行访谈。这些被试包括：县/处级干部 7 人，副县/处级干部 13 人，科/乡级 12 人，副科级 15 人。其中男性为 42 人，女性为 5 人。平均年龄为 46.7 岁，平均在党政机关工作年龄为 14.1 年。访谈采取一对一方式逐个进行，按照事先准备好的提纲进行。在征得被试同意之后，主试对访谈过程录音(录音的目的便于整理和核对资料)。

在访谈中，主试首先向被试表明这次访谈的学术研究性质，保证被试提供的信息只在学术研究范围内匿名使用。其次，向被试解释研究目的，说明此次访谈的主要兴趣点是那些被试通过个人工作经验获得的一些关键的，且被试认为其对于处理此类或相关问题可能有效的知识。主试有时需要反复向被试澄清，研究需要的是那些在自我经历中获得的非正式而实用的经验，不是从书本、培训中获得的知识，也不是纯业务性的知识，如如何处理某个项目中法规或技术细节等问题。根据斯滕伯格提出的建议，在访谈中应对被试提出的某个经历情境进行深入的挖掘，追问相关的细节问题。这些问题包括与情境相关的各种细节、关系协调，个体采取处理方式的具体措施和补充措施，以及采用这些措施时的考虑因素，等等。一次访谈通常持续 40～70 分钟，访谈没有严格的时间限制，根据被试提供的故事情境的复杂性而自然伸缩。主试在每次访谈结束之后，应立即整理访谈资料。

在访谈之后，主试根据访谈录音，整理访谈资料。访谈资料首先被整理、总结为一个完整的情境故事，主要关注相关和必要的情境因素，当事人采取的策略，以及当事人对这种策略的解释。以下是一个访谈总结的示例，被访谈对象为某地方主要领导(乡/镇级)。在这个案例中，我们可以看到，被访谈者讲述了一个完整的情境及其应对方式。根据我们对大量访谈资料的汇集发现，被访谈者所描述的这个情境是一个具有一定典型性的基层党政主要领导需要面对的矛盾冲突情境，这个情境需要被访谈的这位党政干部调动其经验知识进行灵巧的应对，应对方法在条例、规章中都是找不到的，在现实中完全按照规章办事，可能得到不利的结果。被访谈者面对这个情境，需要从多个方面的利害得失中进行通盘的权衡考虑。在这个矛盾情境中，既不能得罪上级领导，也不能违背原则，如果处理不好的话可能使自己陷入非常被动的局面。处理这个问题的最重要的资源就是个人的行政经验，在经验中积累的关键知识在解决这个问题的过程中起到至关重要的作用。例如，被访谈者的经验表明，打电话向主管领导请示是行不通的，因为领导可能会为避免承担责任不给自己明示，打电话要求明示的行为可能会被领导认为自己“要滑头”“不懂事”“推脱”“不是自己的人”等。如果给领导造成了这种印象，对自己日后的升迁非常不利。我们可以看到，被访谈者在这个案例中，一定卷入了大量的个人考虑，即这个事情解决得好坏，可能决定着被访谈者是否能够在领导那里博取一个好的印象、能够做到不违规操作以免给自己带来后患等。这些考虑显然与个人目标息息相关，因此完全符合斯滕伯格对内隐知识关于个人目标的界定要求。

与此同时，研究者注意到，在上述情景故事中，被访谈者反复强调他在决策的一刻极端矛盾和焦虑的情绪，所以这个情境应当是被访谈者调动个人智能寻找问题解决方案的过程。在这个问题的处理上被访谈者很难得到有效的外部资源。被访谈者自己讲，这样的事情是不能够对系统内任何人讲述的，否则传到一些人那里会带来意想不到的麻烦。被访谈者讲，即使是以非直接的方式去咨询这件事情的处理方式，一旦被领导得知，也可能被领导解读为自己缺乏灵适应对能力、工作责任心和主动性不足，这样也会给自己造成非常被动的局面。所以，被访谈者在这件事情上的处理是无法依赖足够的外部支持的，必须自己进行决策，因此这一点也符合内隐知识所圈定的基于个体自我经验调用和智能基础。

最后一点，如前文分析，被访谈者在这个情境中解决问题所需要的知识不是来自于规章制度、党校学习、书本查阅等基于间接经验的语义知识，被访谈者需要通过自己积累的经验，从经验中提取最有用的元素来巧妙地处理这个问题。被访谈者谈到，一般而言，这个进驻的施工队肯定是在这位主管领导那里得到足够的支持了，否则投入这么多在这个不可以随便实施工程建设的地方来施工，如果是空穴来风瞒天过海，一旦东窗事发被揭露出来，所有的投资就打水漂了。所以领导的支持应当是事实，这是心照不宣的。领导肯定认为自己知道(即所谓的“I know you know”，我知道你知道)，这个时候再去问领导如何处理，肯定会被领导认为是推卸责任。在这个情形下，被访谈者认为领导的回复肯定不是明确的，即是，既不反对这个工程也不承担这个责任。基于这些经验，被访谈者认为领导肯定会很不高兴，给出的指示会极端含糊，也许带有暗示，但一定推脱责任。例如，领导也许会说，“我们当然要按原则办事，但也要支持地方经济建设”。被访谈者认为这个指示是毫无破绽的，因为领导并没有明确指示让你违规，对这个工程放一手让他们去干；恰恰相反，领导要求你要坚持原则，但如果你真的按照规章制度的要求，即没有批文就不予放行，一方面可能让领导很不高兴，另一方面一旦这个公司把批文办下来了，自己会落得一个不支持经济建设、不知变通处理问题的负向评价。但如果自己完全放行，如果这个公司办不下批文并且后面被查处并追究，自己也无法将责任推给领导，因为领导已经说了要按原则办事。基于这些考虑，被访谈者认为请示领导是一个不可行的做法，而这种判断是基于个人检验的累积形成的，是一种难于清晰完备表述的程序性知识，符合斯滕伯格界定内隐知识的程序性知识属性。

编号××：

被试基本资料：男　乡/镇　49岁　22年机关工作经验

备注：(无)

我担任某地主要领导(一把手)。我管辖的地区是有环保性质的，按规定，没有上级主管单位的审批文件不能开动任何工程项目。某公司要到本地修建一个娱乐性质的建筑工程，声称已经得到某个上级主要领导的同意；但是工程紧，审批手续还没有办下来。工程队进驻了，下属干部在请示我的意见，现在我必须做决定。

我首先与这个上级领导沟通。上级暗示我要支持这项建设，但是没有给出日后出具审批手续的书面保证。这个时候，我要求自己的下属干部，去质疑他们的工作合法性，要求和催促他们出具手续，对每一次核查都记录在案，但是不直接阻止他们的施工。

这样做的原因是，直接领导的指示是绝对不能不听的。并且自己并不知道领导是否从上级主管部门那里得到某种暗示，如果投诉的话很有可能让自己非常被动。但是，领导虽然口头暗示自己放行，却没有书面保证，日后可能将责任全部推给自己。例如，领导在事后可能会说，“我叫你干，但我不是叫你违法干”。为了证明我没有玩忽职守，我指示下属干部每天都在形式上去那个公司核查一次，并记录在案。即使万一出了事情，自己承担的责任也要小一些……

注：为对资料提供者保密，本书删去了一些非必要的、可能导致泄露被试身份的具体细节。

访谈后对访谈资料进行的整理，总共得到 109 个情境故事总结。事后再根据访谈录音资料核对情境故事脚本，删除无关信息，并删除可能暴露被试个人身份资料的信息(在讨论、会谈和呈现时使用)。另外，通过整理语句尽力使材料具有更强的可读性。

在资料整理完成以后，请两个在党政机关工作多年的任职者(副县级干部和科级干部各 1 人，工作年限均在 15 年以上)会同研究者一起，对于整理的所有的情境故事，根据内隐知识的概念，独立判定每个情境故事是否属于领导干部的内隐知识范畴。根据上文所述，内隐知识包括 3 个特质，即与个体目标相关的、个体在经验中可得的、较少有外部支持下获得的程序性的知识。

两个评定参与者分别为，一位某乡镇干部和一位某副县级干部。研究者向他们解释了内隐知识的概念，然后 3 个评定者分别独立地对每个情境故事是否属于内隐知识进行“是”或“否”的评定。3 个评定者之间的评定一致性系数(肯德尔一致性系数)在 0.756～0.801。在条目计数上，对于 109 个条目，3 个评定者一致认为属于内隐知识的条目有 65 个，占情境故事总数的 59%，研究者一致认为不属于内隐知识条目的有 23 个，占情境故事总数的 21%。将被一致认为属于内隐知识范畴的 65 个情境故事被保留，进入下一步条目编码。

时间智力量表编制的第三步是对整理好的材料进行编码，将保留的内隐知识情境故事进行编码，编码的形式采用一般程序性知识的“前提-动作”表达方式，即使用“if…… then……”的命题方式对所有的情境故事进行编码(Sternberg，2000a，2000b)，这样便于被试在后面的量表编制以及定量分析中对这些情境的处理建议做出评价，通过这些数据来选择合适的测验条目。“如果”连接的内容包括问题情境的各种相应条件，“那么”是个体的处理方式，另外用“因为”连接个体在做出这种处理方式时的考虑。

由于测量长度的限制，一个实践智力量表中不可能使用所有的内隐知识条目。为了保证进入测验的项目能够比较广泛地代表所有的条目，需要对这些条目进行分类，然后从各个类别中分别抽取条目。

对于编码后得到的条目集，首先让3个专家(县级和乡级干部各1人，另1名副县级某单位组织部门干部，工作年限均在15年以上)根据自己的分类标准各自独立地进行归类。其次，让他们互相交流各自的归类方式和结果，并讨论分歧意见。最后，再次重新对这些条目进行归类，完成后在研究者的主持下，再次交流讨论，澄清所有分歧，力图得到最大限度上被认可的分类方式。

(1)符合领导意图类(最大限度地让领导满意)，共14个条目。

(2)规避个人责任类(将个人承担责任的风险降到最低)，共7个条目。

(3)应对上级难题类(上级使自己处于进退两难情况下的应对)，共12个条目。

(4)协调下属关系类(处理与下属干部关系)，共9个条目。

(5)保持人际关系类(尽可能不开罪同事，维护个人在单位中的声誉)，共7个条目。

(6)维护本体权利类(维护本单位、本圈层的权益)，共5个条目。

(7)处理群众纠纷类(处理各种干群、或下属干部之间的纠纷)，共4个条目。

(8)其他，共7个条目。

注意到，上述分类方式不是一个逻辑上“互斥共全”的划分标准(mutually exclusive，collectively exhaustive，MECE)。由于各个情境问题条目常常涉及多种类型的处理方式、考虑因素和影响因素，在部分条目上的分类，专家之间始终存在分歧。但这种分类并不作为内隐知识的结构指标，仅作为选择条目编入测验的一个参考依据，使得测验具有更大涵盖性的目的(Sternberg，2000a，2000b)。

在完成编码后，即对编码的条目进行筛查。由于条目数量较多，将上面得到的所有的条目编入实践智力量表，然后进行筛选是难以实施的。此外，为了评价条目是否能够有效地测量党政干部的内隐知识，需要对条目的区分性和适用性进行分析。和一般的情境测验的条目判定方法相同，对党政领导干部内隐知识的判定应该由这个领域的任职者的标准来进行，而不是根据研究者预定的指标。斯滕伯格建议使用内隐知识条目测查的方式对条目进行初步筛选(Sternberg et al.，1995；Sternberg，2000a，2000b)，将得到的所有条目，在相关领域的任职者中进行调查，收集评价数据并进行分析，作为这些条目是否编入实践智力量表的主要判断依据。这样根据内隐知识测验的编制程序和标准，研究者最终设计了一个针对基层政府组织的内隐知识测验。

党政领导干部内隐知识测验（节选）

[说明]以下列出了一些日常工作相关的情境，在这些情境描述之后有一些相应的处理方案。请你首先仔细阅读这些工作情境，然后对于给出的这些对应项目，给出你的评价，在答题纸对应的题号中写出。你给出的评价用1～7的数字表示，“1”表示你认为这种处理“非常差”，“7”表示你认为这种处理“非常好”；它们之间的数字表示该项的优劣程度介于极差和极好之间，数字越大表示你认为这种处理越好。各种处理方案之间存在较大或细微的差别，请尽量区分每一种处理的差异，用相应的数字表示出来。请注意，你需要对列出的每一项处理方案进行评定。这个测验没有正确答案，所以请想象这是你在工作中遇到的情境，根据你自己的判断迅速做出评定。

例：

假设你在某个单位担任办公室主任的工作，你的公文处理能力很强，这一点被大家一致公认。有一天，你的一位上级领导要你起草一份讲话稿，你认真撰写并修改直到自己非常满意。你将报告呈送给他，领导看过之后，在你的报告上做了很多修改后，将报告转送给你。你仔细看了这些修改意见，发现这样修改不如原来好，很多地方甚至被改得文法不通。但这位领导刚刚调到本地工作不久，你对他的性格还不是很熟悉。

对于上述描述的情境，请对以下给出的各种应对反应，在1～7点评定标尺上对每一项给出你的判断

1 ··········· 2 ··········· 3 ··········· 4 ··········· 5 ··········· 6 ··········· 7

(1)就按照这位领导的意见修改报告，然后再呈送给他过目。

(2)找个机会告诉他，他给出的很多修改意见会损害文章的表达力。

如果有答题者认为第一个反应一般，就在答题纸的相应题号上标“4”；如果标“6”，则表示认为这个反应比较好。

如果你清楚了这些要求，就可以开始回答下面的问题。请将你选定的相应的评价数字在答题纸对应的位置填写。

请一定要对所有的题项都进行评定。在回答完成以后，请检查一遍，以保证所有的题项都没有漏掉。

……

假设你是地方负责环境保护规划的主管干部，你对辖区的生态系统的保护负全部责任。你的下属干部告知你，某个公司要到保护区内建设一个项目，该公司领导声称已经得到了上级主管领导的批准，只是工程进度比较紧，目前审批手续还不齐备。该公司的施工队已经进驻了，对于是否阻止施工的进行，下属请示你的意见。

对这件事情你早有耳闻，并且知道上级领导已经点头同意，他也向自己暗示要支持这项工作。但是在没有审批手续的情况下，这个建设项目明显违规，自己可能要担负全部责任。

这件事情如何处理？对于下面列出的处理方案，请对每一项处理方案给出你的评价。

1 ………… 2 ………… 3 ………… 4 ………… 5 ………… 6 ………… 7

1. 马上通知该公司的领导，表明没有审批手续不能开工。

2. 与那位上级领导沟通，说明按规定没有审批不能在这里施工。

3. 命令下属，阻止该公司的施工。

4. 告诉下属，该项目获得了上级领导的批准，可以放行。

5. 对下属不置可否，不明确表态(即阻止还是放行)，自己立刻就此事与上级领导通气，获得领导的明确意向。

6. 向上一级部门(即主管领导的上级)反映情况，说明自己的正常工作受到上级领导的干扰。

7. 不直接阻止该项目的施工，但让下属每天都去该公司，要求他们出具审批手续，并把每次核查的过程登录在案。

8. 向那位上级领导请示，如果他要求自己不要阻止该项目的施工，则要给自己一个书面材料的指示。

9. 要求下属去该公司质疑该项目的合法性，但不要表态。

第二节　实践智力测量的优化及信度效度检验

基于斯滕伯格的理论，实践智力是通过内隐知识来进行测度的。作者严格按照斯滕伯格描述的内隐知识测验的编制程序，针对中国政府组织的情境，编制了用以测量基层党政干部实践智力的内隐知识量表。根据前文分析，内隐知识是一类程序性知识，这些知识是个体在经验中获得的，在获得时较少有外部支持，并且这些知识的运用与个体达成目标的过程有关。在访谈过程中，有经验的任职者作为被试，已经被要求提供个人从经验中获得的、能够有效解决工作中面临的问题以达成某个目标的具体情境过程的描述。并且，事后由专家组对这些问题进行了是否属于“内隐知识”范畴的评定。但是，这些处理并不能保证从访谈中获得的这些条目可以作为有效的实践智力量表的条目：虽然前面的处理和分析可以筛选出内容上符合内隐知识界定的条目，但是不能保证被试提供的这些情境下的处理建议是有效的，即难以区分借以达成个体目标有效的内隐知识和无效的内隐知识。而能够在实践智力测验中使用的条目，必须是具有区分性的条目，因此在编制量表之前，需要对这些条目进行量化分析。按照斯滕伯格(Sternberg，2000a)编制的实践智力量表(作为实践智力指标)的建议，具有区分性的内隐知识，是指个体能够用来有效达成个体目标的知识。对于收集的大量内隐知识条目，不同的任职者/专家对这些情境下的处理方式可能存在很多不同意见。由于实践智力是个体得以取得最佳环境适应性的“专家素质”(Sternberg，2000a)，因此，作为实践智力指标的实践智力量表，应该包括那些个体借以最优地达成个人目标的相关内隐知识。

由于内隐知识是个体从经验中获得的程序性知识，因此通常难以直接使用言语表达。在实践智力相关的研究中，使用前提条件和结果行为间接表示相关的内隐知识。研究者和从业专家难以直接从中进行严格的逻辑分析，确认在某个情境下最优的处理方式。和斯滕伯格采取的策略一致，这个研究根据不同被试(任职干部)评定的结果，间接获得各个内隐知识条目的优劣指标。具体的，这个研究使用内隐知识条目测查来对内隐知识条目进行筛选。有效的内隐知识条目能够区分成功的任职者和不成功的任职者，因此，对于有效的条目中的处理建议，职业成功的任职者和不成功的任职者对其评定应该存在差异，应该更符合成功任职者的处理方式；并且，有效的内隐知识条目并不是众所周知的；最后，考虑到测验需要具有一定的代表性，因此进入测验的问题情境应该具有一定的出现频率。在这个研究中，使用四个问题(Sternberg，1997，2000a，2000b)，对收集的内隐知识条目进行测查。这四个问题分别针对处理方式的总体评价、与个人处理方式的一致性、该处理方式的知晓度以及相应情境发生的频率。

内隐知识条目测查的被试由某地党校两个培训班的学员组成，这两个培训班中的学员都是在此进修的各级基层党政领导干部。一个培训班为“中青年干部进修班”(中青班)，另一个是“县处级干部进修班”(县级班)。中青班主要是由相对年轻的、工作时间较短、职位较低的干部构成，共 50 人(有 38 人参加了研究)；县级班由副县/处到县/处级干部构成，共 52 人(共 23 人参加研究)。

测查条目是前面收集的全部内隐知识条目，被试在答题纸上对这些条目在 7 点 Likert 量表上进行评定。表 5-1 列出了参加测查的被试的人口统计变量的描述性分析。在这些变量中，这个研究关注那些通常被认为可能的与内隐知识的习得和运用效果有关的指标作为筛选实践智力量表条目的外部指标。

表 5-1　实践智力量表编制研究的基层政府组织样本人口统计特征描述

项目	类别	人数/人
性别	男	54
	女	5

续表

项目	类别	人数/人
年龄	30以下	2
	30～40	25
	40～50	28
	50以上	2
受教育程度	研究生以上	2
	本科	30
	大专	22
	中专高中及以下	7
职位/层级	县/处	6
	副县/处	14
	科/乡	15
	副科/乡	21
工作年限（党政机关）	5年以下	1
	5～10年	5
	10～15年	17
	15～20年	30
	25～30年	5
晋升速度（从参加工作到首次被提拔间隔时间）	2年以下	2
	2～5年	12
	5～10年	14
	10～15年	28
	15年以上	4

具体的，在这个研究中，使用两个指标作为筛选内隐知识条目的关键指标，即领导干部的职位高低和提升情况。根据斯滕伯格在美国陆军中进行的研究(Sternberg，1999a，1999b，1999c)，他们认为，有效的内隐知识条目首先能够区分在外部指标上明显能够体现内隐知识高低的人群。在一般意义上，职位高的党政干部，相对于职位较低的干部，可能拥有更多、更为有效的解决问题的内隐知识；另外，由于在政府组织中职位晋升的竞争是比较激烈的，竞争的优胜者可能拥有更有效的内隐知识。另外，由于职位和晋升速度这两个指标都是相对容易获得的，在条目筛选阶段选择选择这两个指标是相对经济的(斯滕伯格在研究中还选用了“薪水”这个变量，但是在中国党政机关中个体的收入通常与层级是直接挂钩的，因此在这个研究中不使用这个指标)。

被试在以下四个问题上对每个内隐知识条目进行评定。斯滕伯格指出，实践智力量表应该包括具有以下特征的条目：①该处理方式或建议被该领域成功从业者评定为有效；②这些知识不是众所周知的；③条目涉及的情境是通常可能遇到的；④与该领域成功从业者的处理方式相一致。这个研究将通过针对这四个方面的调查来筛选内隐知识条目。第一个问题是对内隐知识的总体评价，被试在7点Likert量表上评定每个内隐知识条目列出的处理方式/建议是否有效。可以预期，有效的内隐知识条目，可能在高职位领导干部群体和低职位领导干部群体之间存在显著差异。第二个问题针对条目是否被广泛知晓，这个问题在于屏蔽那些被认为众所周知的内隐知识条目。第三个问题涉及内隐知识条目对应的情境特异性，非常少见的内隐知识运用情境应当不能被包括在量表中。第四个问题是关于这些内隐知识条目列出的处理方式是否与评定者一般的方式相一致。

(1)如果你是当事者，你认为这个处理方式好不好？

(2)就你了解，你认为有多少干部可能知道会这样处理问题？

(3)你认为干部可能碰到这种情况的可能性有多大？

(4)在多大程度上，你认为这种处理建议与你自己的行事方式/风格相一致？

对内隐知识各条目进行基本统计量分析，结果显示：对于条目的整体质量，被试评定平均值在3.28～5.57(7点Likert量表)，标准差在0.92～2.18；对条目知晓度，被试评定平均值在1.91～5.99，标准差在0.46～1.78；对情境接触度(可能性)，被试评定平均值在1.63～5.87，标准差在0.63～2.15；对条目建议与个体处理方式的一致性的评定，平均值在3.40～5.92，标准差在0.64～2.04。

描述性统计分析指标表明，被试对各内隐知识条目的评定存在较大的差异。在后面的分析中，首先通过方差分析找到能够区分外部指标的条目；其次建立典型判别方程，据此筛选最有区分性的条目。将对内隐知识条目测查的评定结果与职位层级和晋升速度这两个变量分别做相关分析。在对内隐知识条目整体质量评定上，各有43个和45个条目与职位层级和晋升速度的Spearman等级相关系数显著；在对内隐知识条目与个体处理方式一致性评定上，各有49个和48个条目与职位层级和晋升速度的Spearman等级相关系数显著。

上述分析表明多数条目在相关的区分指标上差异显著。为了挑选在整体上区分效果较好的条目进入实践智力量表，这个研究采用Fisher判别方法(典型判别)，即通过构建典型变量(各组变量的线性组合)使得各组变量在新维度的投影最大化的方法来区分各组。按照一般判别分析进行的要求，样本量应当在自变量的10～20倍，结果才比较稳定。但这个研究中使用的样本相当小，原因在于：由于内隐知识条目测查进行的时间比较长，而这个研究中被试都在进行培训学习，难以找到足够数量的被试满足要求；此外，更重要的是，这个研究使用判别分析的目的不在于建立一个稳定的判别方程，而仅仅在于计算各个变量(条目)在指标之间的区分度，以此作为选择条目的一个依据[斯滕伯格研究组进行的内隐知识条目测查中，样本量也远远小于判别分析要求的容量。PACE对管理者和基层军官的研究，见斯滕伯格(Sternberg，2000a)]。因此，这个研究中的判别分析不进行自身、外部或交互验证，仅抽取各条目与典型方程的相关作为分析结果。

根据上述相关分析的结果，将与职位层级和晋升速度两个指标都显著的内隐知识条目(共 42 组)，对职位层级进行判别分析，$\chi^2=70.46$，($p<0.01$)，表示判别方程在区组之间差异显著，98.4%的案例正确预测了职位层级。根据各条目在判别方程的系数，计算各个案例的典型方程值。将这个数组与各条目做相关分析，结果显示，共计 21 个条目与典型方程值之间的相关显著。结合条目的知晓度(在 7 点 Likert 量表上小于 5)和接触度(在 7 点 Likert 量表上大于 2)的指标(有效的内隐知识条目应该被评定为较小的知晓度和较大的知晓度)。再结合条目归类上的分布密度，最终挑选 16 个条目进入实践智力量表。

最后，研究者确定实践智力量表的计分方式。将上述分析得到的内隐知识条目呈现给 2 名专家(副县级干部和科级干部各 1 人，由研究者主持)查阅。首先向专家说明内隐知识量表的目的和量表的呈现形式，然后将各条目逐一编制为情境判断测验的形式。有 2 个条目问题情境类似，因此编入同一个情境问题中；此外，有 1 个问题情境存在不合宜的内容，可能会引起受测者警觉，因此将其删去。

将编制好的量表再次组织专家讨论会，请 5 名党政干部(县级干部 1 人，机关科级干部，乡镇科级干部各 2 人)讨论各问题情境下是否有其他处理方案，可以提供哪些填充值。将专家意见与前期得到的条目集和数据结果相对照决定是否采纳。最终量表的呈现方式为，每个情境问题下出现若干个处理方式选项，被试在 7 点 Likert 量表上对该情境下所有的处理方式选项进行评定。

由于实践智力量表的形式是情境判断测验，情境测验一般设置该问题可能的解决方案。这些解决方案不同于一般智力测验，在逻辑上是难以(或不能)被证实和证伪的。对于情境测验计分的处理，都是将本领域有经验的专家的意见作为计分标准。与一般情境判断测验类似，对于实践智力量表的计分，斯滕伯格指出，不能使用测验编制者的主观判断来决定实践智力量表的答案，应该使用这个领域的专家的判定作为评定的指标。与一般的情境判断测验的记分方式一致，实践智力量表的记分方式采用专家作答的标准作为记分基点，个体在条目选择上的评定与专家作答的接近程度作为实践智力量表的指标。

情境判断任务在组织心理学、管理等研究领域已经大量使用(Motowidlo et al.，1990；McDaniel et al.，2001)，情境判断任务一般是由被试在列出的选项中选择最优和最差选项。但已经证明了使用 Likert 量表对每一个选项进行判断然后计算欧拉距离的方法具有统计上的合理性(Legree，1995)；并且由于自模数据在处理上的困难(Meade，2004)，采用逐项评定法得到的数据易于处理(Messick，1995）。斯滕伯格的实践智力量表，采用的就是逐项评定并计算离差平方和的计分方式（Wagner，1987；Sternberg，2000a，2000b）。这个研究也将采用同样的计分方法。

在这个研究中，我们分别使用了两种专家指标的策略：①组织专家会谈，确定各情境问题选择评定标准；②根据职位级别较高的干部的评定作为标准。以下分别介绍这两种获得评价标准方式的具体程序。

(1)专家会谈。考虑到这个研究针对基层党政领导干部，我们挑选了在某地党校进修的“县处班”的学员进入访谈。选择依据主要根据个体的工作经历和在机关工作时间，以及对我们研究的兴趣和参与意愿（由于会谈时间持续较长）。这些学员工作经验相对较长，职位较高，工作经历丰富（副县级干部 3 人，县级干部 2 人；其中 2 人有在基层乡镇工作的经验，另外 3 人有在县城其他机关单位工作经验；平均在机关工作时间 24 年）。在会谈中，向参加者说明会谈目的，要求被试首先各自独立对实践智力量表的每个情境问题列出的处理方式归为“优”“中”“差”3 类。在被试都完成归类以后，逐题讨论他们对这些处理方案评价的差异，然后要求他们各自对立地重新归类。然后再次讨论，直到达成一致为止。主试将最终的评定归类结果记录下来。

(2)上级领导评定。将编制成形的实践智力量表在某地区市级各主管领导中进行施测（各党政领导干部自愿选择是否参加）。共计 12 名领导参与了评定并交回数据（使用信封密封并由专人收回）。这些领导分别为当地党委和政府的地级干部，具有较长的工作经验。这些领导干部的评定被记录，并被计算平均值和标准差，作为实践智力量表计分使用的专家指标。

专家会谈得到的对实践智力量表各情境问题处理方式的评定与上级领导测验评定结果之间的 Spearman 等级相关 $r=0.74$（$p<0.01$），表示这两种方式得到的计分标准评定之间存在较高的一致性。在后面的研究中，我们将使用与专家指标离差和的计分方法来计算个体的实践智力量表指标。

在对内隐知识测验的问题进行初步的挑选筛查之后，研究者对其测量特征进行了实证检验。对实践智力量表的信效度初步检验在某地级市党校培训班中进行。各学员被要求填答一份“实践智力量表”，并填写人口统计变量信息（年龄、性别、行政级别、工作年限、职业晋升情况等），同时自我评定总体工作绩效。此外，被试被要求对 2 名下属干部的整体工作绩效分别做出评定，并带回 2 份实践智力量表问卷要求他们填答。为了最大可能地保证收集信息的真实有效性，主试事先给所有被试都准备一个信封（包括要求带回填答的问卷）。在说明中，研究者告知被试，在填答完毕之后将问卷放入信封，密封并在封口处签写“封缄”二字。学员在填答完毕之后将装好问卷的信封带回，上交研究者。共计 240 名被试完成了“实践智力量表问卷”的填答，部分人员并未完整填答人口统计特征信息题项。其中，县/处级干部 7 人，副县/处级干部 31 人，科/乡级 82 人，副科级 58 人。其中男性为 182 人，女性为 35 人。平均年龄为 39 岁，平均在党政机关工作年限为 12 年。

使用的测量工具包括：①实践智力量表，实践智力量表有 13 个问题情境，每个问题情境下有 6～14 个处理方式选择项(共计 116 个选择项)。被试对每个情境下各个处理方式按照要求在 7 点 Likert 量表上做出优劣性判断，并在答题纸相应的位置作答。测验不限定时间，通常需要 40～60 分钟完成全部题目。②一般绩效评定问卷，一般绩效评定问卷由 3 个问题组成，对总体工作绩效进行评价。这 3 个问题分别从对预定目标的完成情况、与他人工作绩效的对比以及个人工作绩效在单位的排序上对个人总体绩效状况做出评价。这个问卷有两个版本，分别由个体自我评定和由(直接)上级评定。

首先在实践智力量表的内部一致性系数方面，研究者根据被试在 13 个情境问题上的分数，计算得到实践智力量表的内部一致性 Cronbach's α 系数为 0.72，分半系数为 0.69。这个研究的结果表明，实践智力量表的内部一致性指标基本达到了心理测量学要求[由于每个情境问题涵盖了多个可能的内部结构，因此情境判断测验的内部一致性系数可能较低(Motowidlo et al.，1990)]。

其次，在效度指标方面，内容信度是指测验的条目能够准确地反映欲测量行为总体的程度。实践智力量表的条目(问题情境)是在测量对象——党政领导干部中收集的(共 109 个问题情境)，并且通过了较广泛的条目测查、条目分析会谈等方式，这样保证条目的适用性。

最后，在量表的效标效度上，研究者分别使用实践智力量表的分数对测量对象的职位层级、晋升指标等进行回归及方差分析，结果表明该量表上的分数与这些效标之间存在显著的关系。实践智力量表分数与职位层级、工作年限和晋升速度上的相关分析表明，实践智力量表分数与职位层级之间的 Spearman 等级相关系数为 $r=0.37$ ($p<0.01$)；与工作年限之间的相关是 $r=0.09$；由于被试处于不同的层级，因此被试的晋升速度在研究中被界定为参加机关工作到第一次被提拔之间的时间间隔，实践智力量表分数与晋升速度之间的相关是 $r=0.36$ ($p<0.01$)。

实践智力量表分数在职位层级、工作年限和晋升速度上的方差分析表明，测评对象职位层级包括 4 个层次，县级(7 人)、副县级(31 人)、正科级(82 人)和副科级(58 人)。由于县处级人数较少，因此将县处和副县处人群合并。ANOVA 结果显示，$F=16.07$($p<0.05$)，这表明内隐知识分数在不同职位层级上差异显著。同时，分组比较结果显示，3 组之间差异均显著，处级组的实践智力量表分数高于科级组。被试的工作年限分布范围是 1～29 年(Mean= 12)。使用中位数分半法，根据工作年限，将被试分为两组，工作年限在 10 年以内为一组(占

被试 38%)，10 年以上为一组(占 46%)。在工作年限长短两组上对实践智力量表分数进行 ANOVA，得到 $F=0.517$，表明工作年限区分对实践智力量表的效应不显著。由于被试处于不同的层级，因此被试的晋升速度在研究中被界定为参加机关工作到第一次被提拔之间的时间间隔。被试晋升速度的分布范围是1～16年。用中位数分半法将被试分为两组，在 6 年之内晋升的为一组(占被试 51%)，6 年以上的为一组(占 48%)。在晋升速度快慢两组上对实践智力量表分数进行 ANOVA，得到 $F=16.7(p<0.01)$，表明实践智力量表分数在晋升速度差异显著，晋升速度快的组，其实践智力量表分数高于晋升速度较慢的组。

回归分析的结果同样证明了实践智力量表的预测效度。将被试自我评定工作绩效状况问卷的结果加和作为因变量，使用实践智力量表分数对自评绩效状况做回归分析，结果显示，实践智力量表对绩效自评指标的回归显著，标准回归系数 $\beta=0.53(p<0.01)$，$R^2=0.28$；将被试由直接领导评定工作绩效状况问卷的结果加和作为因变量，使用实践智力量表分数对他评绩效状况做回归分析，结果显示，实践智力量表对上级评定的绩效指标的回归显著，$\beta=0.45(p<0.01)$，$R^2=0.19$；将被试由自我评定和上级评定的整体工作绩效状况按照 3∶7 的权重合并，使用实践智力量表分数对整体绩效水平做回归分析，结果显示，实践智力量表对绩效综合指标的回归显著，$\beta=0.55(p<0.01)$，$R^2=0.30$。

最后，由于个体的工作绩效评定可能受工作年限和受教育程度(学历)等变量的影响，在控制这些相关变量后，实践智力量表分数可能对个体整体工作绩效存在影响，为排除一些控制变量的影响，研究者用实践智力量表分数对绩效评定的逐步回归分析。以综合绩效评定指标(自评和他评按照 3∶7 的比例加权)作为因变量，将工作年限和受教育程度(学历)这两个变量第一步进入回归方程，将实践智力量表分数第二步进入回归方程。结果表明：在受教育程度和工作年限进入对工作绩效的回归方程以后，实践智力量表还可以进入回归方程。这表明，实践智力量表分数能够独立地预测工作绩效(实践智力量表分数与受教育程度和工作年限的相关分别为 0.177 和 0.084)，实践智力量表对工作绩效的分步回归结果如表 5-2 所示。

表 5-2　实践智力量表对工作绩效的分步回归分析结果

变量	β	ΔR^2	t	p
第一步：受教育程度	0.28*		2.87	0.06
工作年限	0.06	0.19	0.63	0.53
第二步：实践智力量表分数	0.50*	23	4.96	0.01

*表示在 0.05 的水平上显著

研究者通过实践智力量表来测量个体的实践智力(Wagner，1987；Sternberg et al.，1995；Sternberg，2000a，2000b)。这个研究按照编制实践智力量表的一般方法(Sternberg，1997，2000a，2003a，2003b)，编制了基层党政领导干部的实践智力量表，进行了初测，并分析了该测验的各项心理测量指标。研究数据表明，基层党政干部的内隐知识量表具有较好的心理测量指标，能够有效地预测相关的一些效标变量。

根据对实践智力的理解，斯滕伯格领导的PACE研究组采取“发展中的专家素质”的方式测量不同领域中的实践智力。斯滕伯格认为，在日常各种实践领域中区分成功者和非成功者的一个关键在于成功者可能拥有更有利的知识系统(内部组织)，使得个体能够更为有效地适应、塑造或者选择环境。斯滕伯格和他的同事进行的大量研究发现，在这些知识系统中，对于日常作业成效起到关键的、区分性的知识是这样一类程序性知识：对于这类程序性知识，个体通常不能够陈述清晰；在获得和使用时，个体常不能意识到它们的存在。斯滕伯格使用Polanyi(1966)提出的“内隐知识”概念来命名。

这个研究的目标是编制针对基层党政领导干部工作情境的实践智力量表。内隐知识是实践智力的指标，实践智力量表的目标是通过有效区分成就指标高低的基层党政领导干部的情境问题，测量党政干部在特异领域(domain-specific)上“成功适应、选择或塑造环境，以达成目标”的能力(实践智力)。在这个研究中，从量表的编制过程，到效度检验，都按照这个理论框架进行。在这个研究中，实践智力量表的编制主要包括三个步骤，即访谈、条目测查和量表编制以及效度检验。各个步骤按照斯滕伯格提出的实践智力量表编制方法进行，保证了量表能够有效地测量基层党政领导干部的内隐知识。访谈是编制实践智力量表重要的第一步。在这个研究中，我们对各层级基层党政领导干部进行了深度访谈，收集了大量的资料。我们通过半结构化访谈的方式，引导被试叙述有关的工作经历，事后对这些资料进行专家会谈判定。在这个研究中，为了保证条目对所测量概念的适合性，只选择那些被一致评定为符合内隐知识概念的资料进入下一步分析。

在耶鲁大学PACE研究组进行的两个有关实践智力量表的研究中(一个研究针对企业管理者，另一个研究针对陆军基层军官)，他们在访谈之前还进行了相关领域的文献回顾和整理(Sternberg，2000a，2000b)。但是，我们试图进行的文献搜索，在学术领域(甚至扩大到严肃文献领域)没有找到足够可用的文献资料：现存的涉及基层党政领导干部的资料多是从思想政治角度进行的，这些都是“书本、规则标明的行为方式”，不在我们关注的概念内涵之内。值得注意的是，斯滕伯格等对实践智力量表的编制，依据的资料是从各关注领域资深的任职者那里获得的访谈资料，文献资料仅仅做分类参考(Sternberg，2000a)。实践智力量表通过具体的基层党政领导干部的工作情境来设计问题，因此这个研究进行的大量的、针对性的访谈保证了后续研究的可靠性。在收集资料并整理后，量表编制的主要工作是选择最可能具有区分性的条目(职业成功者和非成功者)，从而形成测验。尽管上述访谈过程和事后专家会谈使得条目符合内隐知识概念的范畴，但是将这些条目全部编入量表是不可行的。这不仅是因为条目过多，超过了一般测验长度所能容忍的范围，更重要的是前面的质性研究不能够确保这些条目具有区分性，因此需要通过数量分析选择最能够区分适应能力高低个体的那些条目。在这个研究的量表编制过程中，对条目的选择主要是通过内隐知识条目测查。内隐知识条目包含了某个问题情境和在这个情境下的处理方式，个体对这些处理方式可能存在不同的态度；此外，这些问题情境发生的频率也存在很大的不同。成功的任职者对那些具有区分性的条目处理方式的认同应该较高，与个体处理方式的一致性更强；此外，考虑到测量对象是工作类别分布较为广泛的基层党政领导干部，因此接触频率很低的问题情境（如某些特定领域专项事务的处理）不能被包括到量表中。这个研究主要通过判别分析方法，选择最具有区分性的条目，为量表的区分效度提供了保证。

最后是效度检验，和各种心理学量表的编制一样，实践智力量表必须经过各项心理测量指标的检验。这个研究在该量表的目标群体——基层党政领导干部（科级到处级）被试中进行。在一个较大的样本上进行施测，结果表明该量表具有可接受的心理测量学指标。首先，量表具有可接受的信度指标。Cronbach's α 系数大于 0.70，达到可接受水平，分半系数较低（0.69），但考虑到实践智力量表的形式是情境判断测验，各情境问题可能包含多个维度，因此情境判断测验的内部一致性一般较低（Motowidlo et al.，1990）。其次，实践智力量表具有较好的区分效度和汇聚效度，与职业成就指标、职位层级和晋升速度的相关显著（$r>0.30$），表明实践智力量表能够区分不同职位层级和晋升快慢的任职者；但与工作年限的相关不显著，这表明工作时间长短不是获得内隐知识的决定因素，即一些个体可能很快地、有效地获得并使用关键内隐知识，而一些个体对内隐知识的获取和运用可能较慢、效能较低（Sternberg et al.，1995）。此外，实践智力量表分数能够在学历和工作年限进入回归方程以后进入回归方程。并且，实践智力量表分数与受教育程度和工作年限的相关都较低。这表明内隐知识能够独立于工作年限和受教育程度，对工作绩效进行预测。这样，数据分析结果表明实践智力量表具有较好的效度指标。

一般认为，中国政府组织的基层干部在日常工作中，可能经常需要面对非常复杂的人际环境和复杂的事务环境。基层干部面临的工作问题与一般智力测验中设定的各种问题存在很大的差别。如斯滕伯格（Sternberg，1985）指出的那样，这些问题通常没有完整的、给定的信息，各种信息和资源需要自己寻找；没有固定的、可完全依照逻辑推理获得的唯一答案；同时，能否处理好这些问题，与个体的重要目标息息相关。

首先，基层干部面临的很多工作问题不能完全依循规章制度、政策规定等条文予以解决。对于这些问题的解决没有完整的信息可用，没有完备的规则可循，基层党政领导干部需要自己寻找各种信息、资源来处理。虽然在基层党政组织中存在大量的规章制度、政策文件，但是我们发现，规定经常不完备，经常有例外；而且政策和规定的要求经常达不到，或者某些政策规定之间自我矛盾，基层干部必须想方设法绕开和回避这些规定要求，达成个人认为的重要目标。例如，面对不同的上级部门摊派的一些任务，尽管按规定这些任务都是需要完成的，但是干部必须在其间平衡取舍，才能够保证达成最有利的目标。此外，完全依据规则处理事务也可能会带来不利的后果。面对规定，基层干部常面临左右为难的境地。例如，我们在访谈中遇到一个实例：某基层干部陈述，在工作中如果按照规定做事，但是出现了不好的结果，上级就会训斥，“规定是死的，人是活的，都按规定做事，那还要你做什么”；但如不按照规定做事，自己拿主意，领导不满意了，又会训斥，“文件明明摆在那里，你却不按规定做，那规定是给谁看的”。对于大量的工作难题，解决方式并没有明文规则可循，基层干部必须自己寻找信息，补充问题空间和答案空间之间的空隙，来寻求问题的解决以及达成重要目标。这一点体现在测验多个情境问题中，如对上级要求与规章制度矛盾的处理方式。总之，基层党政领导干部常常面临各种矛盾复杂的问题情境，这些问题的处理并不能依照固定的规则来处理和解决。解决这些问题的方式与一般智力测验类似的学术相关问题的解决方式存在很大的不同，对这些问题的处理需要实践智力。

其次，基层干部面临的工作问题通常需要根据经验灵活地处理，但他们通常对其中关键的经验的获得和使用不能觉察。例如，对于某些认可的处理方式，基层党政领导干部并不能说出这样处理的全部合理的原由，但他们知道这样的处理方式是必须和合理的。在访谈中，我们发现，基层领导对于处理各种情境问题的理由，使用最多的词汇就是“随机应变”，但通常他们不能澄清、归纳“随机应变”的法则，不能清晰地陈述采取某种应对或处理方式的依据，以及依据与处理方式之间的逻辑关系，尽管他们通常给出了很多一般性原则的理由，如“不能得罪领导”“防人之心不可无”等。

最后，对这些日常工作问题的处理与基层干部的职业目标息息相关。基层党政领导干部面临的各种日常工作问题，其解决效果可能直接或间接地影响到个体的职业发展。在内隐知识条目中，可以看到党政干部对他们行为的解释(内隐知识条目，“因为……”项)，最多关注的是他们的职业发展(被提拔、晋升、调动等，因为与企业组织不同，基层党政领导干部的收入与职位、级别、工作单位类型等直接挂钩，通常不与配额完成或某种财务指标挂钩)。通常影响个人晋升机会的因素存在很多方面，并且在基层各党政部门中，没有明确规定个体的职业生涯的发展(如采用常委会决策机制进行干部选拔，可能存在多种因素影响到会议决策，进而影响个人的职业发展）。个体在处理这些问题时必须非常谨慎、明智，寻找一个最合适的平衡点，在职业发展中获得有利的位置。

综合上述，基层党政领导干部对很多日常工作问题的处理需要运用内隐知识，以实现个体目标。研究通过质性和量化的研究方法，编制并检测了实践智力量表。在应用层面上，这个研究可能具有较强的实用意义。首先，对基层党政领导干部内隐知识的研究，提供了一个对基层干部处理实际工作问题方式的描述。例如，在对内隐知识条目的专家分类中，可以看到，内隐知识条目被分为“迎合领导意图”“回避个人责任”等类别。可以猜想，基层领导干部处理问题的方式和目标是采用明智的行事方式让上级领导满意，避免使自己承担责任，在同事中建立口碑等，从而争取获得提升机会。当然，质的研究结果只能提出问题和假设，要完整地描述基层党政领导干部工作方式的特点，需要较大样本的施测以及数据积累和分析后才能进行。

J. A. Horvath 等在美国陆军基层军官（排、连、营级）进行内隐知识访谈发现，内隐知识条目可以归入“自我克制”（manage the self）、“调动下属”（motivating subordinates）、“影响上级”（influencing the boss）等几个方面。可以看到，中国基层党政领导干部的内隐知识与美国陆军内隐知识存在很大的区别。基层党政领导干部处理问题的方式，部分原因可能与中国文化的某些特点存在很大的关系。中国文化中，对“理”的尊重要远远超过“法”（明文的、书面的规则），凡事讲求“合理”。例如，中国人通常使用的辞令，诸如“不讲理”（中国人很少说“不合法”）、“合理合法”“合情合理”等，“理”似乎处于各种规则、伦常的中心位置，是一切规则的判断标准。但“理”的标准不是固定的，伸缩性很大；“理”的标准也可能因人而异；“理”的标准还可能因人际互动而变化；等等。当然“理”的背后可能存在一定的规则。例如，“理”可能包含一些基本的伦理常识（common sense）、利益分配默契等。但总的说来，由于“理”是一种隐含的规则体系，它的伸缩性很大，因此我们看到，中国人行为方式的变动性很大，规则常常得不到尊重。内隐知识研究首先从个体对具体问题处理方式的角度揭示了一部分相关的“潜规则”，为决策者提供一定的参考。

其次，内隐知识的描述和分析能为基层党政领导干部的领导能力培训提供一定的参考。在现实体制运转机制下，基层干部如何才能达到既符合宗旨原则（如服务群众、发展经济等）、同时又兼顾符合自身职业发展的要求（如获得晋升的目标）？基层领导干部在工作实践中获得了大量的经验，这些经验一部分被证明是有效的，一部分可能是无效的。通过对这些内隐知识（处理问题方式）的分析，可能能够补充目前领导能力培训中没有涉及，但却对领导干部工作效果和职业生涯发展非常重要的内容。

最后，内隐知识测量揭示的基层干部处理问题方式的特点，可能对政府组织的体制改革和制度建设有一定的启示作用。党政部门发布的各项变革措施很多是由各级基层干部来进行落实。在当前很多改革实施过程中，某个政策文件、规章条例发布以后，可能会影响某个系统、区域、部门或群体的工作方式和实际利益。在考虑各种因素后，改革者对变革的产出会有某个预期值。但是实际结果可能与初始预期之间存在较大的偏差。造成偏差的因素当然是来自多个方面的，但在诸多影响因素中，系统中个体的反应方式可能较难被预期(因为这些反应方式不能被明文表述)，或者较容易被忽视，而这些方式的组合、累积可能是造成某项变革的结果偏离预期的重要变异源之一。党政干部内隐知识的研究，提供了一些政府组织中的个体行为方式的数据，可能为决策者传达一些信息、反馈和线索。例如，在内隐知识量表一个问题中描述的情境：政府主管部门虽然制定了某些环保措施并下达，但是在执行中可能受到某些领导为了达成其他目标而进行的干扰；基层党政领导干部认为适合的处理方式，可能与政策制定者预期的方式有天壤之别(如相当一部分基层干部认为，如果上级的指示与环保政策不符，适合的处理方式是和领导沟通，在不违背领导意志的原则下使自己承担的责任最小，但不直接阻止违规行为，也不投诉)。实践智力量表的研究揭示了一部分基层党政领导干部的处理问题方式，可以为决策者提供参考，预先调整或增设某些措施，以减少发生与预期不符的偏差。

第三节　政府组织测评中智力和非智力因素测量综合研究

缺乏信效度指标的测评工具是不可以使用的，实践智力测量工具在实际应用之前必须得到关于其预测效度的充分证据。为再次检验实践智力测评工具信度和效度，尤其是工作绩效的效标效度，并证明实践智力对工作产出的影响是独立于非智力因素的，研究者进行了一项整合的实证研究，应用实践智力标准化测验和中国人人格量表，分析实践智力和人格特质对政府组织中基层干部的工作绩效的影响。在一个研究中同时考查实践智力和人格特质对工作绩效的影响，可能有助于厘清智力因素与非智力因素对工作绩效不同层面的影响，并检验实践智力作为一种不同于一般智力的结构是否独立于非智力因素对绩效的作用。本项研究选取中国基层政府组织(乡/镇至县/市)作为研究对象，探索党政领导干部的实践智力的测量以及预测效度。之所以选择政府组织作为研究对象，是因为研究者发现过去大量有关实践智力的研究基本上都是在西方企业组织和军队中进行的，中国政府组织人事管理可能与盈利性企业组织和军队存在较大的区别。

一、政府组织干部工作绩效结构研究

要全面考察实践智力与绩效因素之间的关系，需要在两个方面拓展研究的范

围：首先需要对党政干部的绩效结构模型进行深入的探索。例如，与企业组织存在很大的不同，政府组织无论从其目标、组织方式、考核等方面都有其独有的特征，因此需要对其绩效模型进行深入的分析，以免得出有偏差的结论。其次，在实践智力之外，这个研究还将同时考察人格作为非认知能力因素对绩效的影响，分析人格特质与实践智力与工作绩效的关系模型，这样拓展研究的宽度，以期全面理解实践智力与工作绩效的关系。

工作绩效是工业组织心理学研究领域中受到广泛关注的变量；在人力资源管理的实践领域中，工作绩效的评定及相关问题也是一个重要的课题。人类对绩效问题的关注可能开始于对具有一定规模的组织进行人员管理的实践。政府可能是人类较早建立的大规模科层组织之一。中国在公元前 3 世纪建立了中央集权的、庞大、严密的政府组织。根据文献资料，中国可能自公元 3 世纪开始已经有非正式的对官员的绩效考评方法(刘亚林和刘一凡，2004)。古代中国行政体系对各级官员的“绩效”的正式评定从“政绩”(主要是税收和摊派的征缴完成情况)、“品德”(忠、孝等)、“官声”(声望)等几个方面进行；评定的形式也较为多样化和复杂化。例如，清时各省最高行政长官(巡抚)使用“年终密考”的方式，对各直辖下属官员在这一年中的政绩情况，直接向皇帝进行汇报，作为人员升迁的一个重要依据。但总的说来，中国古代社会在行政管理部门中对人员的绩效考察和管理方式都显得相对粗糙和简单。常常并不能带来所期待的结果。例如，明朝施行的“京察”制度，即每几年基层官员(五品以下)都要被考核，考核结果决定其升迁任留，但这种考核最终流于形式，历史学家记载，当时京官基本都考核过关，因为考核者并不愿意得罪人；地方官也通过“冰敬”“炭敬”等变相贿赂方式过关，整个考核制度几乎形同虚设。

事实上政府组织中工作绩效的测量是一个长期让人困扰的问题。与私营部门不同，政府组织追求的目标并不是效率的提升，而是普遍公正的实现和公共产品的有效供给。政府组织需要在多个目标之间寻求一种平衡，无法套用企业管理的模式来测度和考评政府组织中人员的工作绩效。基于成本控制的预算管理模式在当前阶段也没有实现，在现有的体制架构下，预算的约束也是相当微弱的，如很多部门在年终花费骤然提高。虽然借鉴企业管理中的一些做法，如关键指标技术、360 度评估技术等，可能会对绩效测度和考核工作有重要的作用，但在现阶段，事实上很难有行之有效的方法对绩效进行全面公平的考核。

现实中，当前中国社会公共管理部门对工作人员的绩效考察和管理主要是由各级党委组织部主持进行的。考察从“德”“能”“勤”“绩”“廉”五个方面进行，通常只在年终进行，对于这些考评结果也缺乏有效的运用。相对于现代企业组织中复杂的、系统的绩效评估和管理方法，中国公共管理部门的工作绩效评定和管理存在较多的不足之处。首先这些指标的定义非常的宽泛；其次这些指标可能会有交叉重叠，如“德”与“廉”之间可能有较强的关联、“勤”和“能”之间也有一定的相关。最后，不同动机的党政干部也有不同的侧重方向。例如，有研究者认为党政干部可以区分为“政绩型”和“寻租型”两类，政绩型干部注重的是组织和领导关注的政绩点，如招商引资数目质量、城市建设、经济发展、计划生育工作完成度等指标，通过政绩的亮点，自己成为能够被组织和上级考查的对象，获得晋升和事业的发展。寻租型追求任期内个人或家庭利益最大化，通过各种方式放租和兑现手中权力，实现个人或家庭在经济利益上的欲望和目标。研究者指出，可能更多的党政干部两种动机倾向兼而有之，既追求政绩表现也追求自我利益。这样我们可以看到，通过“德能勤绩廉”这样的传统方式既难于具体量化又难以形成一致的考核结果，所以迫切需要用更有效的办法来分析政府组织中的工作绩效问题。

西方组织行为研究绝大多数是在企业组织(少部分在军队)中进行的，对非盈利性的政府组织和非政府组织的关注较少。将这些研究结果直接套用到公共管理部门可能会出现一些问题(Selden et al.，2001)。另外，中国党政机关的运作有自身的特点。例如，政府的行为常常是在多个目标，如效率、公平、正义，公众福利，个人权利，当期利益和长远利益之间进行选择。这样，由于目标是多元的，因此绩效期望很不明确，政府部门的工作绩效可能比企业组织更难于处理，更缺乏类似企业组织中的财务指标或其他描述性指标(Behn，2003)。而在实际运作过程中，我们可以看到，当前对基层党政领导干部的工作绩效评定通常是由组织部门负责组织进行的。其中一些绩效指标是具体的配额完成情况，当前关注的指标包括多个差异较大的方面。例如，在乡镇一级党政领导干部中，其考评最重要的指标包括“招商引资”的完成情况、“计划生育”的达标情况等几项(不同分工的领导干部考评的指标也互不相同)；另外还有一些较为次要的指标，这些指标的完成情况原则上与本人的晋升和评优挂钩。此外，指标的制定也考虑到多种因素，包括现实运作因素和激励作用等。例如，很多地方对这些指标的制定，采用“取之上者得其中”的原则，即将指标定得很高，这样期待能够促使下属干部至少达到某个水平。除了这些各项年初制定的一些预定指标，对党政领导干部的绩效评定通常在每一年还采取年终评分的方式。考察主要通过“德、能、勤、绩”四个方面，由上级打分；现在对某些层级的干部考评也引入了群众(同事)打分。归纳起来，现行的内地基层党政机关的绩效评估方式，尽管是多年行政宝贵经验的沉淀，但是可能存在以下一些问题：①缺乏标准的工作分析体系。对于各个岗位的职责、权利、奖惩规定等，没有明确的界定；这样也不便于研究者进行各个岗位的工作绩效评估和研究。②绩效评估指标过于笼统。党政机关的工作绩效评估长期以来都是从“德、能、勤、绩”这样宽泛的四个方面来进行，缺乏二级的、细化的、具体的指标。这样对于评估者不能形成合理的参考点，被评估者的评估结果之间也缺乏可比性，达不到考核的目的。此外，评估的结果也不便于对被评估者提供反馈和改进建议。③实施方面缺乏规范的程序。党政机关进行的绩效评估有时候缺乏规范的程序和标准。例如，对考核等级的确定，通常没有一定的规范（刘亚林和刘一凡，2004）。

西方公共管理领域从 20 世纪 70 年代以来开始了“新行政管理运动”，改革者提出“把私营企业的管理方法运用到政府机构，以提高行政效率，克服部门间不协作现象”(Behn，2003)。Cipolla(1996)提出，公共管理部门的主管应该将目光投向私营组织，学习他们的人力资源管理方式，使得公共部门内僵化的管理方式转变为灵活的、目标导向的管理方式。我们知道，西方的工作绩效概念和评价方法的发展开始于工业企业中的应用和研究，后来这些概念和方法被引入到服务行业、军队、政府等其他管理领域中。但目前对于绩效概念的界定、工作绩效的结构、评定方式和指标等问题存在大量的争论。近二十多年的研究开始关注个体在任务之外的工作行为，提出了一系列新的概念和理论。在这些理论中，理论相对成熟、受到关注较广泛的绩效模型包括“组织公民行为”(Smith，et al.，1983)理论和“任务绩效-关系绩效”两重绩效结构理论（Motowidlo and van Scotter，1994)，这两个理论最近在概念内容和研究方法上有趋同的趋势(Organ，1997；Motowidlo，2000)。下文将从绩效的界定和研究历史开始，分别简述和分析上述两个理论的基本概念和重要的研究结果，并在此基础上分析在中国政府组织中的绩效评定结构。

工作绩效是现代企业人力资源管理中的中心概念之一。在个体水平上，工作绩效能够提供给管理者极为重要的信息，这些信息是确定如薪酬、晋升等人事决策的重要依据。但是，对于工作绩效的定义、绩效的结构和内容以及评定指标体系等问题都存在广泛的争议。在个体角度上，对工作绩效的界定存在“结果导向”和“行为导向”的争论，分歧的关键在于绩效应当着眼于结果还是行为(Murphy and Shiarella，1997；Arvey and Murphy，1998)。关于“绩效”一词，《韦伯斯特新国际词典》对“Performance”的解释，有“结果”“方式”“表现”“表演”和“能力”五个方面的词义，显然，英文中的“绩效”是一个多义词，包括结果和行为表现及方式等。早期的绩效研究和绩效评定实践倾向于从个体的工作结果来界定和量化绩效，认为绩效是“在给定的时间内，某种特定的工作职能或活动产生的产出记录”(Campbell et al.，1990)。在这种界定下，通常使用一些外在指标或指标的组合来标定绩效，如产出数量、合格率、销售额等。例如，在制造型企业中，员工的产出可以非常容易地用产出数量和质量的数据作为指标；管理者的业绩则常常使用财务指标作为衡量标准。但是，这种结果导向的绩效定义在后期的研究中受到质疑。当前研究者一般倾向于从行为的角度来定义绩效，认为绩效是“与组织目的有关的、可观测的行为”(Campbell et al.，1990)。这种对绩效界定的变化可能来自于三个方面的原因：首先，大量新的、难以获得描述性工作结果数据的工作职位的出现，使得通过结果界定这些工作的成效变得很困难；其次，仅使用结果来评定工作，使得管理者难以获得一些关键的过程因素和情境因素，这些信息的反馈对于绩效的提高是非常重要的；最后，相当多的工作结果依赖于很多该任职者可控制之外的变量，这样使得仅通过结果来评价工作并不公平。这样在研究领域和人力资源管理的实践领域，绩效评定逐渐由对结果的关注转移到对工作行为的关注。

20 世纪 70 年代以后，研究者开始使用一些技术探讨与工作目的有关的那些可观察、可界定和可测量的行为。这些技术首先通过关键事件技术(critical incident technique，CIT)进行工作分析，获得与绩效相关的行为指标，然后使用各种等级评价方法将这些指标合成评价工具。基于行为的绩效界定和评定的优势在于两个方面：首先这种方法较为客观，各指标是员工可以控制的，较为公平；其次，这些方法能够区分组织目标有效行为和无效/低效行为，为管理者提供反馈或者员工自我调整提供有用的信息。

绩效界定的另外一个问题就是工作绩效的结构。早期研究者一直将绩效作为一个单一维度的变量进行处理，认为工作绩效就是与工作目的有关的行为和结果的效能和价值。这样，工作绩效的界定被局限于个体职位目标相关的那些结果和行为的描述与评价。但是这种观点遭到研究者的质疑。研究者认为并不能简单地将各种绩效相关的行为合成为一个单一维度的变量，这些指标内可能具有复杂的结构。Campbell 根据一项在美国陆军中进行的选拔项目(the Army Selection and Classification，Project A)的研究结果，对传统的绩效定义方式提出了质疑。他认为，绩效包含有结果成分和行为成分，绩效不应该被仅仅认为是一种结果，而是行为本身，并且是个体在组织中可以控制的行为；更重要的是，绩效应当被认为是一个多维的，动态的变量(Campbell，1990)。

个体在组织中表现出各种行为，其中只有一部分是与组织目标有关的。Campbell 提出，绩效就是雇佣个体的组织或个人要求个体完成的事情。绩效在很多情况下不是指行为本身，而是对行为和活动的判断和评价。这样作为产出的绩效只能包括可以(或者说容易)测量和评价的那一部分雇主期待的行为。并且，虽然结果与这些行为是有关的，但是对结果的决定包含其他很多变量的影响。例如，一个能力强而且工作勤奋的销售经理，可能因为行业不景气，或者是公司内部技术支持不够等原因而没有达到期待的销售业绩。据此，Campbell 提出的工作绩效理论，将工作绩效定义为员工所控制与组织目标有关的行为。Campbell (1990)提出，绩效由 8 个方面的行为/活动构成：①特定任务的熟练行为；②非特定工作任务的熟练行为；③书面、言语的沟通；④展现努力；⑤自律；⑥协助同事和团队；⑦监督和领导；⑧决策管理。

另外一些学者也尝试得到一个普遍的绩效结构。例如，Borman 等(1993)根据他们收集的管理工作绩效的数据(发表和未发表的)，经专家评定得到了相似的内容结构：使用因素分析方法得到了18个因素的管理绩效结构(计划、组织、培训、教练、培养下属、技术技能等)。但是，由于工作类别之间存在较大的差异，对于任务绩效结构上的探索很难得到一个跨工作类别的共同模型(Murphy and Shiarella，1997)。

近年来的研究开始从组织整体角度来关注个体的绩效行为，认为个体对组织目标的贡献在岗位职责之外还存在于多个方面。从20世纪80年代初期开始，这一领域的研究提出了一系列新的概念和理论，其中最引人注目的是“组织公民行为”和“关系绩效”两个概念。“组织公民行为”是由Organ等于20世纪80年代提出的。早期对组织公民行为的界定是从对工作满意度的研究中开始的。Organ认为，对工作的满意将使个体自愿协助同事和合作以完成工作。尽管这些活动并没有被工作说明的内容所界定，但是对组织运作非常重要。Organ指出，工作满意度和组织绩效两者之间存在一些中介变量，这些中介变量可能包括员工自发从事的一系列合作行为。Bateman和Organ(1983)为验证工作满意度与绩效之间的关系，采用了一个社会学名词公民(citizenship)作为中间变量。Organ(1988)将这种未被涵盖于员工的角色要求或工作说明书中，且员工可以自己决定作为或不作为的行为称作“组织公民行为”，即“自发的，组织的正规报酬系统没有明确承认，但就整体而言，有利于提高组织运作功能的各种行为”。Organ强调许多组织公民行为对组织目标的贡献非常微弱，“这些行为看起来很简单，很平凡，很微小”使得它们不容易引起注意而形成正式的规定。这样，在Organ的早期定义中，对组织公民行为的界定有两个重要的部分：①这种行为不是员工工作职责的一部分，不会得到外在报酬，也就是说，组织公民行为超越了规定的角色要求，所以不容易通过奖惩来达成。由于许多组织公民行为对他人的绩效影响甚至可能超过对自己的绩效影响，因此也不容易衡量；②这种单个行为的效果并不显著，但就整体而言，有利于提高组织运作效能。作为对这些行为的测量，Organ等对组织公民行为早期测量是让管理人员列出他们希望员工出现的行为/活动，但是这些活动并不是规定的，通常也不会导致直接奖励。

通过实证研究，Bateman和Organ(1983)列举了许多员工的行为作为衡量组织公民行为的维度。这些维度包括：对部门提出建设性意见及改善建议；帮助培训新员工；遵守公司规章制度；善于使用和保护组织资源；容忍不愉快的工作环境；容忍公司及同事的抱怨，减少冲突等。Smith等(1983)通过访谈制造业的人事主管，对67名MBA进行测量，并进行因素分析，得到了利他行为(altruism)和普遍性的服从(generalized compliance)两个组织公民行为的维度。利他行为是指个体在与组织的相关任务上主动地、直接地协助某一特定的个人；普遍性的服从是指一种广泛的尽职行为，这种行为虽然没有直接对某一特定个体提供帮助，但间接地对组织中的其他人的工作都有促进。例如，某些行为主动地提供超过组织的要求和标准的产出/服务，这种行为代表了员工的“良好的公民特质”。但公民组织行为的结构内容后来又发生了变化，Organ(1997)提出了以下五个维度：利他行为、尽职行为(conscientiousness)、运动员精神(sportsmanship)、谦逊有礼(courtesy)、公民美德(civic virtue)。在以后的模型中，研究者又扩展了其他一些内容，包括社会参与(social participation)、遵从(loyalty)、服从(obedience)、跟上变化(keep up with change)。

中国文化下组织公民行为是否可能存在不同的行为表现和内在结构？近年来国内学者对组织公民行为进行了研究。Farh等(1997)在我国台湾的一项研究(对象为在职MBA和管理人员)发现了组织公民行为的5个维度：认同(identification)、针对同事的利他行为、尽职行为、人与人之间的和谐(interpersonal harmony)和保护公司资源(protecting company resources)。可见，从内容上，东西方组织公民行为可能存在较大的差异。对岗位职责之外的绩效行为的研究浪潮中，在组织公民行为以外另一个重要理论，是Motowidlo和van Scotter(1994)提出的“双重绩效模型”。与组织公民行为最初的理论出发点不同，双重绩效理论将关注点一开始锚定在绩效层面，试图补充传统绩效界定的不足。双重绩效模型理论将工作绩效分为“任务绩效”和“关系绩效”两个层面。关系绩效的提出拓展了一般绩效测量没有涉及的层面，并试图将这些层面纳入工作绩效考察的范围之内。

根据Campbell对工作绩效的定义，工作绩效是指个体能够控制的，对组织目标的实现有贡献的那些行为和表现。这个定义包括的范围相对广泛，显然包括了那些对个体本身的任务完成没有作用，但对整个组织或组织中的其他成员的任务完成起作用的行为。Motowidlo和van Scotter(1994)认为，为实现组织目标，员工需要从事多种活动，其中一些活动与他们个人的工作任务并不直接有关。例如，热心帮助新进员工、主动承担一些额外的工作和任务等，这些活动并不直接与整个组织的核心产品/服务产出流程相关，但是对组织产出过程的协调运行非常重要。这样，对应于一般绩效概念，S. J. Motowidlo提出了“关系绩效”的概念(或者称为“周边绩效”“情境绩效”)。关系绩效是一系列这样的行为/活动：这些活动创造一个有利于组织整体核心产品/服务产出流程的社会、心理环境，尽管这些活动并不直接包含在核心产出流程之内。

S. J. Motowidlo的这种观点符合早期一些组织心理学研究者的观点。我们知道，在现代企业组织的人力资源管理体系中，通常使用工作说明书(job description)对每一种职务的职责、作业范围、需要的技能和知识以及相应的绩效指标做出界定。涉及很多管理方面相关的事务，如绩效评定、薪酬确定、晋升，以及可能的法律纠纷，工作说明书都是重要的参考依据。但是仅对个体岗位的工作目标的追求，被认为对于一个组织水平上的有效运转是不充分的。Katz 和 Kahn(1978)曾提出，一个运作良好的组织需要三类行为：①必须有足够的个体保留在组织中；②这些个体必须完成工作要求和角色任务规定的事务；③这些个体必须自发的、建设性的进行一些超出职务规定范围以外的事务。Katz 指出，“一个仅仅依赖于计划蓝本描述行为的组织是非常脆弱的”。对整个组织系统而言，组织中每一个个体的合作意愿都是不可或缺的。在这一点上，依靠组织结构本身的运作链条是不充分的，正式的组织结构是组织活动的体现，它只能识别已经存在的表征的合作意愿，而不足以预期达到组织目标所需要的全部要素。关系绩效概念的提出补充了原来在绩效评定中受到忽视的那一部分内容。

在关系绩效概念被提出以后，Motowidlo 等首先检验了他们提出的关系绩效是否能够独立于任务绩效而作为单独的绩效指标。一项在美国军方进行的研究中，Motowidlo 和 van Scotter(1994)使用专家评定法对 400 多名航空机械师和工程师的整体绩效，即任务绩效和关系绩效进行评定，回归分析的结果发现，任务绩效和关系绩效都对整体绩效起作用，且逐步回归的结果显示关系绩效能够在任务绩效之外对整体绩效产生影响。Conway(1996)使用多质多法验证性因素分析方法证明了任务绩效和关系绩效的相对独立性，并且发现这种区分在非管理性工作比管理性工作的意义更为显著。

从行为指向的内容上看，组织公民行为与关系绩效的概念内容在工作行为上重叠的成分很大。有些学者提出“组织公民绩效”等概念，不将两者区分。但是这两个概念从提出到指向的本意都存在一些不同。前面已经介绍过，组织公民行为最初(实证研究)是从关注工作满意带来的个体有利于组织效能的行为开始的，是指那些“管理者希望看到但是不能要求员工”的行为；关系绩效关注的是“在绩效评定的实践和研究中被忽视的任务绩效以外”的行为，以及这个方面的工作行为/活动与一般研究关注的内容存在哪些差异。前者强调行为的“自发性”“非奖励指向性”；后者强调行为“非任务导向”“对维持和促进核心流程所依赖的工作环境/氛围有利”。在组织实践中，很多奖励都是基于工作说明描述的任务执行情况的。同时，一些不被具体任务涵盖、但“对维护和促进核心流程所依赖的工作环境/氛围有利”的行为也通常是自发完成而不是必须完成的，这样，关系绩效所指的行为与组织公民行为包含的行为存在很大的重叠。

组织公民行为和关系绩效理论的提出者，Organ 和 Motowidlo 都意识到了这两个概念的联系。Organ(1997)指出，组织公民行为与关系绩效指向的不同是，“从定义上看，关系绩效包含的行为并不要求一定是职务以外的，并且也不涉及该行为是否会带来奖励”。但是，在组织公民行为的概念中，Organ 强调了此类行为的两个特征，“自由决定”(discretionary)和“不被正式奖励”(not rewarded by formal system)。正如一些学者所指出的那样，这两个标准都是难以界定的，某些行为很难判断是否为“自由决定的”，如尽职行为，可能对上司做出的绩效评定起到间接的、隐含的作用；同样，“不被正式奖励”也是很难界定的。基于这些事实，Organ(1997)承认了对组织公民行为作如此界定的局限性，Organ后期对组织公民行为的定义强调“对维护和增强任务过程有关的社会心理环境/氛围有利的行为”；这样组织公民行为与关系绩效的指向就高度重叠了。Motowidlo(2000)指出，使用哪个概念作为标签并不重要，这取决于研究者自己的研究兴趣和偏好，但是研究者需要界定和澄清概念包含的行为内容。

Law等(1998)区别了两种模型，即潜变量模型(latent model)、聚合模型(aggregate model)。潜变量是从测量领域提出的，每一个指标变量都是对共同的潜变量的一个被污染的指标，它们都有基于潜变量的共同变异和来自于公共潜变量之外的变异。聚合模型的变量群不存在这样基于共同变异的内在联系，每一个变量表达了“共同的聚合变量”一个层面，这些变量聚合起来(如线性组合)可能反映了这个被关注变量的全貌。例如，工作满意可能是这样的聚合模型：对工资、上级、同事等各个方面的满意度组合起来表达了整体的工作满意状况。从这个角度上Motowidlo(2000)认为，组织公民行为的界定存在不甚清晰的困难：首先，如果组织公民行为是一个类似于关系绩效的聚合变量结构，那么它可能如Organ(1997)重新定义中强调的“对维护和增强任务过程有关的社会心理环境/氛围有利”，基于这一点对相关的行为进行聚合，这样组织公民行为和关系绩效的定义就非常接近了。其次，组织公民行为目前不能被认为是一个潜变量结构。Organ也试图给出所有的公民行为指标的共同的潜变量内涵，“帮助同事和相关人员的意愿，以及合作和维持有效组织结构的倾向”，他认为组织公民行为表达了某种个体工作动机性的潜变量，但实证研究的证据发现组织公民行为的结构包含的内容并不能涵盖在这种定义中。研究数据也表明，并不能从基于当前定义的组织公民行为中抽取出单一的潜变量(Motowidlo，2000)。

此外，组织公民的界定使得它在人力资源管理的实践领域的应用可能存在一些障碍。能不能将组织公民行为纳入管理者有意识的考察范围之内？既然组织公民行为是“自发的、不直接受到奖惩”的行为，那么如果将这类行为纳入到实践工作领域中的管理者绩效考察范围之内，它必将失去“自发的、不直接受到奖惩”这个特性(尽管目前对是否将“组织公民行为”纳入工作绩效考察范围存在激烈的争论)。或许如Organ认为的那样，“关系绩效”这个概念太“冷酷”，另外由于组织公民行为概念的提出较早、运用较为广泛，而且后期组织公民行为的界定与关系绩效非常接近，研究者仍广泛地使用组织公民行为这个概念，或者对组织公民行为和关系绩效不加区分，统称为“组织公民绩效”。但正如Motowidlo(2000)所言，重要的并不是使用哪种概念标定，而是研究者使用这个概念所包含的行为范畴。

在当前公共管理理论中，研究者和实践者试图将私营部门的管理方式引入到公共部门的管理当中。在中国基层党政组织中，目前还没有学术研究探索党政领导干部的工作绩效结构。因此，这个研究首先需要对基层党政领导干部的工作绩效结构进行探索，并在此过程中初步编制工作绩效测量工具，作为后续的个体差异与工作绩效关系的研究的基础。在企业组织中，绩效评定过于依赖结果指标，可能会失于公平（结果并非个体所能完全控制），不能提供提高改善的信息（Campbell et al.，1990；Cambpell，1990）。另外，政府组织不同于盈利性组织，没有明确的财务目标，而是需要达成多个目标（或多个目标的平衡状态），因此仅抽取一些“硬指标”作为绩效考核的方法会带来较多的短期行为。此外，对于研究者而言，通过客观指标来比较研究党政领导干部的工作绩效是很困难的。首先，不同职位/分工的干部的适用的配额指标之间存在很大的差别。例如，一个分管经济的副职干部和分管司法公安的副职干部，两者的考核指标存在很大的差别。其次，对于各配额的完成情况难以在各个职位/工作类别之间进行比较，甚至即使在类似的职位/职务上，也难以进行比较。这不仅是因为各工作类别的差别，也是因为政府组织追求的目标在不同的时间和地点可能存在很大的不同；另外，只有一部分干部的绩效考核存在硬性指标（如一些单位、部门、地方负责干部），很多干部没有这样的硬性考察指标。最后，一些现实运作因素也可能让这些指标严重“失真”。因此这个研究采用的策略是，使用行为取向的方式进行对党政领导干部的绩效考核，即从党政领导干部工作时具体行为表现入手来进行研究。这样使得工作职责千差万别的党政干部的绩效研究易于进行，可以在共同的测量方式上进行工作绩效结构的探索和验证。

如前文所述，相对于“关系绩效”，“组织公民行为”在概念上强调了个体行为的动机（Motowidlo，2000）。但是由于政府组织中的人事管理学术研究相对较少，因此难以确认多种对组织运作效力产生影响的行为是否符合“不被正式奖励”和“自愿的”这些特征。因此，结合前文对最近工作绩效相关领域研究进展的回顾，这个研究将同时考察党政领导干部的“任务绩效”和“关系绩效”两个方面的绩效内容。从概念界定的内容来看，任务绩效和关系绩效的区分在中国文化下的工作情境中可能是存在的。在基层机关的日常工作中，各级干部既要面对一些岗位职责范围内的事务处理，以及上级领导交办的事务处理，同时还需要进行一些与主要工作内容之外，但对组织运作效能产生作用的行为和活动，如维系关系、营造气氛和舆论等活动，这部分活动可能构成了基层党政领导干部绩效行为的一个必要部分。这个研究中将试图将工作绩效的概念区分为任务绩效和关系绩效，前者界定为党政领导干部在日常公务运作中与岗位职责相关的工作行为表现；后者定义为在岗位职责之外的但对整个组织/单元工作运作产生影响的行为。需要注意的是，在政府组织的运作中，岗位分工和工作内容的界定的界限通常缺乏明确的标识和确认，一般只有粗线条的分工。另外，在中国基层党政组织中强调对上级命令的服从，完成上级交办的明确任务被默认为是个体需要履行的职责，因此，即使领导分配给某个干部的任务(如组织会议、指挥某个项目等)可能并不在原来设定的范围中，但是通常这些工作也是他们必须完成的。这样，这个研究中，任务绩效除了规定职责任务的行为，还应包括对上级分派的任务的处理。

关系绩效和任务绩效的区分与中国传统对官员的内隐评价模式存在一定程度的暗合。在中国文化中，个体在组织中获得的评价通常被从两个方面考察，即“做事”和“做人”。在中国社会的公共管理机构中，做事通常指官员对事务处理、职责履行的有效性；做人不仅是一般意义的个人的道德修为，也可能外显为个人口碑的建立，官员需要在上级、同级、下级中建立一个对自己有利的口碑，通过有效的人际互动来达成个人的目标。此外，任务绩效和关系绩效的区分与中国传统的“考察体系”的某些内容有相关之处。在中国传统的官员绩效考核中，注重“德”“能”“勤”“绩”四个方面。从概念表面内容上看，其中“德”“勤”可能与关系绩效存在某种联系，而“能”“绩”与任务绩效关系较为密切。

值得注意的是，尽管这个研究中使用了西方组织行为研究领域中双重绩效模型的概念，但这些概念在中国文化下的具体行为内涵可能与已有研究结果存在一些差别。对于任务绩效概念，由于中国政府组织的运作方式与西方政府/军队都存在很大的差别(如中国政府组织中的基层科室的管理者对直属下属并没有相当效力的人事权力，科室中工作效能非常低的干部并不担心有被解聘的危险)，因此任务绩效的参照点可能与西方研究结果/测量工具存在一定的差异。而关系绩效存在的这种差异可能更大一些，因为对于相似的工作类别，如文职性工作，中西方之间对工作绩效评定的参照点可能较接近；但是对“在个人被分配的职责以外的，对整个组织运作有利的行为”，中国政府组织中可能与西方企业/军队中进行研究所发现的结果存在较大的差异。可能的原因有：首先，由于关系绩效行为更多地受到个体人格、动机等因素的影响(Motowidlo et al.，1997)，而这些因素，如人格，已经被证明存在实质性的文化差异。其次，由于政府组织中具体运作方式与西方存在很大的差别，影响关系绩效的各种因素可能存在差异。例如，梁钧平等发现，在表层的科层权力架构之外，国有企业组织内部常常以领导者为中心，形成了一些非正式的“圈子”。在这些圈子中，领导者处于中心，个体与领导的关系由远及近构成圈层的结构(类似于费孝通提出的“差序格局”)。这些权力圈层对组织决策过程、运作过程以及利益分配潜在地存在重要的(甚至有时是决定性的)影响，组织中的个体的行为与距离圈层中心的远近有关，干部的行为受到诸如此类的隐含性权力结构的影响很大，可能导致关系绩效的内容和关系绩效的参照点与西方研究发现的结果存在较大的差异。

综合上述，由于中国政府组织运作方式的特殊性，这个研究中，对党政领导干部工作绩效的测量，尽管参考了西方研究概念体系，但不应当直接套用概念和测量工具。本土研究的必要性在于两个方面：首先，关系绩效行为表现在各个具体工作情境中存在较大的差异，尽管不排除存在相似结构的可能。例如，在某些政府组织中，Motiwidlo 编制的关系绩效量表中某些“协助”同事的行为不会被视为“有利于组织运作”的关系绩效贡献行为，而是被当做“越权”“试图侵占他人权力/势力范围”的行为。这样，这些项目将不能归属，或者负性归属原设定的维度。其次，目前为止，还没有研究探索中国文化下“关系绩效”的结构，因此是否存在与西方盈利/非盈利组织相似的“关系绩效”结构，这个问题本身还值得探讨。在结构未明晰之前，直接套用量表是不正确的，因此这个研究根据西方相应的概念结构和研究方法，独立地在本文化下检验理论结构，并构建测量工具。

如前文对工作绩效结构和基层党政机关相关工作特点的分析，任务绩效和关系绩效的两维度绩效结构在党政干部群体中可能仍然存在。已经有学者验证了双重绩效模型在国内企业组织中的结构效度，并在此基础上编制了适用于某些企业组织的任务绩效和关系绩效的测量工具。但是，由于政府组织的工作内容与企业存在很大的差别，因此这个研究首先从定性研究入手，收集工作绩效评价指标，其次检验基层党政领导干部的工作绩效是否符合双重绩效模型的假设。

适用于区分工作绩效的行为指标应该是可观察的、可界定的、可测量的(Campbell et al.，1990)。这个研究首先使用通常采用的行为取向的绩效评定技术，通过关键事件访谈方法，列出基层党政领导干部在评价下属工作所列出的评价维度(条目)。将这些条目进行语义分析，合并后形成一个条目列表。其次，在这些绩效评定条目的基础上形成一个绩效评定问卷。再次，在基层党政领导干部群体中施测，通过探索性因素分析、验证性因素分析等方法来探索和检验通过这些条目评定的工作绩效是否符合双重绩效模型的结构。最后，分析基层党政领导干部的任务绩效和关系绩效与整体绩效评价的关系。

根据问题提出部分对基层党政领导干部工作方式的分析和假设，基层党政领导干部的任务绩效和关系绩效这两者之间可能存在较大的重叠，即可能表现为两者之间存在较高的相关，因此在因素分析中需要预先设定两者之间的相关。另外，由于对工作绩效的评定受到评价者整体性评价偏差效应的影响，来自于同一个评价源的绩效评定之间可能存在较高的相关，这样可能使任务绩效和关系绩效的相关程度发生“膨胀”。因此，这个研究将使用多质多法分析方法(multi-traits，multi-methods，MTMM)，考察来自不同评价源的数据是否符合双重绩效模型。综合上述，可以做出如下假设：①基层党政领导干部的工作绩效符合两维度模型结构；②基层党政领导干部的任务绩效和关系绩效之间存在一定的相关；③基层党政领导干部的任务绩效和关系绩效的评定受到评价者因素的影响；④基层党政领导干部的任务绩效和关系绩效分别对整体绩效评价相对独立发生作用。

为收集基层党政领导干部绩效行为指标条目，在中国某地区党校多个学习班(学员均为本地基层党政领导干部)中，抽取被试进行访谈。被试包括科级到处级党政基层干部。访谈采取一对一方式，按照事先准备好的提纲进行。在征得被试同意之后，对访谈过程录音。在访谈中，主试首先向被试表明研究目的，保证被试提供的信息只在学术研究范围内匿名使用；其次，主试向被试解释研究目的，说明此次访谈的焦点是被试本人是通过哪些行为评价下属干部的工作成绩的。主试应反复向被试澄清，研究需要的是被试自己是怎么看待和评价下属干部的工作成绩的，而不是人事制度等规章规定的那些内容。在访谈中对被试提出的某个信息进行深入的挖掘，追问相关的细节问题。绩效评价内容访谈通常持续 20 分钟左右。访谈没有严格的时间限制，根据被试提供的信息的多少而自然伸缩。主试在每个案例结束之后，立即整理访谈资料。

访谈资料经整理，共获得 126 条绩效行为指标。由 2 位基层党政领导干部(副处级/副科级各一名)会同研究者一起对绩效行为指标进行内容分析，合并语义接近的项目，同时删除领域范围过于狭窄的项目(如纪检干部在访谈中提供的“办案过程中不私自送人情”)。这样得到 40 个绩效行为评定条目，被试在 7 点 Likert 量表上评价这些行为表现的程度。

在收集绩效指标条目之后，研究者编制问卷进行数据收集。研究的调查对象来自于两个样本。第一个样本来自于中国某地区一些县市进行的调查。其中男性为 622 人，女性为 83 人(占 9.9%)。平均年龄为 46 岁。在行政级别分布上，县/处级干部 95 人，副县/处级干部 331 人，科/乡级干部 305 人，副科级干部 49 人。这个样本中的被试只在工作绩效条目上作自我评价。第二个样本来自于正在中国某地区党校学习的，包括“中青年干部学习班”“乡镇干部学习班”等四个学习班的学员，以及他们的同事。在填答完整(自评和上级评定)的 478 份问卷中(其中有未填答性格别数据)，男性为 364 人，女性为 70 人。平均年龄为 39.8 岁，平均在党政机关工作年限为 11.8 年；在行政级别的分布上，县/处级干部 76 人，科/乡级干部 280 人。党校学员被要求填答一份“基层党政领导干部绩效自评问卷”，并填写一些人口统计变量信息(年龄、性别、行政级别、工作年限和职业晋升情况等)，同时自我评定总体工作绩效。此外，被试被要求对 2 名下属干部的整体工作绩效分别做出评定，并带回 2 份问卷要求他们填答。为了最大可能地保证收集信息的真实有效性，主试事先给所有被试都准备一个信封(包括要求带回填答的问卷)。在说明中，研究者告知被试，在填答完毕之后将问卷放入信封密封，并在封口处签写“封缄”二字。学员在填答完毕之后将这些信封带回，上交给研究者。

在数据收集之后，首先对第一个样本的被试($N=842$)的工作绩效问卷自评数据进行探索性因素分析。首先进行的 Bartlett 球形检验(Barlett test of sphericity)的结果显著，拒绝了零假设(单位阵)。Kaiser-Meyer-Olkin(KMO)测度为0.96，表示该数据集适合做探索性因素分析。对“党政领导干部工作绩效问卷”条目自我评定的数据进行主成分分析(principal component analysis)，碎石图(scree plot)显示取两个因素是合理的，两个成分的特征值都大于1，第一个成分可以解释34.5%的变异，第二个成分可以解释7.4%的变异，累计两个成分可解释总变异的41.8%。图5-2为基层党政领导干部工作绩效条目主成分分析碎石图。

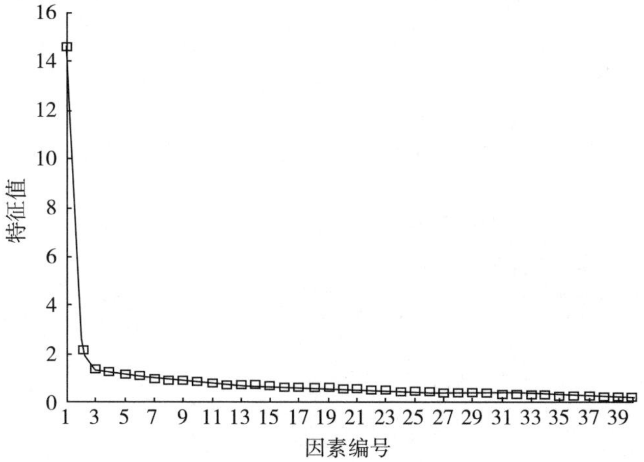

图5-2 基层党政领导干部工作绩效条目主成分分析碎石图

在因素分析中取2个因素并旋转(oblique)后，对条目载荷进行排序得到的条目分布结果(按载荷大于0.35的条目显示并排序)，如表5-3所示。可以看到，第一个出现的成分的主要内容反映了包括“对工作尽责，谨慎”“热情”“工作态度”“维护单位形象”等内容，第二个成分主要内容包括“开拓工作”“公文处理能力”“判断领导意图”等。根据前面文献综述对“任务绩效”和“关系绩效”的描述，以及根据政府组织具体工作特点对任务绩效和关系绩效概念的界定(任务绩效包括领导交办的事务，即使不在个体职责范围之内)。第一个出现的成分与关系绩效的内涵相关，第二个成分与任务绩效的内涵相关。

表5-3 工作绩效条目主成分分析条目分布和载荷

条目	成分1	成分2
16. 对领导交代的事情尽心尽责	0.779	
7. 尊重领导	0.768	
2. 诚实对待领导，据实汇报工作	0.661	
15. 千方百计办好领导交代的事情	0.647	
22. 愿意承担本人分工的任务	0.634	

续表

条目	成分 1	成分 2
30. 不对外面泄漏本部门的机密	0.612	
6. 坚持原则，不过多地谋求私利	0.593	
11. 乐于承担领导分派的任务	0.584	
24. 对上级领导交代的任务总是能够按时完成	0.576	
20. 对待工作不敷衍了事	0.569	
29. 上下班遵守制度规定	0.555	
18. 对上级的指示快速响应	0.539	
23. 对工作非常热情	0.524	
34. 深入基层监督工作的时候积极维护单位的形象	0.490	
14. 帮助配合同事完成工作	0.486	
31. 能够圆满完成预先制定的各项任务指标	0.474	
12. 做事小心谨慎，工作很少出现纰漏	0.471	
25. 关心同事和下属的困难和需求	0.398	0.372
38. 对领导忠心不二	0.395	
19. 当别人工作做得出色时，经常予以称赞或表扬	0.379	0.351
33. 工作比较散漫	—0.362	
17. 能团结调动下属		
5. 努力维护本部门的利益		
4. 不固守已有模式，经常找到新点子，以改善、拓展当前工作		0.781
40. 能快速接受新的业务知识		0.757
8. 能开拓性地开展工作		0.753
39. 能够迅速判断领导的意图并拿出相应的工作方案		0.726
9. 在矛盾冲突中能保持风度		0.642
3. 公文处理能力很强		0.617
21. 迅速准确地领会上级领导的意图		0.594
37. 能获得同事的支持和信任		0.582
32. 经常与上级保持联络		0.562
13. 对自己的业务非常熟悉		0.520
27. 言行得体，符合自己的身份和场合的要求		0.513
26. 能从领导的角度考虑问题		0.508
28. 与其他部门的关系比较融洽		0.470
36. 不用领导操心，主动处理一些事务		0.465
35. 工作落实快	0.402	0.436
1. 办事利索		0.423
10. 只谈论那些对组织有益的事情		

为检验双重绩效模型，将党政领导干部工作绩效问卷的所有条目按照“任务

绩效”和“关系绩效”的界定，由研究者和两位党政领导干部(副处级/副科级各一名)分别独立归入两类。总体上，在全部 40 个条目中，31 个条目专家的分组完全一致。对于分类不一致的 9 个条目，研究者和两位专家分别陈述各自的理由，再次进行归类；第二轮归类以后，只有 3 个条目上的分类结果存在不一致。对这 3 个条目，根据多数意见，将其归到相应的任务绩效或关系绩效中。

对以上基于概念界定的双重绩效结构进行验证性因素分析。数据分析在 LISREL 8.53 软件上进行。数据分析的目的是比较以下两个模型对数据的拟合程度：模型 1，所有的条目指向一个共同的绩效因子；模型 2，根据概念界定的分类结果，条目分别对应于任务绩效和关系绩效两个因子。第一个模型需要估计各个条目到公因子的路径系数，第二个模型需要估计各个条目到对应的任务绩效、关系绩效两个因子的路径系数，以及两个因子之间的相关系数。

卡方检验是验证性因素分析的重要指标，卡方值代表再生协方差矩阵与样本协方差矩阵的差异量(常用的估计方法计算的差异渐进服从卡方分布)，差异越小，表示数据与设定的理论模型之间拟合得越好。但卡方检验的一个问题是，它对样本容量过于敏感。卡方检验可用于模型比较中，一般的做法是：如果一个较复杂的模型的引入导致卡方较显著，倾向于接受这个较复杂模型；否则，如果卡方差异不显著，则倾向于接受较简单模型。当然，对于模型的取舍仍然需要以理论模型的合理性为基础。由于卡方检验对于样本量的敏感性，在卡方检验以外，研究者通常使用一系列其他拟合指标。通常使用的指标包括：拟合优度指数(goodness of-fit，GFI)、调整拟合优度指数(adjusted goodness-of-fit，AGFI)、CFI、非规范拟合指数(non normed fit index，NNFI)，以及近似误差均方根(root mean square error of approximation，RMSEA)。研究者目前常用的指标包括 GFI、AGFI、CFI、NNFI 以及 RMSEA。在这个研究中，需比较两个模型在这些拟合指标上的数值。

验证性因素分析在第二个被试样本数据上进行。由于数据收集中的现实困难，相对于绩效自我评价数据，由上级评价的工作绩效数据缺失了一部分。但收集的上级评定的数据仍然基本满足进行验证性因素分析的要求($N=478$，超过条目数的 10 倍)。首先分别在自评数据和他评数据上进行验证性因素分析。在被试自评工作绩效数据集上，分别按照模型 1(所有条目指向一个绩效因子)和模型 2(条目分别指向任务绩效和关系绩效)的设定进行验证性因素分析。模型 2 各路径系数均达到显著水平(表 5-4)。以下列出了两个模型各拟合指标。

表 5-4　模型 1 和模型 2、模型 2-B 验证性因素分析的各拟合指标

模型	χ^2	df	GFI	AGFI	CFI	NNFI	RMSEA
模型 1	6 249.8	740	0.78	0.74	0.94	0.92	0.13

续表

模型	χ^2	df	GFI	AGFI	CFI	NNFI	RMSEA
模型 2	5 594.8	739	0.84	0.82	0.95	0.94	0.08
模型 2-B	5 509.5	741	0.83	0.82	0.95	0.94	0.08

结果表明，模型 2 的拟合指标要优于或不低于模型 1。模型 2 与模型 1 中 χ^2 差异显著($\Delta\chi^2=655$，$\Delta df=1$)，因此倾向于接受较复杂的模型 2(自由度较小)。另外，在相对拟合指标 CFI 上，模型 2 比模型 2-B 高 0.01，根据 Widaman (1985)的建议，CFI 增加一百分点代表模型对数据的拟合程度有质的提高(侯杰泰等，2004)。这表明，模型 2 的拟合指标要优于模型 2-B，即假定绩效评定条目的两维度模型对数据的拟合要优于单维度模型。

对于模型 2，LISREL 输出结果显示了两个路径修正建议(条目“努力维护本部门的利益”和“能团结调动下属”，修正指数较高，分别为 110 和 97)，但是根据事先对任务绩效和关系绩效的理论界定，不能接受将这两个条目归入另一个因子上；根据前面探索性因素分析的结果，这两个条目有可能在两个因子上都存在较高载荷。因此，将这两个路径删除，设定模型 2-B。检验模型 2-B 的拟合指数，结果显示模型 2-B 的拟合指数不低于模型 2，卡方检验在这两个嵌套模型之间无显著差异($\Delta\chi^2=85.3$，$\Delta df=2$)，因此倾向于接受较简单(自由度较大)的模型2-B。表 5-5 列出了模型 2-B 各因子对应条目的因子载荷。

表 5-5 工作绩效问卷(自我评定)各条目的因子载荷

条目	关系绩效	任务绩效
16. 对领导交代的事情尽心尽责	0.86	
22. 愿意承担本人分工的任务	0.81	
15. 千方百计办好领导交代的事情	0.80	
14. 帮助配合同事完成工作	0.77	
23. 对工作非常热情	0.76	
11. 乐于承担领导分派的任务	0.75	
24. 对上级领导交代的任务总是能够按时完成	0.73	
2. 诚实对待领导，据实汇报工作	0.72	
7. 尊重领导	0.72	
20. 对待工作不敷衍了事	0.72	
19. 当别人工作做得出色时，经常予以称赞或表扬	0.69	
6. 坚持原则，不过多地谋求私利	0.68	
25. 关心同事和下属的困难和需求	0.64	
34. 深入基层监督工作的时候积极维护单位的形象	0.61	
29. 上下班遵守制度规定	0.58	
30. 不对外面泄漏本部门的机密	0.57	

续表

条目	关系绩效	任务绩效
38. 对领导忠心不二	0.56	
33. 工作比较散漫	−0.52	
9. 在矛盾冲突中能保持风度		0.52
32. 经常与上级保持联络		0.59
3. 公文处理能力很强		0.61
4. 不固守已有模式，经常找到新点子，以改善、拓展当前工作		0.64
13. 对自己的业务非常熟悉		0.65
8. 能开拓性地开展工作		0.66
12. 做事小心谨慎，工作很少出现纰漏		0.68
40. 能快速接受新的业务知识		0.70
28. 与其他部门的关系比较融洽		0.71
1. 办事利索		0.74
21. 迅速准确地领会上级领导的意图		0.74
26. 能从领导的角度考虑问题		0.74
18. 对上级的指示快速响应		0.75
27. 言行得体，符合自己的身份和场合的要求		0.76
37. 能获得同事的支持和信任		0.77
36. 不用领导操心，主动处理一些事务		0.78
39. 能够迅速判断领导的意图并拿出相应的工作方案		0.78
35. 工作落实快		0.81
31. 能够圆满完成预先制定的各项任务指标		0.82

在由被试上级工作绩效数据集上（$N=478$），分别按照模型 1（所有条目指向一个绩效因子），和模型 2（条目分别指向任务绩效和关系绩效）的设定进行验证性因素分析。表 5-6 列出了模型 1 和模型 2 各拟合指标。

表 5-6　模型 1 和模型 2 各拟合指标（上级评定数据）

模型	χ^2	df	GFI	AGFI	CFI	NNFI	RMSEA
模型 1	6 354.2	740	0.74	0.70	0.93	0.93	0.14
模型 2	6 081.1	739	0.89	0.87	0.95	0.94	0.07

结果表明，在卡方检验上，模型 2 与模型 1 的 χ^2 差异显著（$\Delta\chi^2=273.1$，$\Delta df=1$，$p<0.05$）；模型 2 各拟合指数优于或等于模型 1。表明模型 2 相对于模型 1，能够较好地拟合数据。表 5-7 列出了在由上级评定的各条目在任务绩效和关系绩效因子上的载荷。

表 5-7 工作绩效问卷(上级评定)各条目的因子载荷

条目	关系绩效	任务绩效
16. 对领导交代的事情尽心尽责	0.88	
38. 对领导忠心不二	0.87	
15. 千方百计办好领导交代的事情	0.85	
11. 乐于承担领导分派的任务	0.79	
22. 愿意承担本人分工的任务	0.78	
24. 对上级领导交代的任务总是能够按时完成	0.78	
7. 尊重领导	0.77	
14. 帮助配合同事完成工作	0.76	
23. 对工作非常热情	0.76	
25. 关心同事和下属的困难和需求	0.76	
2. 诚实对待领导，据实汇报工作	0.74	
20. 对待工作不敷衍了事	0.74	
39. 能够迅速判断领导的意图并拿出相应的工作方案	0.70	
5. 努力维护本部门的利益	0.67	
34. 深入基层监督工作的时候积极维护单位的形象	0.66	
19. 当别人工作做得出色时，经常予以称赞或表扬	0.63	
6. 坚持原则，不过多地谋求私利	0.62	
29. 上下班遵守制度规定	0.60	
30. 不对外面泄漏本部门的机密	0.59	
33. 工作比较散漫	−0.27	
3. 公文处理能力很强		0.54
12. 做事小心谨慎，工作很少出现纰漏		0.57
10. 只谈论那些对组织有益的事情		0.60
27. 言行得体，符合自己的身份和场合的要求		0.63
9. 在矛盾冲突中能保持风度		0.65
13. 对自己的业务非常熟悉		0.66
8. 能开拓性地开展工作		0.71
28. 与其他部门的关系比较融洽		0.71
17. 能团结调动下属		0.73
26. 能从领导的角度考虑问题		0.73
32. 经常与上级保持联络		0.73
40. 能快速接受新的业务知识		0.73
4. 不固守已有模式，经常找到新点子，以改善、拓展当前工作		0.75
31. 能够圆满完成预先制定的各项任务指标		0.76
21. 迅速准确地领会上级领导的意图		0.79

续表

条目	关系绩效	任务绩效
1. 办事利索		0.80
37. 能获得同事的支持和信任		0.80
36. 不用领导操心，主动处理一些事务		0.81
35. 工作落实快		0.83
18. 对上级的指示快速响应		0.85

对工作绩效条目评定结果的验证性因素分析表明，在被试自我评定和上级评定的工作绩效数据集上，双重绩效模型均优于单一维度绩效模型。此外，任务绩效和关系绩效两因子的相关在自评和上级评定数据集上的相关都达到较高的水平，分别为 $r=0.44$ 和 $r=0.65$。这表明在基层党政领导干部的自我评价的工作绩效和由上级评价的工作绩效上，任务绩效和关系绩效尽管是分离的结构，但是可能存在较大的重叠。

为考察不同评定源对模型的影响，在同时具有上级评定和自我评定的被试数据上对“任务绩效-关系绩效”双重绩效模型进行多质多法验证性因素分析。设定模型的两个评价源，即上级评定和自我评定；两个因子，即任务绩效和关系绩效。工作绩效条目多质多法(验证性因素)分析模式如图 5-3 所示。各条目分别从属于某个特质，同时来自于某个评价源。

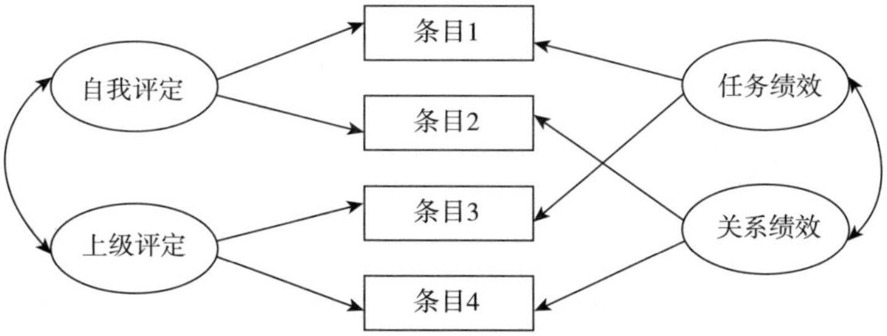

图 5-3　工作绩效条目多质多法(验证性因素)分析模式

多质多法分析结果显示，模型的各拟合指数较好，GFI、AGFI、CFI、NFI、NNFI 分别为 0.87、0.83、0.94、0.92 和 0.94，RMSEA 为 0.08。拟合指标表明，绩效条目的上级-自我评定的两维度绩效模型能够较好地拟合数据。

不同评价者之间的相关为 0.30(自我评定和上级评定)，不同因子之间的相关为 0.24(任务绩效和关系绩效)。相对于在自评数据和上级评定数据上单独进行的验证性因素分析，可以看到，在模型中引入评价者因素后，任务绩效和关系绩效之间的相关降低(在自我评定和上级评定数据上的验证性因素分析，任务绩效和关系绩效之间的相关分别为 0.44 和 0.65)，这表明任务绩效和关系绩效相关可能被评价源因素放大，如表 5-8 所示。

表 5-8 绩效问卷条目在绩效因子和评价源上的载荷

条目	自评			上级评定		
	关系绩效	任务绩效	自评	关系绩效	任务绩效	上级评定
条目 1		0.18	0.72		0.45	0.70
条目 2	0.59		0.53	0.29		0.73
条目 3		0.31	0.62		0.37	0.51
条目 4		0.34	0.63		0.62	0.60
条目 5	0.39		0.44	0.24		0.62
条目 6	0.55		0.51	0.21		0.67
条目 7	0.54		0.57	0.31		0.71
条目 8		0.28	0.69		0.53	0.57
条目 9		0.33	0.39		0.14	0.64
条目 10		0.25	0.29		0.05	0.64
条目 11	0.49		0.63	0.17		0.76
条目 12		0.31	0.69		0.16	0.67
条目 13		0.10	0.70		0.15	0.66
条目 14	0.62		0.65	0.17		0.74
条目 15	0.68		0.57	0.12		0.82
条目 16	0.68		0.66	0.22		0.84
条目 17		0.14	0.68		0.23	0.71
条目 18		0.29	0.77		0.33	0.79
条目 19	0.56		0.50	0.04		0.63
条目 20	0.28		0.73	0.07		0.74
条目 21		0.24	0.77		0.32	0.75
条目 22	0.59		0.69	0.17		0.76
条目 23	0.29		0.75	0.01		0.78
条目 24	0.48		0.63	0.16		0.75
条目 25	0.38		0.58	0.11		0.76
条目 26		0.14	0.76		0.30	0.67
条目 27		0.27	0.80		0.04	0.68
条目 28		0.11	0.76		0.22	0.67
条目 29	0.05		0.72	0.10		0.61
条目 30	0.01		0.63	0.19		0.63
条目 31		0.16	0.85		0.22	0.74
条目 32		0.10	0.68		0.50	0.62
条目 33	−0.32		−0.42	−0.02		−0.30
条目 34	0.39		0.46	0.08		0.64
条目 35		0.10	0.83		0.39	0.75

续表

条目	自评			上级评定		
	关系绩效	任务绩效	自评	关系绩效	任务绩效	上级评定
条目 36		0.17	0.79		0.33	0.73
条目 37		0.15	0.77		0.24	0.76
条目 38	0.40		0.46	0.17		0.84
条目 39		0.32	0.76		0.46	0.70
条目 40		0.17	0.74		0.25	0.71

以上探索性因素分析、验证性因素分析和多质多法分析都表明双重绩效模型评价基层党政领导干部工作绩效的合理性。尽管在被试自我评定和上级评定分别进行验证性因素分析的结果显示，关系绩效和任务绩效呈现较高的相关；但分离了评价源因素以后，两者的相关从中等水平（r 为 0.40～0.60）降到较低水平（$r=0.24$）。为表明任务绩效和关系绩效能够相互独立地对整体绩效评价产生作用，以下使用逐步回归分析探讨任务绩效和关系绩效与整体绩效评价的关系。

整体绩效评价问卷由 3 个条目构成，被试和被试的直接上级在 7 点 Likert 量表对被试工作绩效是否达到预期、与他人相比工作绩效情况和在本单位中的排序 3 个方面对整体工作绩效做出评价。自我评定和由上级评定的绩效情况按 3∶7 加权计并作为被试整体绩效评定指标。结合探索性因素分析、验证性因素分析和多质多法分析的结果，将绩效问卷的条目归属为两个子量表，分别测量被试的任务绩效和关系绩效。两个子量表的内部一致性 Cronbach's α 值分别为 0.93 和 0.96（自评），以及 0.94 和 0.96（上级评定）。

将被试绩效条目的评定结果按双重绩效模型计和，并在自我评定和上级评定上按 3∶7 的比例加权整合，分别得到个体任务绩效和关系绩效评定指标。使用任务绩效、关系绩效评定指标对被试整体绩效做逐步回归分析（stepwise），结果如表 5-9 所示，任务绩效能够进入回归方程，在任务绩效进入回归方程以后，关系绩效能够显著地进入回归方程。

表 5-9　任务绩效和关系绩效对整体绩效评价的回归分析

绩效类型	β	ΔR^2	t	p
任务绩效	0.420	0.387	8.824	0.00
关系绩效	0.356	0.086	7.486	0.00

在这一部分的研究中探讨了基层党政领导干部工作绩效的结构模型。"关系绩效"是近年来在组织行为学研究中提出的概念（Motowidlo and van Scotter，1994；van Scotter and Motowidlo，1996；van Scotter et al. 2000）。传统绩效评价的理论研究和实践操作一般将主要关注点局限在与岗位工作说明相关的任务完成结果上。近年来的研究拓展了人们对工作绩效的认识，开始关注个体行为在组

织层面上对产出的促进和抑制作用，双重绩效模型是在这股研究浪潮中重要的理论模型。这个研究结果与研究预期一致：探索性因素分析、验证性因素分析的结果表明“任务绩效-关系绩效”双重绩效模型在评价党政干部工作绩效的合理性；回归分析表明任务绩效和关系绩效都能够对整体绩效评价产生影响。

研究中心问题是检验基层党政领导干部的工作绩效评价是否符合双重绩效模型，即党政领导干部的工作绩效是否可以从任务绩效和关系绩效两个方面去描述。根据问题提出部分对党政机关工作特点的分析，基层党政领导干部的任务绩效应当包括上级领导交办的事务；并且，任务绩效和关系绩效可能存在较大的重叠，但两者可能仍呈现较高的分离趋势，相对独立地对整体绩效评价发生作用。这个研究通过访谈收集了针对基层党政领导干部工作特点的绩效评价条目。然后使用这些条目编订的问卷，在基层党政领导干部群体中进行施测(自评和上级评定)，在数据分析上分别进行了探索性因素分析、验证性因素分析(包括多质多法分析验证性因素分析)。数据分析结果表明，基层党政领导干部的工作绩效符合双重绩效模型假设。

首先，在被试自评工作绩效的数据集上进行的探索性因素分析的结果表明，绩效评定条目呈现两因素结构，这两个因素能够解释较大部分的变异，并且旋转后两个因素(成分)基本符合“任务绩效”和“关系绩效”的概念内涵。

其次，按照对任务绩效和关系绩效的界定，将绩效评定条目分别归入两个绩效类别后，在被试自评数据和上级评定数据上分别进行的验证性因素分析的结果表明，两维度绩效结构模型对数据的拟合指标要优于单维度绩效模型；同时，结果也显示，任务绩效和关系绩效之间存在较高的相关，这表明基层党政领导干部的任务绩效和关系绩效之间存在较紧密的关系，但两者之间较高相关的部分也可能是由评定偏差导致的。

最后，多质多法分析分离了评价者效应。结果表明，在分离了评价源因素以后，双重绩效模型的拟合指标仍然较好。同时，与作者的预期一致，在抽取了评价者效应以后，任务绩效和关系绩效的相关降低。由于评价者对被试整体工作绩效评价的“晕轮效应”，可能造成各绩效评定条目之间相关的“膨胀”。多质多法验证性因素分析的结果表明，来自同一评价源的工作绩效评定可能受到对被评价者一致性态度的影响，从而造成不同绩效层面的相关被夸大。因素分析的结果表明基层党政领导干部的工作绩效符合双重绩效模型结构，但是任务绩效和关系绩效之间存在相对较高的相关(即使在分离了评价源因素以后)。后者可能是由基层党政领导干部的工作特点造成的。在基层党政领导干部的日常工作中，营造有利的工作情境(场)与处理具体事物可能具有同等的重要意义。首先，党政干部日常工作中需要通过“场力”来达成目标；尽管在工作中他们也要面对较多的具体事务处理，但是这些事务的处理在很多情况下也是通过“场”而不是自己直接完成的。其次，党政干部还经常需要主动营造有利的“场”来达成组织或个人目标，如在下属中营造某种气氛等。这些工作通常与很多“任务性”的工作，如处理上级交办的任务等，交织在一起，难以分离。这样，在基层党政领导干部中，任务绩效和关系绩效的区分没有类似企业组织中那样分明，这可能是由政府组织中各岗位工作特点所决定。

根据这个研究的结果并结合对访谈资料的定性分析，研究者推论，在党政领导干部中可能存在一个内隐绩效评价结构，即(用他们的语言)“做人”和“做事”；基层党政领导干部如果期望在工作中获得较高评价，需要在这两个方面进行努力。做事是指个体具体在处理一些职责相关或领导交办的事务时的表现；做人可能并不是指一般意义上个人的道德修为(这层意义使用“为人”进行描述更为贴切)，而是个人口碑/关系的建立和维护。从表面上看，这两个词的内涵与任务绩效和关系绩效的概念存在一定程度的暗合。做人和做事可能是分开的。例如，有的干部主要通过做事来体现自己的政绩并以期获得晋升；有的干部可能主要通过“做人”(营造好的口碑，疏通各种关系)以期在职业前途上获得发展。但与此同时，在基层党政机关的日常工作中，做事和做人这两个维度常常密不可分。从探索性因素分析中各因素出现的顺序来看，取两个因素并旋转以后，第一个出现的因素与关系绩效的内涵有关，第二个出现的因素与任务绩效的内涵有关。这表明基层党政领导干部对工作绩效的评价关系绩效可能更为重要。在党政机关中，个人需要根据自己的资历背景、与领导(直接领导和外部领导)的关系、个人的能力倾向和人格特点等诸多因素对自身定位，建立对自己职业发展前途最为有利的口碑和形象。个体大量的时间和精力需要用在维持、巩固、强化或改变这种口碑和关系的努力上。同时，个人“做事”成效将在很大程度上取决于个人的口碑和关系的状况。例如，上级通常只会将关键性事务交办给自己信任(在上级层面有较好口碑和关系)的下属(亲信、圈内人)去完成，并将他们安置在关键位置上；此外，下属在接办某个事务的时候，优先考虑的通常是交代任务的具体对象以及与其私人关系等。总而言之，基层党政机关中各种人际互动对大量工作和事务的完成和结果是关键性和决定性的。从这些角度上，可以理解在中国基层党政领导干部群体中，与西方研究结果不同(美国空军机械师群体中，任务绩效和关系绩效存在0.20 的相关)(Motowidlo and van Scotter，1994)，任务绩效和关系绩效存在较为密切的关联。一项在国有银行干部和员工中进行的一项对任务绩效和关系绩效的验证性因素分析的研究也发现，国有银行任职者的任务绩效和关系绩效之间存在显著的相关(王辉等，2003)。

对工作绩效结构的研究澄清了党政干部的工作绩效模型。在理论意义之外，对绩效结构的研究可能具有一定的实用意义。在基层政府组织的人事管理中，长期以来，一直使用“德”“能”“勤”“绩”等较模糊的概念来进行绩效评价和管理。绩效管理的效果可能不尽如人意，难以起到激励、反馈和改善的作用。尽管国外对企业组织的工作绩效评定存在大量的研究，但是国内较少有学术研究关注公共管理部门中的绩效评定问题。这样，这个研究探讨了基层政府组织中的工作绩效评定结构，为分析实践智力的预测效度提供了基础。

二、实践智力和人格特质对工作绩效的预测模型

在编制了基层政府组织实践智力量表之后，一个重要的工作是要检验这个量表的预测效度。前面的实证研究探索了党政干部工作绩效的结构，这样为分析实践智力与工作绩效的关系提供了基础。另外，根据实践智力的定义，实践智力是一个智力因素而不是非智力因素，因此需要表明实践智力对工作绩效的预测是独立于一般非智力因素的。最重要的非智力因素就是人格，如果实践智力对工作绩效的预测是独立于一个完整的人格结构对工作绩效的预测，则支持了实践智力作为一种认知能力概念的属性。在后续的研究中，作者将同时考察在基层政府组织中实践智力和人格特质对工作绩效(包括不同工作绩效维度)的影响，来分析实践智力的预测效度问题。为探讨三者之间的关系模式，研究者首先对工作绩效、实践智力和人格特质这三个概念进行分析并确定测量工具。中国文化下人格测量工具——中国人人格量表是基于系统的词汇学假设建立的人格测量工具，其信度和效度已经得到检验(王登峰和崔红，2003a，2004)。因此，在这个研究中使用中国人人格量表作为人格测量工具。对于基层党政领导干部的实践智力缺乏相应的测量工具；同时，目前对基层党政的工作绩效结构还没有进行澄清。这样这个研究首先需要解决两个方面的问题，即对基层党政领导干部的工作绩效结构进行探索并建立工作绩效测量工具以及建立基层党政领导干部的实践智力测量工具。前面进行的研究已经建立了实践智力的测量工具并厘清了基层党政干部的工作绩效结构。下面介绍的研究则重点分析政府组织中实践智力、人格特质和工作绩效的关系。

斯滕伯格及其他研究者在美国军队、销售经理等多个职业类型中进行的研究已经证明，实践智力能够显著地预测各种作业绩效(Sternberg et al.，1995；Sternberg，2000a，2000b)。尽管目前的研究，对于实践智力与g因素的关系(Ree and Earles，1993；Sternberg and Lubart，1996；Gottfredson，2003a)、实践智力的结构(Sternberg，2003a；Gottfredson，2003b)等理论问题都存在较多的争议，但是实践智力被认为是g因素理论的有力的竞争性(也可能是互补的)智力理论。实践智力的某些观点可能与人们一般的智力观念，以及中国传统文化下对人类智力的朴素理解存在某种对应。斯滕伯格认为，学术智力和实践智力的各个特征存在很多差别。学术智力是正式和公开的，相关的知识形式是内容(content)和规则(rule)，一般通过学习、阅读获得，并且在教育系统中受到高度关注。它可以通过传统的智力量表来进行测量。在学术智力量表上得分高的人一般

被人称为“聪明的”(intelligent)，或如果在某个领域知识丰富，则被称为“专业的”(expert)；在得分低端或在某领域知识有限，则被称为“笨”(stupid)或“无知”(ignorant)。与学术智力相对，实践智力是非正式和隐含的，相关的知识形式是规范(norm)。它通常是通过个人经验或观察获得，在教育系统中一般被忽视。可能最好的测量方法是模拟(simulation)。实践智力高的人被冠以“精明”(shrewd)或“高明”(wise)；低的人则被称为“幼稚”(naïve)或“愚蠢”(foolish)。在中国传统文化中，存在大量的描述这种智能现象的词语或民谚。例如，表达一个人只会死读书，不通世故，即用“书呆子”或“迂腐”；表达一个人认知能力强，即用“敏捷”或“博闻强识”；表达一个人会办事，即用“随机应变”或“机敏”；等等。这表明中国传统文化中可能存在对多种智力形式的认识。

下面描述的研究将分析基层党政领导干部的实践智力以及与工作绩效的关系模式。在党政领导干部的日常工作中，实践智力的应用空间可能要大于学术智力。党政领导干部面临的问题情境通常并不是信息完备并且通过逻辑推理可以获得有效解决的；个体需要依赖经验和规范来进行判断。研究将从实践智力的角度来探讨影响基层党政领导干部工作绩效的智能因素。斯滕伯格根据他提出的三元智力概念，编制了以言语、数字、图形为测量材料媒介的STAT，这套测验由9个分量表构成，其中测量实践智力的包括3个分量表，分别从言语、数字和图形3种媒介材料来测量实践智力。但是，研究者已经发现，由于文化情境存在根本的差异，个体面对的生活情境、思维方式(Nisbett et al.，2001；侯玉波和朱滢，2002)、人格结构进而表现为个体的典型行为方式等方面都存在差异，个体达成目标的方式、当前情境对问题解决的制约因素，已被证明具有实质性的文化差异。所以，对于实践智力的测量，研究中不能直接套用西方学者已经编制的问卷工具，而应该依据对应的概念和方法，根据本土问题情境重新编制量表(Wang et al.，2005)。斯滕伯格(Sternberg，2000a)也提到这一点，他已经指出，实践智力的测量应该依据各个不同领域的情境进行访谈，编制相应的测量工具。斯滕伯格提出，对于不同领域的实践智力的测量，应该直接从该领域的执业者和专家的一手资料中抽取“内隐知识”(后文将介绍)并编制测验。

根据斯滕伯格的建议和本土研究的思路，第一节的研究已经从文献收集、访谈入手，调查中国政府工作人员的工作情境，同时参考国内学者基于大量访谈调查工作的基础上编制的领导能力结构测验，建立党政领导干部的内隐知识测量工具。由于不同于一般智力因素，个体认知能力、实践智力反映了个体对于实际领域的适应能力，包括调动资源、解决问题、有效的合作等，因此实践智力显然应当能够显著地预测工作绩效。前面的研究也澄清了基层政府组织中工作绩效的结构问题，研究结果表明了基层党政干部的工作绩效由两个维度构成，即所谓的任务绩效和周边绩效，而事实上，从研究结果来看，这两个工作绩效维度的内涵可能超越了 Motowidlo 等提出的两维度工作绩效概念的原意，分别对应一般人们所理解"做事"和"做人"两个概念。前面的研究采用斯滕伯格提出的内隐知识角度测量实践智力，编制基层党政领导干部的实践智力量表并检验其信度和结构效度指标，下面描述的研究聚集于探讨实践智力与工作绩效的关系模式，由于从理论上个体实践智力的高低反映了个体利用环境资源达成目标的能力。这样对研究结果的预期是，实践智力能够有效地预测基层党政领导干部工作绩效，两者之间将呈现正相关的关系。

根据影响绩效因素的 KSAO 模型，Greenberg 将影响工作绩效的因素归结为两类，即个体因素和情境因素。对于前者，可以区分为认知能力因素群和非认知能力因素群。Cronbach 很早就曾指出，能力因素影响个体最大努力的行为结果，人格因素影响个体典型的行为结果。我们知道，工作中的具体任务情境需要个体具有一定的问题解决能力，同时需要个体能够习得必要的知识和技能来完成工作(Hunter J E and Hunter R F，1984；Schmidt and Hunter，1993)，因此个人认知能力类因素(智力、技能、知识)影响个体是否能够有效地完成工作中的任务作业，这一点已经被很多研究证实：一般智力因素(g 因素)、工作知识、工作经验等与认知能力有关的变量都被发现能够显著地预测工作绩效(Schmidt and Hunter，1998；Borman et al.，1997)。此外，工作绩效还受到认知能力类以外的变量的影响。由于人格反映个体稳定、内在的行为特点；基于完整的人格结构理论的人格测量应该能够比较完整地反映个体一般行为倾向特点，所以很多研究者自然将对非认知能力变量的关注集中到人格上。早期的研究得到的人格与工作绩效的关系并不确定(Guison and Gottier，1965)；近 20 年以来西方基于"五因素人格模型"下进行的元分析研究推翻了早期的研究结论(Barrick and Mount，1991；Barrick et al.，2001；Hogan et al.，1996；Hurtz and Donovan，2000)，证实了人格特质与工作绩效关系的存在。人格因素可能影响个体在组织中的典型行为方式，从而对个体的工作绩效产生影响，包括个体完成任务的意愿，工作的主动性，沟通和说服模式，等等。值得注意的是，几乎所有的这些行为表达不仅仅受到个体人格因素的影响，还受到来自于情境因素、能力因素、个体动机等多种因素以及这些因素与人格因素的交互作用的影响。

文献综述表明人格特质和实践智力可以有效地预测工作绩效(或者是工作绩效的某些层面)。但是，可以看到，大部分关于个体差异与工作绩效的研究是在西方企业组织和军队中进行的。而公共管理部门的运作特点可能与私营组织和军队都存在很大的不同。这个研究关注中国基层然后结合中国基层党政机关的工作特点，研究目的是探索基层党政领导干部的人格特质、实践智力与工作绩效(任务绩效和关系绩效)的关系模式。近年来基于大五人格模型的研究结果证实了一些人格特质对工作绩效的预测效度(某些人格特质可能能够预测多个工作类别的绩效的不同层面如图 5-4 所示，某些人格特质只能预测某些工作类别的某些绩效层面）。但是，由于东西方人格结构存在的系统差异，因此尽管西方研究关于人格特质与工作绩效关系有大量结果，但是难以在这些研究结果上直接形成假设，在中国文化下需要对这些关系模式重新考虑。

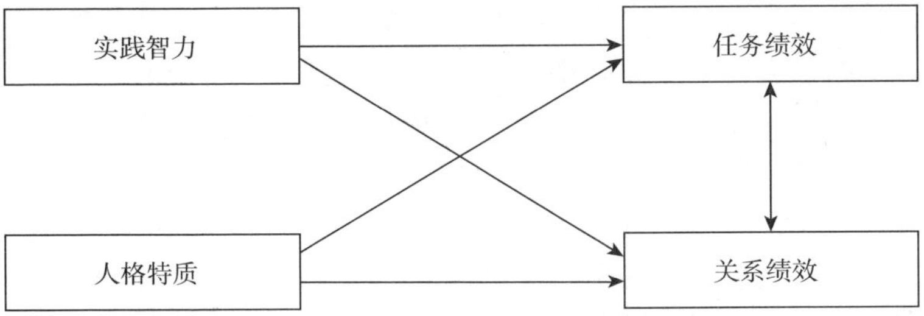

图 5-4 实践智力、人格特质与工作绩效的关系模式假设

目前在国内发表的人格特质与工作绩效关系的研究比较少，并且研究仅在某些工作类别上进行。例如，肖玮等在飞行学员中进行的关于情绪稳定性与工作绩效的研究中，根据情绪稳定性的概念和关注的职业群体的特点，编制了飞行学员“情绪稳定性”量表，结果发现情绪稳定性能够显著预测飞行学员的各项绩效指标。甘怡群等使用 CPAI 在国内国有企业中进行测试，结果发现，CPAI 的各因素中，人际关系维度的“和谐”与工作绩效的整体得分显著相关，责任感并没有与整体工作绩效显著相关。该研究结果发现了没有被包含在西方人格结构中的人格特质对工作绩效存在显著的预测效度。这项研究表明，如果直接使用西方大五人格测量工具，可能会失去一些关键性的工作绩效人格特质预测指标。

由于这个研究之前没有检索到关于国内公共管理组织（党政机关）中对人格特质与工作绩效的实证研究，并且中国人人格结构与大五人格结构存在质的差别，因此只能根据中国党政组织运作方式、工作特点等描述性资料，以及现有的一些有关领导干部人格特质的数据资料来分析可能存在的基层党政领导干部的人格特质与工作绩效的关系模型，并试探性地提出一些初步的研究假设。

(1)基层党政领导干部的某些人格特质与工作绩效之间可能存在紧密的关系。个体的人格特质可能决定了个体典型的、一贯性的行为表现。尽管在党政机关缺乏明确的绩效指标，但是个体可能非常看重上级领导对自己的评价，因为这种评价可能将决定性地影响个体在党政机关中的职业发展前景。中国文化中个体要形成稳定的对他人的评价可能需要较长的时间，并综合各种行为表现结果，而不只是根据某种外在指标（在缺乏明确外部目标的政府组织中可能尤为如此）。“路遥知马力，日久见人心”，政府组织中的领导者常常根据个体多种行为表现，揭开角色面具，推知他（她）的动机、志趣、能力等特点，并可能以此作为个体绩效判断依据（而不仅仅是外部表现结果）。这样人格特质作为个体“内在的、稳定的”特点，可能能够有效地预测工作绩效。

(2)中国人人格结构中的某些自我指向和事务指向的人格特质可能能够显著地预测个体的任务绩效水平。其中，“才干”可能是与任务绩效关系较为密切的人格特质。王登峰和崔红(2004)在中国人人格结构研究中对比了党政干部与普通人员在各人格特质上分数的差异，结果发现，党政干部在“才干”维度上得分要高于控制组被试。如果说公正严谨性是一个西方“理想雇员”(Barrick et al.，1995)特征的描述，“才干”可能是中国基层党政机关中对“有为的、老练的”官员的描述。当然，这个假设需要实证研究的检验。

(3)中国人人格结构中的某些与自我指向和他人指向有关的人格特质可能能够显著预测个体的关系绩效水平。这些人格特质反映了个体一贯的、内在的个体特征和人际互动特点，因此表现在典型行为特征上，这些人格特质能够预测基层党政领导干部在日常工作中各种关系绩效相关的行为和活动特点。

(4)在基层党政领导干部中，人格特质对关系绩效和任务绩效都有一定的预测效度。研究者在提出双重绩效模型后曾指出，任务绩效和关系绩效的预测变量可能存在不同：认知能力类变量是任务绩效更有效的预测变量，而人格特质可能是关系绩效更有效的预测变量(Motowidlo and van Scotter，1994)。但是在中国基层党政领导干部中，可能有一些不同的结果。基层党政领导干部面临的工作情境可能使得关系绩效和任务绩效存在较大的重叠，因为多数任务完成是通过协调、疏通等方式解决，并且大量的工作精力和时间都将用在为长远职业前途打算的各种与当前任务完成关系较少的活动，包括密切上级关系、建立良好口碑等活动等，任务的完成在很大程度上依赖于这些“外围活动”的成效，而不仅仅是当事人基于任务处理能力的努力。因此，某些人格特质应该对任务绩效和关系绩效都具有一定的预测力。

综合上述，为了探讨三者之间的关系模式，这个研究对工作绩效、实践智力和人格特质这三个概念进行分析并确定测量工具。中国文化下人格测量工具——中国人人格量表是基于系统的词汇学假设建立的人格测量工具(王登峰等，2003)，其信度和效度已经得到检验(王登峰和崔红，2004)，因此在这个研究中使用中国人人格量表作为人格测量工具。对于基层党政领导干部的实践智力缺乏相应的测量工具，同时，目前对基层党政的工作绩效结构还没有进行澄清。这样这个研究首先需要解决三个方面的问题，即对基层党政领导干部的工作绩效结构进行探索并建立工作绩效测量工具；建立基层党政领导干部的实践智力测量工具；探索基层党政领导干部的实践智力、人格特质与工作绩效各层面的关系模式。

下面所描述的实证研究探讨了基层党政领导干部的实践智力、人格特质与工作绩效的关系模式。在前面的研究中，编制了测量党政干部实践智力的实践智力量表并检验了该量表的信度和效度，且验证了基层党政领导干部工作绩效的双重绩效模型，提供了绩效测量工具。这样，研究者就可以进一步在同时考察在人格特质这一非智力因素的条件下，分析实践智力与工作绩效的关系模型，从而深化对实践智力预测效度的理解。下面的研究将关注实践智力与任务绩效和关系绩效的关系，中国人人格结构中才干与任务绩效、善良和人际关系与关系绩效的关系模式。但由于人格特质与工作绩效研究假设的提出没有建立在实证研究结果之上，所以这个研究将主要采用探索的方式，通过数据分析探讨实践智力、人格特质与任务绩效和关系绩效的关系模式。根据前文对人格特质、实践智力与工作绩效问题的陈述，以下研究将重点关注如下研究假设：①实践智力指标能够显著预测基层党政领导干部的任务绩效和关系绩效；②中国人人格结构中的某些人格特质(可能包括才干)以及相关小因素能够显著预测基层党政领导干部的任务绩效；③中国人人格结构中的某些人格特质(可能包括善良、人际关系)以及相关小因素能够显著预测基层党政领导干部的关系绩效。基于理论分析，研究者提出的假设为：①基层党政领导干部的工作绩效可能符合“任务绩效-关系绩效”双重绩效模型结构，但任务绩效和关系绩效可能存在一定的相关；②基层党政领导干部的实践智力(通过内隐知识测量)能够预测任务绩效和关系绩效；③中国人人格结构中的“行事风格”“才干”能够预测基层党政领导干部的任务绩效，“善良”和“人际关系”能够预测关系绩效。研究者将通过严格的实证研究方法对上述三个研究假设进行检验。

研究的对象是 478 名(有部分人未填答所有信息)中国某地基层干部(级别从副科/乡级到正县/处级)。其中，男性为 364 人，女性为 70 人。平均年龄为 39.8 岁，平均在党政机关工作年限为 11.8 年；在行政级别的分布上，县/处级干部 76 人，科/乡级干部 280 人；在受教育程度的分布上，大专以下 34 人，大专 162 人，本科 214 人，研究生及以上 18 人。调研在某地(地级市)党校各培训班中进行。

研究的测量工具分别使用中国人人格量表，前面研究中编制的实践智力量表以及绩效评定问卷：①中国人人格量表是王登峰等开发的基于中国人人格 7 因素结构模型的测量工具。量表由 180 个条目构成，测量中国人人格的 7 个维度(每个维度下有 2～3 个小因素，共 18 个小因素)，即外向性、善良、行事风格、才干、情绪性、人际关系和处世态度。被试在 5 点 Likert 量表上对各条目陈述情况是否与自己符合做出评定。该量表的心理测量指标已经被证实，即各维度分量表的内部一致性系数在 0.86～0.90，重测信度在 0.73～0.95，汇聚效度和区分效度以及自评与他评之间的相关都达到较好的水平(Wang et al.，2005)。②基层党政领导干部实践智力量表。实践智力量表是针对基层党政领导干部的工作情境编制的测量实践智力的问卷，经过前面研究的检验证明信效度指标可靠。③基层党政领导干部绩效评定问卷。基层党政领导干部的绩效评定问卷是在前面研究中使用的绩效评定条目集，根据结构效度的分析结构，该问卷保留 38 个条目，测量基层党政领导干部的任务绩效和关系绩效，信效度指标在前面的研究中也得到确证。

首先对得到数据结果的所有变量进行相关分析，中国人人格量表测量的7个人格维度(共18个二级小因素)，与实践智力量表分数以及工作绩效评定的相关。从相关分析中可以看到，与预期相近，实践智力与任务绩效和关系绩效都显著相关；人格维度“外向性”“才干”“人际关系”“处世态度”，以及隶属于这些维度的“决断”“坚韧”“机敏”“热情”“自信”等小因素与任务绩效呈显著相关；人格维度“外向性”“善良”“才干”“人际关系”“处世态度”以及隶属与这些人格维度的“合群”“乐观”“利他”“诚信”“严谨”“决断”“坚韧”“机敏”“自信”和隶属于“情绪性”的“耐性”与关系绩效的相关显著。此外，实践智力与各人格特质的相关较低($rs<0.20$)。

为分析人格特质与工作绩效之间的关系，在人格维度水平上，将各人格特质分别对任务绩效和关系绩效作逐步回归分析。结果显示，大七人格结构中的“才干”维度进入对任务绩效的回归方程，$\beta=0.308$，$R^2=0.092$，$p<0.01$；大七人格结构中的“才干”和“善良”进入对关系绩效的回归方程，$\beta=0.247$，$p<0.01$(“才干”)和$\beta=0.131$，$p<0.05$(“善良”)，$R^2=0.105$。另外，在小因素水平上，将中国人人格量表的18个人格小因素对任务绩效进行回归分析，结果显示，人格小因素中的“决断”和“坚韧”进入对任务绩效的回归方程，$\beta=0.198$，$p<0.01$(“决断”)和$\beta=0.186$，$p<0.01$(“坚韧”)，$R^2=0.089$；“机敏”和“耐性”进入对关系绩效的回归方程，$\beta=0.257$，$p<0.01$(“机敏”)和$\beta=0.164$，$p<0.01$(“耐性”)，$R^2=0.104$。

将实践智力量表分数对任务绩效和关系绩效(自评和上级评定按照3∶7的权重加和)分别进行回归分析，结果显示，实践智力量表分数对任务绩效的回归显著，$\beta=0.337$，$R^2=0.111$，$p<0.01$；对关系绩效的回归也显著，$\beta=0.252$，$R^2=0.061$，$p<0.01$。

为同时考察实践智力与人格特质与工作绩效的关系，将实践智力指标(实践智力量表分数)和人格各维度分步先后进入对任务绩效和关系绩效(自评和上级评定按照3∶7的权重加和)的回归方程。结果表明，在实践智力指标进入回归方程以后，大七人格维度中的“才干”仍能进入对任务绩效的回归方程，如表5-10所示；在人格小因素水平上，小因素“决断”和“沉稳”能够进入对任务绩效的回归方程，如表5-11所示。

表5-10 实践智力指标和中国人人格量表人格维度对任务绩效的分步回归分析

变量	标准化系数 β	t	ΔR^2	p
第一步：实践智力指标	0.294	5.592	0.113	<0.00
第二步：人格维度			0.066	
才干	0.260	4.944	—	<0.00

表 5-11 实践智力指标和中国人人格量表人格小因素对任务绩效的分步回归分析

变量	标准化系数 β	t	ΔR^2	p
第一步：实践智力指标	0.303	5.947	0.113	<0.00
第二步：人格维度			0.068	
决断	0.234	4.573	—	<0.00
沉稳	0.148	2.910	—	<0.01

在实践智力进入对关系绩效的回归方程以后，大七人格维度中的“才干”和“情绪性”可以进入回归方程，如表 5-12 所示；在小因素水平上，“机敏”和“耐性”可以进入回归方程。分步回归分析的结果见表 5-13。

表 5-12 实践智力指标和中国人人格量表人格维度对关系绩效的分步回归分析

变量	标准化系数 β	t	ΔR^2	p
第一步：实践智力指标	0.210	3.915	0.063	<0.00
第二步：人格维度			0.087	
才干	0.260	4.769	—	<0.00
情绪性	−0.109	−2.205	—	<0.05

表 5-13 实践智力指标和 QZPS 人格小因素对关系绩效的分步回归分析

变量	标准化系数 β	t	ΔR^2	p
第一步：实践智力指标	0.209	4.008	0.063	<0.00
第二步：人格维度			0.088	
机敏	0.223	4.207	—	<0.00
耐性	0.162	3.095	—	<0.01

在这个研究中，工作绩效分别由被试自我评定和直接上级进行评定。由于工作绩效的评定不可避免存在多种偏差(Arvey and Murphy，1998)，包括社会称许性倾向等，研究者通常使用来自不同评价源的评定数据加权合成，并且通常上级评定的数据被赋予较高的加权系数。这个研究首先分别在自评和上级评定数据集上分析实践智力和人格特质与工作绩效的关系模式；然后将自我评定和上级评定工作绩效加权合成为一个指标作为因变量再次分析个体差异变量与工作绩效的关系。这样可以有效地利用数据，获得更为丰富的信息。

在被试自评数据上，将人格各维度和实践智力指标(实践智力量表分数)作为自变量，对任务绩效和关系绩效进行路径分析。设定实践智力与任务绩效和关系绩效的路径关系显著，人格维度分别与任务绩效和关系绩效存在路径关系。另外，根据研究结果，任务绩效和关系绩效存在显著的相关。在 LISREL 8.53 上运行该路径模型，根据路径系数的显著性和理论分析修正模型，最后得到在人格维度水平上人格特质、实践智力与双重工作绩效的关系模型如图 5-5 所示。结果表明，该模型的拟合指标较好($\chi^2=12.01$，df=15，GFI=0.99，AGFI=0.98，

CFI＝1.00，NNFI＝1.00，RMSEA＝0.003 5)；各变量的标准化路径系数如表 5-14 所示。

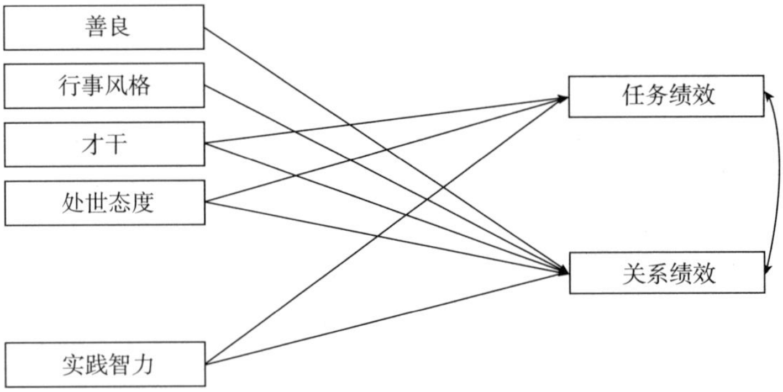

图 5-5　实践智力、人格特质与任务绩效和关系绩效的关系模式(一)

表 5-14　实践智力、人格特质与任务绩效和关系绩效的标准化路径系数(一)

	实践智力	善良	行事风格	才干	处世态度
任务绩效	0.16			0.46	0.13
关系绩效	0.10	0.21	0.09	0.37	0.14

在由上级评定工作绩效的数据集上，将人格各维度和实践智力指标(实践智力量表分数)作为自变量，对任务绩效和关系绩效进行路径分析，得到人格维度上各人格特质、实践智力对双重工作绩效的关系模型，如图 5-6 所示。结果表明，该模型的拟合指标较好(χ^2＝10.51，df＝15，GFI＝1.00，AGFI＝0.98，CFI＝1.00，NNFI＝1.01，RMSEA＝ 0.029)；各变量的标准化路径系数如表 5-15 所示。

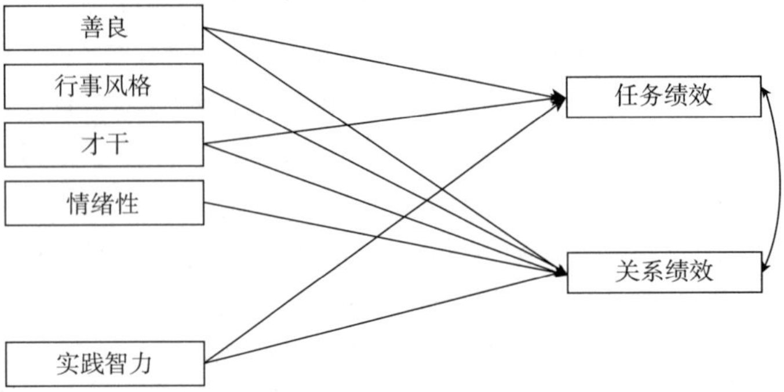

图 5-6　实践智力、人格特质与任务绩效和关系绩效的关系模式(二)

表 5-15　实践智力、人格特质与任务绩效和关系绩效的标准化路径系数(二)

	实践智力	善良	行事风格	才干	情绪性
任务绩效	0.26	−0.10		0.11	
关系绩效	0.18	0.08	−0.14	0.11	−0.09

将自我评定和上级评定的工作绩效按照 3∶7 的比例加权整合作为因变量，人格各维度和实践智力指标(实践智力量表分数)作为自变量，对任务绩效和关系绩效进行路径分析。设定实践智力与任务绩效和关系绩效的路径关系显著，人格维度分别与任务绩效和关系绩效存在路径关系。另外，根据研究结果，任务绩效和关系绩效存在显著的相关，最终得到如图 5-6 所示的关系模型。结果显示，路径模型的拟合指标较好(χ^2=11.09，df=11，GFI=0.99，AGFI=0.97，CFI=1.00，NNFI=1.00，RMSEA=0.000 4)。

标准化路径系数如表 5-16 所示；任务绩效和关系绩效的相关 r =0.49。可以看到，实践智力能够显著预测任务绩效和关系绩效；人格维度“才干”“善良”可以预测任务绩效和关系绩效；“行事风格”和“情绪性”可以预测关系绩效。与先前回归分析的结果一致，人格维度“外向性”“人际关系”和“处世态度”的路径系数不显著。

表 5-16　实践智力、人格特质与任务绩效和关系绩效的标准化路径系数(三)

	实践智力	善良	行事风格	才干	情绪性
任务绩效	0.20	−0.11		0.18	
关系绩效	0.22	0.15	−0.11	0.22	−0.14

在人格小因素水平上，将中国人人格量表的 18 个人格小因素、实践智力量表作为自变量，对任务绩效和关系绩效作路径分析，得到人格小因素、实践智力与任务绩效和关系绩效的路径关系模型如图 5-7 所示。模型的拟合指标较好，χ^2=53.67，df=48，GFI=0.99，AGFI=0.94，CFI=1.00，NNFI=1.02，RMSEA=0.001 4。

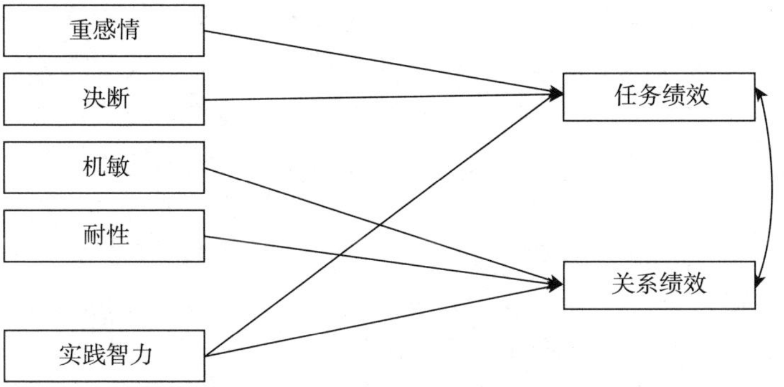

图 5-7　实践智力、人格二级小因素与任务绩效和关系绩效的关系模式

可以看到，实践智力与任务绩效和关系绩效的路径系数都显著($\gamma=0.19$，$\gamma=0.22$)。在人格特质小因素群中，“重感情”“决断”($\gamma=-0.10$，$\gamma=0.18$，分别隶属于“善良”“才干”)与任务绩效、“机敏”“耐性”($\gamma=0.22$，$\gamma=0.18$，分别隶属于“才干”“情绪性”)与关系绩效的路径系数显著，标准化路径系数如表5-17所示。

表5-17　实践智力、人格特质与任务绩效和关系绩效的标准化路径系数(四)

	实践智力	重感情	决断	机敏	耐性
任务绩效	0.19	−0.10	0.18	—	—
关系绩效	0.22	—	—	0.22	0.18

此部分的研究关注实践智力和人格特质与工作绩效的关系模式，前面的研究已经表明基层党政领导干部的工作绩效符合双重绩效模型结构，这个研究探讨了实践智力指标(实践智力量表)、基于大七人格结构的人格诸特质(人格维度和二级小因素)与任务绩效和关系绩效的关系模式。结果表明：与预期一致，实践智力能够显著地预测基层党政领导干部的任务绩效和关系绩效；一些人格特质可以显著地预测任务绩效或关系绩效。

大量研究已经表明，认知能力是较好的工作绩效预测变量(Hunter J E and Hunter R F，1984；Hunter and Schmidt，1996)。研究者认为，一般智力因素是通过对工作知识和工作技能的获得过程发生作用而对工作绩效产生影响的：认知能力更高的个体能够更有效、更快地习得必要的工作知识和技能来提高工作绩效(Hunter and Schmidt，1996)；在元分析研究发现一般智力因素与工作绩效存在中等程度的相关(Schmidt and Hunter，1998)。McClelland(1973)提出以能力测验取代一般智力测验以后，研究者的注意力开始从一般智力因素转移，试图寻找对绩效预测更为直接、效力更高的认知能力类变量。这类研究主要包括对“胜任力”的研究、“社会智力”理论，以及斯滕伯格提出的“实践智力”概念和理论。这个研究从实践智力的角度探讨中国基层党政领导干部工作绩效预测模型。

基于前面的研究对测量基层党政领导干部实践智力的实践智力量表的编制成果，这个研究探索实践智力与任务绩效和关系绩效的关系模式，结果发现，实践智力指标能够显著地预测基层党政领导干部的任务绩效和关系绩效。实践智力与任务绩效存在0.34的相关，与关系绩效存在0.25的相关，这与其他研究者得到的结果相似。例如，斯滕伯格(Sternberg，2000b)领导的研究组在美国陆军基层军官(排级、连级、营级)的研究中，发现实践智力能够显著预测军官的任务执行方面的绩效(task)和人际协调方面的绩效(interpersonal)。

“实践智力”的概念表达的是个体“适应、选择和塑造环境以达成自我价值相关目标的能力”(Sternberg，2000a，2000b)。对于这个概念，斯滕伯格还从其他角度进行澄清和解释。在 *American Psychologist* 中有关实践智力的论述（Sternberg et al.，1995，2004）中，斯滕伯格指出，实践智力是具有领域特异性的“常识”（domain-specific common sense）、“智慧”（wisdom），最为形象的，“……知道对谁说，什么时候说、如何说最有利”（……to know whom to say，when to say，and how to say）等。实践智力的概念与中国文化下某些概念和观点存在一定程度上的暗合，如“经术”“察言观色”“经世致用之学”“世事洞察，人情练达”，它体现了个体在某种特定的现实领域中处理问题以达成个人目标的能力。

研究者很早就发现智商对学业成绩的预测能力要显著高于对其他领域成就指标的预测能力。Neisser 最早提出智力测验的问题情境与学术领域问题情境接近，而与很多实践领域的问题情境区别很大（Neisser，1976）。从前文的分析中，可以看到，中国基层党政领导干部面临的工作情境与学业领域的问题情境差异可能也很大：基层官员面临的问题通常信息并不完整，处理方式的获得并不能完全依照逻辑推理进行，并且问题解决过程与个体目标息息相关。从定性分析中也可以看到，基层党政领导干部通过协调关系、疏通信息、调动下属、迎合上级等方式来推动工作进行；并可能主要依赖个人经验来解决问题。在内隐知识条目的定性分类上，基层党政领导干部的内隐知识可被归结为“迎合领导意图”“应对上级发难”等几个方面。这样从概念内涵上，实践智力应该能够有效地预测基层党政领导干部的工作绩效。此部分的研究结果证实了这种假设。

研究结果发现实践智力对基层干部的任务绩效和关系绩效存在程度接近的相关。但 Motowidlo 和 van Scotter（1994）曾指出能力类变量对任务绩效的预测高于对关系绩效的预测。这其中不一致可能来自于两个方面的原因：首先，由于实践智力是个体“适应环境、达成个人目标的能力”，它除了包括在某些具体作业任务需要的认知能力要素之外，还包含了个体在特定情境中协调适应能力。其次，基层党政领导干部的任务绩效和关系绩效存在较高的相关，从对基层党政组织的工作特点的分析中可以看到，党政干部的任务绩效和关系绩效在很多时候交织在一起，难以分开。最后，研究结果还表明，实践智力与人格特质对工作绩效的作用是相对独立的。可以看到，实践智力与人格特质的相关较低（$rs<0.20$）。另外，在实践智力进入回归方程以后，一些人格特质仍能够进入回归方程（“才干”“善良”“情绪性”以及包含的某些二级小因素）。这表明某些人格特质能够相对独立地预测任务绩效和关系绩效。

在人格特质与工作绩效的关系上，这个研究发现，大七人格特质的某些人格维度和小因素能够显著地预测工作绩效。在人格维度水平上，相关分析、回归分析和路径分析显示，“才干”“善良”“行事风格”“情绪性”与工作绩效的关系紧密。其中路径分析的结果显示，“才干”和“善良”与任务绩效关系显著；“善良”“行事风格”“才干”和“情绪性”与关系绩效关系显著。

在中国人人格结构中，才干反映的是个体的能力和对待工作任务的态度，包括决断、坚韧和机敏三个二级因素。在“才干”维度上得分较高的个体能够更有效的完成工作任务。与预期一致，在回归分析和路径分析中，才干与任务绩效的关系显著。路径分析结果表明，善良维度与任务绩效呈现负向关系。在中国人人格结构中，善良维度反映中国文化中“好人”的总体特点，包括对人真诚、宽容、关心他人，以及诚信、正直和重视感情生活等内在品质，包括利他、诚信和重感情三个小因素。在二级小因素水平上进行的路径分析结果表明，在善良维度中，重感情与任务绩效存在负向路径系数，表明感情取向高于利益取向(重感情)，在基层党政领导干部中不利于任务绩效。这可能与基层党政机关的某些工作特点有关：基层政府组织中工作任务的完成有时可能需要从现实出发，要求个体较少考虑人情世故。例如，纪检干部对某个案件的调查，可能在重感情因素上相对较低的个体能更好得胜任。未来的研究将检验这个假设。

然而，与公正严谨性内涵存在较多重叠的人格维度“行事风格”(共同因素分析发现大五人格特质“公正严谨性”的较多条目分散到中国人人格维度“行事风格”中)，与任务绩效不相关(Wang et al.，2005)，原因是，从行事风格的内涵来看，中国人人格结构中“行事风格”，反映个体的行事方式和态度，包括严谨、自我克制、安分、合作、沉稳等特点。相对于大五人格特质“公正严谨性”，行事风格缺少“成就取向”(achievement striving)这个层面的内容，而成就取向可能是公正严谨性中与任务绩效关系最密切的层面(Stewart，1999)。另外，严谨与工作绩效的关系模式可能因文化的不同而存在差异。研究表明，中国管理者在作决策时费时较少(较不严谨)，但在执行时变动较多；西方管理者则相反，作决策尽量细密周全，但执行时变动较少。这样，严谨与工作绩效的关系模式可能受到文化差异相关因素的影响。

这个研究的结果还显示，善良、行事风格、情绪性和才干都能够显著预测关系绩效。与预期一致，人格维度善良能够显著预测关系绩效。在善良维度上较高的个体可能更能够拥有较好的口碑，更有意愿去提高个体的关系绩效。人际关系对关系绩效的预测不显著。人际关系维度描述的是个体对待人际关系的基本态度，包括宽和与热情两个维度。基层党政领导干部在人际互动中可能更多地考虑彼此间利害格局和个体内在的特征，而对表现在外的人际互动特点(“宽和”“热情”)并不关注。此外，才干维度较高的个体可能能够更为有效地获得好的关系绩效评价，情绪性维度(反映个体情绪稳定性特点)较高的个体能够有效地调控自己的情绪反应，因此可能保持较高的关系绩效。最后，个体“严谨”“沉稳”“自制”倾向高可能造成个体行为的“不近人情”“刻板”，因此在行事风格得分高的个体可能不利于“关系绩效”。

在被试自我评定工作绩效上，“处世态度”对任务绩效和关系绩效的路径系数都显著。处世态度反映个体对人生和事业的基本态度，反映个人志趣方面的特点。在处世态度维度上较高的个体，表现得更为充满信心，对理想和事业有较高的追求，对成就有较高的期望。处世态度能够显著预测被试自我评定的任务绩效和关系绩效。但是在上级评定的数据集上没有发现处世态度能够预测工作绩效。可能原因是处世态度维度上得分较高的个体(更为看重个人成就)可能倾向于较高地估计个人的工作绩效。但这一点需要后续的研究进行检验。

Paunonen和Ashton(2001)进行的大五人格特质与行为方式关系的研究发现，相对于人格维度水平上的特质，层面水平(二级小因素)上的特质能够解释更多的行为变异。此外在工业组织心理学研究领域，研究者建议同时使用二级的人格特质进行研究(Schneider et al.，1996；Paunonen et al.，1999)。因此这个研究在二级因素水平上也进行了数据分析。相关分析、回归分析和路径分析的结果表明，在小因素水平上，“重感情”(隶属与“善良”)、“沉稳”(隶属于“行事风格”)、“决断”“坚韧”“机敏”(隶属于“才干”)以及“耐性”与工作绩效关系显著。其中，路径分析结果显示，“重感情”和“决断”能够显著预测任务绩效，但重感情与任务绩效是负向关系，这与在人格维度水平上得到的结果相一致，因此可以推测在基层党政机关中在重感情特质上较高的个体(感情取向高于利益取向)可能给其任务绩效带来负面影响。决断是隶属于人格维度“才干”的小因素，反映个体的决断能力。分数较高的个体表现为敢作敢为、敢于决断、思路敏捷和个性鲜明；较低的个体则遇事犹豫不决、紧张焦虑和无主见。决断能力与基层党政领导干部的任务绩效可能关系非常密切。在小因素水平上，机敏(隶属于才干)和耐性(隶属于情绪性)能够显著预测基层干部的关系绩效。机敏反映个体自信、敏锐的特点，耐性反映个体的情绪控制能力，这两个人格特质上较高的基层干部睿智而忍耐，因此能够获得较高的关系绩效评价。

本部分的研究探讨了实践智力、人格特质与任务绩效和关系绩效的关系模式，结果基本证实了原研究假设：实践智力和中国人人格结构的一些人格特质能够有效地预测基层党政领导干部的工作绩效。基于这些研究结果，这个研究可能对政府组织人事考核和选拔实践具有一定的参考意义。首先，由于一些人格特质能够显著地预测基层党政领导干部的工作绩效，因此可以在公共管理部门人事决策中参考人格测量指标。在西方工业组织心理学研究领域，关于人格是否可以作为有效的人事选拔和考核指标，长期以来一直存在争议。一些研究者认为，人格测量缺乏预测效度证据，并且表面指向性太高。由于大五人格结构的出现，西方心理学对人格和工作绩效的研究可以使用一种“统一的语言”，近20年以来的研究基本打消了对人格测量效度的疑虑(Hogan et al.，1996)。但研究表明中国人人格结构与西方大五人格结构存在很大的区别(Wang et al.，2005)。这个研究的结果表明，基于中国人人格结构的人格测量工具可以作为有效的工作绩效预测指标。

其次，由于研究证明了基层党政领导的实践智力可以有效预测党政干部的任务绩效和关系绩效，这样可以考虑在基层政府组织的人事决策中将实践智力作为一个参考指标。当然，这一点需要综合其他各种因素的影响，以及其他可能产生的相关效应。综合上述，这个研究证实了在中国基层党政领导干部中，人格特质和实践智力能够有效地预测任务绩效和关系绩效，这一结论可能在未来能够应用于政府组织的人事管理领域，为政府组织的一些相关人事决策提供参考。

第四节 政府组织中实践智力研究启示和展望

在上述研究中，研究者按照实践智力量表开发的严格过程，编制了基层党政领导干部的实践智力量表，在后续的研究中进行了信效度分析检验，并结合人格特质这一最重要的非认知能力因素对工作绩效的关系模式进行了深入的分析。通过这个研究，研究者希望提供一个实践智力量表开发与应用的示例，以此抛砖引玉，激发起更多研究者和实践者在人才测评中应用实践智力的兴趣，以期推动实践智力等最近的测评概念和工具在中国政府组织中的应用。因此研究者进行了实践智力量表的编制、信效度检验、工作绩效模型的探索以及实践智力、人格特质与工作绩效关系模式的系列研究。

为了对实践智力的效标，即基层党政领导干部的工作绩效，进行结构的分析以便获得更为深入的结果，除实践智力研究以外，研究者还对党政领导干部工作绩效模型进行了探索。党政领导干部的工作绩效结构和评定问题长期以来是组织行为学、行政管理学等研究的盲区。而如何有效地评定公共管理人员的工作绩效又是中国当前社会发展中的一个很重要的问题。这个研究试图参照盈利组织的绩效模型和绩效评定方式，探讨公共管理部门的工作绩效问题。具体的，研究结果支持了中国基层党政领导干部的绩效结构符合任务绩效、关系绩效的双重绩效模型，并且与预期相符，即任务绩效和关系绩效存在一定的相关。中国基层党政机关的运作方式具有区别于其他科层组织的很多特点。例如，缺乏明确的财务目标，而是在多个目标，如效率、公平、正义、公众福利、个人权利、当期利益和长远利益等之间进行选择；相对于企业组织，政府组织的人员管理相对比较呆板，存在相对固定的人员编制约束人事管理的权力(任免和处罚都要经过复杂的程序，不能直接雇佣或解雇)，等等。这些特点的存在可能使得中国基层党政机关的人事管理特点与在盈利性组织或军队(西方工业组织心理学研究的主要取样对象)群体上得到的结论存在很大的差别。因此，这个研究采用的思路是：结合西方组织行为研究领域的理论(双重绩效模型)，在中国文化下关注的被试群体中进行材料收集和数据分析，然后以此为基础检验这个理论在该群体上的合理性。近年来国内的一些学者提出了直接套用西方研究结论和测量工具可能带来的问题

(如对中国人人格结构的研究)(王登峰和崔红，2001，2003a，2003b)。因此，这个研究采用的是本土研究方式，试图避免“强制的一致性”(Berry，1990)的错误。在研究过程中，研究者从第一手资料的收集整理出发，编制相应问题的测量工具并分析在特定文化和情境中的概念结构，然后基于数据分析进行理论探讨。这样的研究结果能够反映中国文化下关注的现象领域(基层党政组织)本身的特点和规律。研究证明了在党政领导干部中双重绩效模型的适用性，数据分析的结果证明在中国政府组织中的工作绩效可以被区分为任务绩效和关系绩效两个层面。任务绩效和关系绩效的区分与中国传统文化中的某些观念可能存在某种对应。在中国科层组织中，(内隐的)对个体的绩效评价可能是从两个方面进行考察的，即“做人”和“做事”。做事是指个体处理相关事务的行为，做人的含义较广，可能包括个人的言行举止，建立口碑、形象，维系关系等。做人和做事之间存在密切的关系：在基层政府组织中，很多事务的处理和问题的解决在很大程度上依赖于当事人已经建立的口碑、形象和各种关系；做事的成效也对个体的口碑和关系的建立产生影响。研究通过多种方法证明了在基层党政领导干部中任务绩效和关系绩效两维度模型的合理性。但研究结果同时表明，任务绩效和关系绩效之间存在较高的相关(尽管当评定者效应被分离以后，两者之间的相关降低)。研究者认为，任务绩效和关系绩效之间存在的相关与党政机关具体的工作特点有关：在党政机关中，评价任务绩效和评价关系绩效相对更难分离。基层党政领导干部较难在日常工作中将两者分开。处理事务的成效常常需要以个人建立和维护良好的口碑和关系的努力作为铺垫。例如，同样的一件可能并不复杂的事务，不同的基层干部处理的结果可能会存在天壤之别。在基层党政领导干部中，相对而言，关系绩效可能更为重要。

最近西方研究者提出社会分析理论(socioanalytic theory)来分析组织中个体的行为(Hogan et al.，1996；Hogan and Holland，2003)。研究者认为，个体在科层结构组织中存在两种需求：与他人和谐相处(getting along)和超越他人(getting ahead)。不能与他人很好相处或者不能在组织中获得一定地位的个体的生存几率将降低。如果从这个角度去看个体在组织中提高工作绩效的努力，可以推论，与他人和谐相处的需要和超越他人的需要可以解释关系绩效和任务绩效的区分和联系。文献回顾中已经提到，近年来对工作绩效的“非任务绩效”研究热潮中出现了多个概念，其中包括“组织公民行为”(组织公民绩效)、“组织亲社会行为”“关系绩效”等，这些概念在内涵上存在很大的重叠(LePine et al.，2001)。但是这个研究使用“关系绩效”而不是“组织公民行为”或“公民绩效”的概念，原因在于，对基层党政组织工作特点的分析使得研究者难以做出基层党政领导干部的概念相关行为是否符合组织公民行为界定的概念内涵。组织公民行为最初的界定是基于较高的工作满意度的那些对整体组织运作过程有利的，但“不被正式奖惩的”

“自发的”个人职责范围以外的活动和行为(Bateman and Organ，1983)。但是，基层党政领导干部的这些行为并不能被认为是具有“自发的”“不被正式奖励的”这两个特征。尽管党政干部的一些非个人职责范围的行为和活动表面上可能与组织公民行为概念相关，但是从动机上，很难保证个体从事这些行为活动是“自发的”；从结果上，无法判断是否会“不被正式奖惩”。例如，对上级领导表示尊重和礼貌，很难判断是否是自发的，也不能说这种行为不会被正式奖励。尽管研究者对“组织公民行为”的定义在后来进行了调整，“对维护和增强任务过程有关的社会心理环境/氛围有利的行为”(Organ，1997)，使得组织公民行为的定义与关系绩效非常相似。但是正如Motowidlo(2000)指出那样，使用哪种概念标定可能还取决于研究者个人的判断，这样，从概念表面内容上，结合前面研究的结果，使用“关系绩效”可能更为恰当。

为完整分析实践智力与工作绩效的关系，研究者还使用本土化人格测量工具——中国人人格量表，探索人格特质与工作绩效的关系。人格是一种“稳定、内在的”的个体差异。人格特质对工作绩效的预测效度得到研究者的广泛关注。近年来在西方人格研究领域出现的大五人格理论，使得基于“统一语言”的研究成为可能。基于大五人格模型的人格与工作绩效关系的元分析研究证实了人格特质对于工作绩效的预测效度(Barrick and Mount，1991；Hurtz and Donovan，2000)。

由于中国人人格结构与西方大五人格结构存在系统性的差异(王登峰和崔红，2005)，因此在这个研究中使用基于中国人人格结构的测量工具来对人格特质与工作绩效的关系模式进行分析和讨论。此外，对于使用较大的人格维度还是较窄的人格特质(层面)对工作绩效预测更为有效，研究者还存在较大的争议(Paunonen and Ashton，2001；Schneider et al.，1996；Viswesvaran et al.，1996)，因此这个研究在小因素水平上也进行了数据分析。研究结果发现：一些大七人格特质能够显著地预测基层党政领导干部的任务绩效和关系绩效。这些能够显著预测工作绩效不同侧面的人格特质是：在人格维度水平上，善良、才干、行事风格和情绪性；在人格小因素水平上，包括重感情、决断、机敏和耐性。在中国人人格结构中，才干反映的是个体的能力和对待工作任务的态度，包括决断、坚韧和机敏三个小因素。才干维度上得分较高的个体能够更有效地完成工作任务，更有效地营造氛围、协调关系等，才干能够有效地预测任务绩效和关系绩效。在小因素水平上的分析显示决断和机敏分别显著地预测任务绩效和关系绩效。人格维度善良反映中国文化中“好人”的总体特点，包括对人真诚、宽容、关心他人，以及诚信、正直和重视感情生活等内在品质，这种品质中又包含利他、诚信和重感情三个小因素。善良维度上得分较高的个体，可能相对在行事中更多考虑他人的感受和人际关系的维持。善良维度与任务绩效呈负向关系，而与关系绩效呈正向关系。在二级小因素水平上的数据结果显示，重感情与任务绩效成负向关系，表示重感情对任务绩效评价不利。此外，与预期不同，人格维度行事风格与任务绩效的路径系数不显著，但与关系绩效显著。行事风格反映个体的行事方式和态度，包括严谨、自我克制、安分、合作、沉稳等特点。行事风格一般被认为与大五人格特质“公正严谨性”相对应，但两者内涵存在很大的区别。例如，行事风格缺少“成就取向”这个层面的内容。数据分析结果显示行事风格与关系绩效呈现负向关系，原因可能是基层党政领导干部的行事风格维度上的得分普遍高于一般被试群，而在这个偏高的分布中，个体在“严谨”“沉稳”“自制”更高的倾向可能造成“刻板”“不近人情”的形象而不利于个体的关系绩效。大七人格维度中的情绪性反映的是个体情绪稳定性特点，包括耐性和爽直两个维度。研究结果显示情绪性能够显著地预测关系绩效。在小因素水平上，耐性能够显著预测关系绩效。耐性是指情绪控制能力和情绪表现特点：高分反映情绪稳定、平和，能够控制自己的情绪；低分反映情绪急躁、冲动、冒失、容易发脾气和难以控制情绪(王登峰和崔红，2004)。耐性高的党政干部可能在人际互动等过程中能够较好地控制和调整自己的情绪表现，因而能够获得较高的关系绩效评价。

人格特质与工作绩效关系模式可能因文化背景、职业类型的不同而发生变化。对基层党政领导干部的人格与工作绩效关系的研究，描绘了在基层党政机关能够获得较高绩效评价的个体的人格特点的图谱：能够获得较高的任务绩效评价的基层党政领导干部是那些利益取向高于情感取向、处事果断的个体；能够获得较高关系绩效评价的是那些为人机敏，且有耐性的个体。可以看到，中国基层政府的绩效影响因素与西方研究结论存在很大的不同。西方元分析研究的结果存在一些争议，但在公正严谨性上得到比较一致的共识(Stwart，1999)。由于东西方人格结构存在系统性的差异，大五人格结构中公正严谨性分散到中国人人格结构的各个维度(Wang et al.，2005)，因此难以将这个研究结果直接与西方大量的相关研究进行比较。

研究的重心仍然是对实践智力的探讨，包括实践智力量表的编制及其测量指标的分析。实践智力是斯滕伯格(Sternberg，2000a，2000b)提出的智力概念。实践智力是个体“适应、选择或塑造环境以达成个体关注目标的能力”。这个概念相当宽泛，斯滕伯格还从多个角度界定和阐述实践智力。例如，斯滕伯格曾指出，实践智力是具有领域特异性的“常识”(domain-specific common sense)、“……知道对谁说，什么时候说、如何说最有利”等。

斯滕伯格对实践智力概念的提出丝毫不使人惊奇。一直以来，对于已经存在广泛市场的传统智力测验以及建立在传统智力测验数据分析基础上的一般智力因素理论，斯滕伯格持强烈的反对态度(Sternberg and Wagner，1993；Sternberg et al.，1995；Sternberg，2000a，2000b)。斯滕伯格认为，传统的智力测验测量的主要是在学业领域赖以成功的智能因素，因此建立在此数据分析基础之上的一般智力因素理论(Carroll，1993；Jesen，1998)，并没有包括个体在广泛领域成功的智能要素，一般智力因素的“一般”无从谈起。斯滕伯格和他领导的研究组进行了大量的实证研究，包括内隐智力理论的研究、特殊文化和族裔与适应能力相关的智能因素的研究、陆军基层军官领导能力的研究(Sternberg，2000a，2000b；Sternberg et al. 1995，2005)、美国高等教育机构标准化考试中加入实践智力和创造智力作为公平选拔指标的研究(“Rainbow Project”)(Sternberg et al.，2005)。通过一系列研究，斯滕伯格认为，实践智力是一个没有被一般智力因素所包含的智力概念，并且，它能够有效地预测多个领域的成就指标。

实践智力的概念符合人们对于智力的朴素观念。人们经常观察到，在某个领域表现较好、成就较高的个体在另一个领域可能会表现出较低的成就表现。具体的，因为研究发现智力测验与学业成绩之间的相关非常高，但学业成绩对各领域成就指标的预测效力是有限的。Wagner(1987)对这种现象的描述非常形象，学业成绩高是“book smart”，但它不能预测“street smart”“selling smart”等。甚至在美国心理学家群体中进行的一项研究表明(Sternberg et al.，2000)，学业成绩表现对他们在职业领域成功指标的预测是有限的，这些指标包括获取经费数目、在业界的口碑等。

实践智力的概念与中国文化下某些概念和观点存在一定程度上的暗合。传统中国文化和特有的科举制度使得人们非常推崇读书治学，但同时又存在大量的民谚、俗语以及一些学者的言论批评“书生习气”，认为“腐儒”不一定能够在行政管理领域(官场)获得成功。传统文化中的一些术语，如“经术”“经世致用之学”等在内涵上可能与实践智力有一些联系。在古代中国，通过科举获得政府职位的个体很多都不能有效地处理行政事务，他们雇佣经验丰富的“师爷”作为自己的参谋，甚至让他们全面代管日常事务。中国民谚，如“世事洞察皆学问，人情练达即文章”也体现了这种倾向。但中国学者并没有对这些思想做出系统的整理和阐述，反而认为这些内容是“庸俗关系学”而加以贬斥。而在中国文化下，个人在多个领域的成功可能需要“超越 IQ”的智能因素。中国文化的这些特点引起了一些学者的关注。例如，黄光国(2004)论述了大量的关于“面子”和“人情”的游戏法则和社会智慧。在中国社会中如果缺少最基本的“常识”，个体的发展可能会受到很多阻碍。

解决问题需要个体灵活地处理，需要个体较多的智能的卷入，因为在很多情形下都缺乏规则，或者不能依照规则。因此，实践智力，而不是一般的“学术智力”，可能是解决这些问题更为重要的认知变量类影响因素。

根据斯滕伯格提出的实践智力理论及其测量方法，这个研究对基层党政领导干部的实践智力进行了探讨，编制了基层党政领导干部的实践智力量表，并验证了这个量表的测量学指标。研究还探讨了实践智力与不同工作绩效层面的关系模式，结果发现，实践智力指标能够显著地预测基层党政领导干部的任务绩效和关系绩效。

由于各个领域下内隐知识相关问题情境可能存在很大的不同，对内隐知识的测量不能直接套用西方成形的量表(如斯滕伯格编制的三元智力测验中的实践智力测验)，而应该在该文化或群体中收集一手资料的基础上，按照规定的程序，独立地编制测量工具。因此，对基层党政领导干部实践智力量表的编制按照斯滕伯格(Sternberg，2000a)建议的方式进行：首先在基层党政领导干部中进行广泛的访谈，收集内隐知识条目；其次通过定性分析和定量分析挑选条目形成量表；最后通过对量表的施测来检验实践智力量表的信度和效度。结果显示，实践智力量表具有较好的信度和效度指标，可以作为后续研究的可靠工具。

对实践智力与任务绩效和关系绩效的关系模型研究结果显示，实践智力对基层干部的任务绩效和关系绩效存在程度接近的相关。但 Motowidlo 和 van Scotter(1994)曾指出能力类变量对任务绩效的预测应高于对关系绩效的预测。这种不一致可能不仅是由于在党政干部群体中，任务绩效和关系绩效之间存在较高的相关；而且还与实践智力的概念、内涵和测量有关：实践智力是个体适应环境以达成个人目标的能力，因此不仅任务绩效可能受到实践智力的影响，关系绩效的高低也与实践智力有关，这一点与其他研究者得到的结果是相似的，斯滕伯格(Sternberg，2000a，2000b)等发现实践智力能够有效预测事务处理绩效和人际协调绩效评价。

总结而言，这个研究试图探讨在中国文化下，基层政府组织中的党政干部的人格特质(基于大七人格结构)、实践智力与工作绩效的关系模型。这个研究问题具有较强的理论意义，并且对基层公共管理组织的人事管理实践具有一定的参考价值。这个研究建立了本土化的基层党政领导干部工作绩效和实践智力模型。这个研究从第一手材料收集出发，在对应的现象/行为范畴取样分析，探索和建立了基于基层党政组织特点的工作绩效模型和实践智力测量工具，为后续的研究打下了基础。其次，这个研究第一次使用完全本土化的工具分析了人格特质、实践智力与工作绩效的关系。使用完全本土化的工具，能够避免概念强植引入带来的“强制一致性”的错误(Berry，1989)，这样使得研究结论能够反映该文化下关注问题的内在特点和规律。最后，这个研究填补了国内在公共管理领域个体差异变量与工作绩效研究方面的空白。个体差异类变量与工作绩效的关系是国外工业组织心理学研究的热点之一，但国内在此方面的学术研究较少。同时，由于中国与西方存在巨大的文化差异，西方关于个体差异与工作绩效关系的研究对我国实践管理领域的指导和参照意义有限。并且，由于中国政府组织与西方政府组织在管理模式上存在很大的差异，因此对于党政干部工作绩效的研究显得尤为重要。

这个研究探讨了中国基层党政机关中的人格特质、实践智力与工作绩效的关系模型。各个部分的研究分别验证了基层党政领导干部的工作绩效模型，编制了实践智力测量工具，并且探讨了大七人格特质、实践智力与工作绩效的两个层面，任务绩效和关系绩效的关系模式。综合数据分析结果，研究结论如下：①基层党政领导干部的工作绩效行为符合任务绩效、关系绩效的两维度结构；②基层党政领导干部的任务绩效和关系绩效两个维度之间存在一定程度的相关；③基层党政领导干部任务绩效和关系绩效之间的相关受到评价者因素的影响，当评价源效应分离以后，两者的相关减小到较弱的水平；④中国人大七人格结构中的人格维度才干和善良能够显著地预测基层党政领导干部的任务绩效；⑤中国人大七人格结构中的人格维度行事风格和情绪性能够显著地预测基层党政领导干部的关系绩效；⑥中国人大七人格结构中的人格小因素决断和重感情能够显著地预测基层党政领导干部的任务绩效；⑦中国人大七人格结构中的人格小因素机敏和耐性能够显著地预测基层党政领导干部的关系绩效；⑧实践智力指标，即实践智力量表成绩能够显著地预测基层党政领导干部的任务绩效和关系绩效。

当前学术领域对工作绩效研究的大部分注意力集中在盈利组织中，对于非盈利性的政府组织和非政府组织关注很少。但是，在当前中国现实生活中，在经济生活领域，政府活动对现代化进程是至关重要的，因为政府不仅起到监督管理的作用，而且在很长一段时间内，在一定程度上将继续引领和推动各产业的发展；同时，相当大一部分盈利组织(如国有企业)的管理模式也受到政府组织的强烈影响。在我国政府人事管理工作中，长期以来形成了一套选拔、培训、晋升的制度，这套制度是长期行政经验的沉淀。但是快速变化的环境对传统人事管理制度提出了挑战。由于国外公共管理体制与我国现实运行的体制差异非常大，因此很难直接引进国外的管理模式。这样，需要在工作分析、人职匹配等人力规划和管理方面，深入调查研究，获得可靠的数据并提出合理的模型，才可能为提高政府人事管理效能提出有效的建议。研究政府组织中个体工作绩效的前提变量有重要的理论意义和实用意义。

在西方工业组织心理学领域，研究者开始确证了一些具有一定效度的、可用于人事选拔的测量工具，包括认知能力类变量和非认知能力类变量(Borman and Motowidlo，1997；Hough and Dswald，2000)。学术研究的结果可能为相关决策提供重要的参考信息。对应于当前公共管理领域中人员考核和选拔的需要，这个研究结果表明实践智力和人格特质能够显著预测基层党政干部的绩效，因此可能为中国基层党政机关的人事管理提供参考。

目前对于公共管理部门人事管理改革的呼声很高。党的十三大提出建立国家公务员制度，十四大提出尽快推进国家公务员制度，十六大提出健全公务员制度，到目前为止，我国的政府组织基本上建立了一套基于公务员考试的公务员选拔录用制度。2002 年，中共中央颁布了《党政领导干部选拔任用工作条例》，正式将公开选拔、竞争上岗作为党政领导干部选拔任用的方式之一。2003 年，人事部和中央组织部修改下发《党政机关竞争上岗工作暂行规定》，准备将全国县以上各级政府工作部门全部推行竞争上岗。公开选拔、竞争上岗，是中国政府组织人事制度的重大进步。但同时必须重视的是，某种政策/体制的实现形式可能与它的动机出发点一样重要。在"公平""透明"的人事制度的旗帜下，各种具体运作过程对最大效能地发挥这些政策的优势至关重要。在多种影响运作效力的因素中，测评工具的有效性是很关键的一个方面。

中国古代社会已经开始了从全社会选拔公共管理人员的尝试。汉代实行"举荐制"，魏晋的"九品中正制"以及隋唐以后逐渐完善的"科举制"，在某种意义上，都是我们的祖先试图优化政府人力资源配置开创性努力的表现。其中，实施时间最长、相对最为完善、同时也是最具世界影响力的，就是"科举制"，通过考试的方法选拔人才。这种方法被西方一些思想家盛赞。科举通常对全社会开放(通常准入的条件比较低，故言)，参加者平等竞争，在这种意义上也是一种"公开"和"竞争"的制度。这种制度运行了一千多年后被废止，并且遭到批评，被认为是一种无效的选拔制度。很多学者认为，"科举制"最重要的弊端不在于考试这种形式，而在于内容与现实的脱离。没有任何证据表明个体对理学家注解的儒教经典(明清时期的考试内容)的知识掌握(后期主要通过八股文表述)与个体行政管理能力之间存在某种关联。用心理测量的术语，科举制的"测验"没有效度指标。

在清王朝崩溃以前，"私塾-科举制"就遭到强烈的批评，并被西方学校制度所取代。辛亥革命以后，孙中山根据当时西方的三权分立理论，提出了中国的五权分立体系，其中将"考试"纳入并列的五个分权体系之一。孙中山认为，考试的形式是选拔社会精英进入政府的有效手段。但如 Stavrianos 评论的那样，"1911 年在中国试图建立的美国共和政体的仿制品，真是荒唐可笑。……因为它在中国的历史、传统、政治经历、制度、天性、信仰、观念和习惯中毫无根基。它是外国的、空洞的、是附加在中国之上的。它随着时间的推移很快就被除去。它不代表政治思想，只是政治思想的一幅粗糙的、幼稚的、小学生的漫画……失败的不是这种理想，而是一代人……"孙中山的设想在当时没有能够推行。

以史为鉴，在政府组织的人力资源管理中，需要预测效度较高的测评工具，完善测评工具必须进行有关变量基础理论的研究。这个研究从当前比较前沿的理论概念出发，探讨个体差异变量群中的人格特质和实践智力与工作绩效的关系，研究结果证实了实践智力和一些人格特质可以有效地预测基层党政领导干部工作绩效的不同层面。

不可否认，这个研究在研究设计和实施中存在一些难以避免的困难：①目前可供这个研究借鉴和参考的对公共管理部门中组织行为的学术研究较少；②缺乏党政干部工作类型分类体系和标准，由于工作类型的不同，基层党政领导干部的工作绩效以及与相关个体影响变量的关系可能存在某些差异；③由于实际操作的困难，研究最终得到的被试样本数量和分布都比较有限。因此，未来的研究将锚定在两个方面，即一方面将扩大样本，在被试数量、地域分布以及其他人口统计量上的分布使样本更加具有普遍性，同时大规模、多层级地研究探讨党政干部内隐知识的内在结构，并同时优化内隐知识量表，描述不同层级、不同工作性质的党政干部实践智力的特点(正在进行中)；另一方面将在中国人大七人格结构的基础上，探索和优化提高人格测量预测效度的测量方式。

最后需要指出的是，从测量的内容上看，实践智力的一部分内容似乎是一种“世故”“圆滑”行为能力表现。例如，在其他单位违规时不直接处理而是虚与委蛇，即使损失工作效果也要迎合领导、努力维护本部门利益来维护个人地位，即使这样做会损失整体权益等。但智力这个概念本身就是无关价值和道德的，人类智能既可能被用来创造伟大的工程奇迹和发明，也可能被用以制造各类大规模杀伤性武器。智力是一个个体层面的变量，是个人解决问题的能力，在这个研究中从基层政府组织实践智力的测量只是从现实情形出发，分析影响个人工作产出和成就的能力因素，并没有从道德和价值方面做出任何的假设，因为做出任何假设可能得到的就不是纯粹的“实然”的能力结构，而可能是停留在理想层面的“应然”的能力结构。当然，毫无疑问的是，从政府组织增进民生福祉和维护公平正义的目标出发，组织内部个人的“聪明”行为可能会阻碍组织目标的实现，但这个问题是很难在个体层面予以解决的。传统思维的惯例使人们常常将问题解决的视线投向道德层面，正如中国儒家理论在实践上的一个弱点可能就是过于强调基于个人伦理价值的教化与维护，而没有更多地从系统制度设计层面来保障这些主张。从测量内容上看，实践智力也许揭示的是个体在组织显示中运行的规则架构体系下实现个人利益最大化的能力结构，而组织现实运行的这些规则体系显然是通常会超越个体的能力影响之外的。从这个意义上看，苛责实践智力测度的内容是不公平的。其实，在斯滕伯格编制的美国陆军军官实践智力的测量中，也包括诸如此类“圆通”“世故”的内容。但如果从实践智力这个概念“智力”的属性而不是评价意义看过去，其实是不难理解的，也许这样的内容才更符合“实践智力”标签的含义。

总结而言，通过对实践智力的系统分析研究，我们探索了实践智力问卷在基层政府组织中成为一项人才测评工具的可能性和应用潜力。目前的研究结果表明基层政府组织实践智力量表具有较好的测量指标，并且与基层党政干部的工作绩效之间存在显著的相关。这些研究结果为实践智力量表在政府组织中的应用提供了实证数据支持。我们可以看到，实践智力测量可能是既具有较好的表面效度，又能有效地预测工作绩效，并且能够进行标准化施测的很好的测评工具，在处于不断积极变革之中的各级政府组织中，有很好的应用空间，为优化人才测评起到积极的作用。

参考文献

崔红 . 2003. 中国人人格的词汇学研究和形容词评定量表的建立 . 北京大学博士学位论文

樊景立，郑伯壎 . 2000. 华人组织的家长是领导：一项文化观点的分析 . 本土心理学研究，13：1～56

甘怡群，张妙清，宛小昂，等 . 2002. 用中国人个性量表(CPAI)预测国有企业中高层管理者的绩效 . 应用心理学，8：35～39

郭志刚 . 1999. 社会统计分析方法 . 北京：中国人民大学出版社

侯杰泰，温忠麟，成子娟 . 2004. 结构方程模型及其应用 . 北京：教育科学出版社

侯玉波，朱滢 . 2002. 文化对中国人思维方式的影响 . 心理学报，34(1)：106～111

黄光国 . 2004. 面子：中国人的权力游戏 . 北京：中国人民大学出版社

李靖 . 2003. 企业管理者的个人特征与工作绩效的关系研究 . 北京大学博士学位论文

刘亚林，刘一凡 . 2004. 平衡计分卡在公共部门管理中的运用 . 人力资源，(6)：52～53

梁觉，吴培冠 . 1998."和"在管理中的双刃剑角色 . 见：郑伯壎，黄国隆，郭建志 . 海峡两岸之人力资源管理 . 台北：远流出版社

梁均平 . 1998. 企业组织中的"圈子文化"：关于组织文化的一种假说 . 经济科学，(5)：12～17

王登峰，崔红 . 2000. 文化、语言、人格结构 . 北京大学学报(人文社科版)，37：38～46

王登峰，崔红 . 2001. 编制中国人人格量表(QZPS)的理论构想 . 北京大学学报(人文社科版)，38：48～56

王登峰，崔红 . 2003a. 东西方人格结构的理论和实证比较 . 北京大学学报(人文社科版)，40(5)：109～120

王登峰，崔红 . 2003b. 中国人人格量表(QZPS)的编制过程和初步结果 . 心理学报，35：127～136

王登峰，崔红 . 2004. 中国人人格量表的信度和效度 . 心理学报，36：347～358

王登峰，崔红 . 2005. 对中国人人格结构的探索——中国人个性量表与中国人人格量表的交互验证 . 西南师范大学学报(人文社会科学版)，31(5)：5～16

王辉，李晓轩，罗胜强 . 2003. 任务绩效和情境绩效二因素绩效模型的验证 . 中国管理科学，11(4)：79～83

肖玮，苗丹民，王京生，等 . 2002. 飞行学员情绪稳定性与工作绩效的关系研究 . 中国行为医学科学，11(1)：59～63

Anderson J R. 1983. The Architecture of Cognition. Cambridge：Harvard University Press

Arthur R J. 2002. Intelligence testing and minority students：foundations，performance factors，and assessment issues. Intelligence，30：216～223

Arvey R D，Murphy K R. 1998. Performance evaluation in work settings. Annual Review of Psychology，49：141～168

Ashton M C. 1998. Personality and job performance：the importance of narrow traits. Journal of Organizational Behavior，19：289～303

Barrick M R，Mount M K. 1991. The big five personality dimensions and job performance：a meta-analysis. Personnel Psychology，44：1～26

Barrick M R, Mount M K. 1995. The personal characteristic inventory manual. Unpublished manuscript, University of Iowa

Barrick M R, Mount M K, Judge T A. 2001. Personality and performance at the beginning of the new millennium: what do we know and where do we go next? International Journal of Selection and Assessment, 9: 9～30

Barrick M R, Stewart G L, Piotrowski M. 2002. Personality and job performance: test of the mediating effects of motivation among sales representatives. Journal of Applied Psychology, 87: 43～51

Bateman T S, Organ D W. 1983. Job satisfaction and the good soldier: the relationship between affect and employee "citizenship". Academy of Management, 26: 587～595

Beaty J C, Cleveland J N, Murphy K R. 2001. The relation between personality and contexutal performance in "strong" versus "weak" situations. Human Performance, 14: 125～148

Behling O. 1998. Employee selection: will intelligence and conscientiousness do the job? Academy of Management Executive, 12: 77～86

Behn R D. 2003. Why measure performance? Different purposes require different measures. Public Administration Review, 63(5): 586～606

Berry J W. 1984. Towards a Universal Psychology of Cognitive Competence: Changing Conceptions of Intelligence and Intellectual Functioning. Amsterdam: North-Holland

Berry J W. 1989. Imposed etics-emics-derived etics: the operationalization of a compelling idea. International Journal of Psychology, 24(6): 721～735

Berry J W. 1990. Imposed etics, emics, and derived etics: their conceptual and operational tatus in cross-cultural psychology. *In*: Headland T N, Pike K L, Harris M. Emics and Etics: The Insider/Outsider Debate. Newbury Park: Sage

Boblo P, Roth P L, Potosky D. 1999. Derivation and implications of a meta-analytic matrix incorporating cognitive ability, alternative predictors, and job performance. Personnel Psychology, 52(3): 561～589

Bommer W H, Johnson J L, Rich G A, et al. 1995. On the interchangeability of objective and subjective measures of employee performance: a meta-analysis. Personnel Psychology, 48: 587～605

Borman W C, Hanson M A, Hedge J W. 1997. Personnel selection. Annual Review of Psychology, 48: 299～337

Borman W C, Hanson M A, Oppler S H, et al. 1993. Role of early supervisory experience in supervisory performance. Journal of Applied Psychology, 78: 443～449

Borman W C, Motowidlo S J. 1997. Task performance and contextual performance: the meaning for personnel selection research. Human Performance, 10: 99～109

Boudreau J W, Boswell W R, Judge T A. 2001. Personality and cognitive ability as predictors of job search among employed managers. Personnel Psychology, 54(1): 25～50

Bowman J S. 2000. Performance appraisal: verisimilitude trumps veracity. Public Personnel

Management，28(4)：557～576

Caldwell D F，Burger J M. 1998. Personality characteristics of job applicants and success in screening interviews. Personnel Psychology，51(1)：119～136

Caligiuri P M. 2000. The big five personality characteristics as predictors of expatriate's desire to terminate the assignment and supervisor-rated performance. Personnel Psychology，53(1)：67～88

Campbell D T，Fiske D W. 1959. Convergent and discriminant validation by the multitrait-multimethod matrix. Psychological Bulletin，56(2)：81

Campbell J P. 1990. Modeling job performance in a population of jobs. Personnel Psychology，43(2)：313～333

Campbell J P，Ford P，Rumsey M G，et al. 1990. Development of multiple job performance measures in a representative sample of jobs. Personnel Psychology，43(2)：278～300

Cantor N，Kihlstrom J. 2000. Social intelligence. *In*：Sternberg R J. Handbook of Intelligence. New York：Cambridge University Press

Carroll J B. 1993. Human Cognitive Abilities：A Survey of Factor-Analytic Studies. New York：Cambridge University Press

Cattell R B. 1945. The description of personality principles and findings in a factor analysis. Amenrican Journal of Psychology，58：69～90

Cederblom D，Pemerl D E. 2002. From performance appraisal to performance management：one agency's experience. Public Personnel Management，31(2)：131～140

Cheung G W，Rensvold R B. 2000. Assessing extreme and acquiescence response sets in cross-cultural research using structural equations modeling. Journal of Cross-Cultural Psychology，31(2)：187～212

Cipolla F P. 1996. Human resource management in the federal government：a retrospective. The Public Manager，25(1)：17～19

Cleveland J N，Murphy K R，Williams R E. 1989. Multiple uses of performance appraisal：prevalence and correlates. Journal of Applied Psychology ，74 ：130～135

Coleman V I，Borman W C. 2000. Investigating the underlying structure of the citizenship performance domain. Human Resource Management Review，10：25～44

Conway J M. 1996. Analysis and design of multitrait-multirater performance appraisal studies. Journal of Management，22：139～162

Conway J M. 1999. Distinguishing contextual performance from task performance for managerial jobs. Journal of Applied Psychology，84：3～13

Conway J M，Huffcutt A I. 1997. Psychometric properties of multi-source performance ratings：a meta-analysis of subordinate，supervisor，peer and self-ratings. Human Performance，10：331～360

Dalton M，Wilson M. 2000. The relationship of the five-factor model of personality to job performance for a group of middle eastern expatriate managers. Journal of Cross-Cultural Psychology，31(2)：250～258

Digman J M. 1990. Personality structure：emergence of the five-factor model. Annual Review of Psychology，41：417～440

Facteau J D，Craig S B. 2001. Are performance appraisal ratings from different rating source comparable? Journal of Applied Psychology，86(2)：215～227

Farh J L，Earley P C，Lin S C. 1997. Impetus for action：a cultural analysis of justice and organizational citizenship behavior in Chinese society. Administrative Science Quarterly，42：421～444

Farh J L，Zhong C B，Organ D W. 2004. Organizational citizenship behavior in the People's Republic of China. Organizational Science，15(2)：241～253

Feist J，Feist G. 2002. Theories of Personality (5th ed.). New York：McGraw Hill Press

Fiedler F E. 1995. Cognitive resources and leadership performance. Applied Psychology：An International Review，44：5～28

Fischer G H，Molenaar I. 1995. Rasch Models：Foundations，Recent Developments，and Applications. New York：Springer-Verlag

Fiske D W. 1949. Consistency of the factorial structures of personality ratings from different sources. Journal of Abnormal and Social Psychology，44：329～344

Flanagan J C. 1954. The critical incident technique. Psychological Bulletin，51：327～358

Fletcher C. 2001. Performance appraisal and management：the developing research agenda. Journal of Occupational and Organizational Psychology，74：473～487

Fox S，Spector P E. 2000. Relations of emotional intelligence，practical intelligence，general intelligence，and trait affectivity with interview outcomes：it's not all just "G". Journal of Organizational Behavior，21：203～220

Gellatly I R. 1996. Conscientiousness and task performance：test of cognitive process model. Journal of Applied Psychology，81：474～482

George R A，Brief A P. 1992. Feeling good doing good：a conceptual analysis of the mood at work-organizational spontaneity relationship. Psychological Bulletin，112(2)：310～329

Glending P M. 2002. Performance management：pariah or messiah. Public Personnel Mangement，31(2)：161～178

Goffin R D，Johnston N G. 1996. Personality testing and the assessment center：incremental validity for managerial selection. Journal of Applied Psychology，81：746～756

Goldberg L R. 1981. Unconfounding situational attributions from uncertain，neutral，and ambiguous ones：a psychometric analysis of descriptions of oneself and various types of others. Journal of Personality and Social Psychology，41：517～552

Gosling S D，Kwan V S Y，John O P，et al. 2003. A dog's got personality：a cross-species comparative approach to evaluating personality judgments. Journal of Personality and Social Psychology，85：1161～1169

Gottfredson L S. 2003a. Dissection practical intelligence theory：its claims and evidence. Intelligence，

31：343～397

Gottfredson L S. 2003b. On Sternberg's "Reply to Gottfredson". Intelligence，31：415～424

Grifin M A，Neal A，Neale M. 2000. The contribution of task performance and contextual performance to effectiveness：investigating the role of situational constraint. Applied Psychology：An International Review，49(3)：517～533

Grigorenko E L，Gil G，Jarvin L，et al. 2000. Toward a validation of aspects of the theory of successful intelligence. Unpublished manuscript.

Grigorenko E L，Meier E，Lipka J，et al. 2004. Academic and practical intelligence：a case study of the Yup'ik in Alaska. Learning and Individual Differences，14：183～207

Guison R M，Gottier R F. 1965. Validity of personality measures in personnel selection. Personnel Psychology，18：135～164

Hedlund J，Forsythe G B，Horvath J A，et al. 2003. Identifying and assessing tacit knowledge：understanding the practical intelligence of military leaders. The Leadership Quarterly，14(2)：117～140

Hochwarter W A，Witt L A，Kacmar K M. 2000. Perception of organizational politics as a moderator of the relationship between conscientiousness and job performance. Journal of Applied Psychology，85：472～478

Hogan J，Holland B. 2003. Using theory to evaluate personality and job-performance relations：a socioanalytic perspective. Journal of Applied Psychology，88(1)：100～112

Hogan R. 1986. Manual for Hogan Personality Inventory. Minneapolis：National Computer Systems Inc

Hogan R，Hogan J，Roberts B W. 1996. Personality measurement and employment decision：questions and answers. American Psychologist，51：465～477

Hough L M. 1997. The millennium for personality psychology：new horizons or good old daze. Applied Psychology：An International Review，47：233～261

Hough L M，Dswald F L. 2000. Personnel selection：looking toward the future remembering the past. Annual Review of Psychology，51：631～664

House R J，Hanges P，Ruiz-Quintanilla S A. 2004. GLOBE：the global leadership and organizational behavior effectiveness research program. Polish Psychological Bulletin，28(3)：215～254

Hunt S. 1996. Generic work behavior：an investigation into the dimensions of entry-level，hourly job performance. Personnel Psychology，49(1)：51～83

Hunter J E. 1986. Cognitive ability，cognitive aptitudes，job knowledge，and job performance. Journal of Vocational Behavior，29：340～362

Hunter J E，Hunter R F. 1984. Validity and utility of alternative predictors of job performance. Psychological Bulletin，96：72～98

Hunter J E，Schmidt F L. 1996. Intelligence and job performance：economic and social implication. Psychology，Public Policy，and Law，2：447～472

Hurtz G M，Donovan J J. 2000. Personality and job performance：the big five revisited. Journal of Applied Psychology, 85: 869～879

Jensen A R. 1998. The G Factor: The Science of Mental Ability. New York: Praeger

Johnson J W. 2001. The relative importance of task and contextual performance dimensions to supervisor judgments of overall performance. Journal of Applied Psychology, 86: 984～996

Judge T A, Bono J E. 2000. Five-factor model of personality and transformational leadership. Journal of Applied Psychology, 85: 751～765

Judge T A, Bono J E. 2001. Relationship of core self-evaluations traits-self-esteem, generalized self-efficacy, locus of control and emotional stability-with job satisfaction and job performance: a meta-analysis. Journal of Applied Psychology, 86: 80～92

Judge T A, Higgins C A, Thoresen C J, et al. The big five personality traits, general mental ability and career success across the life span. Personnel Psychology, 52(3): 621～652

Judge T A, Ilies R. 2002. Relationship of personality to performance motivation: a meta-analytic review. Journal of Applied Psychology, 87: 797～807

Katz D, Kahn R L. 1978. The Social Psychology of Organizations. New York: Wiley

Katz R L. 1974. Skills of an effective administrator. Harvard Business Review, 52(5): 92～102

Kickul J, Neuman G. 2000. Emergent leadership behaviors: the function of personality and cognitive ability in determining teamwork performance and KSAO. Journal of Business and Psychology, 15(1): 28～51

Kiler D S, Motowidlo S J. 1999. Main and interaction effects of task and contextual performance on supervisory reward decisions. Journal of Applied Psychology, 84: 602～609

Law K S, Wong C S, Mobley W M, et al. 1998. Toward a taxonomy of multidimensional constructs. Academy of Management Review, 23: 741～755

Lee C. 1985. Increasing performance appraisal effectiveness: matching task types, appraisal process and rater training. Academy of Management Review, 10: 322～331

Lefkowitz J. 2000. The role of interpersonal affective regard in supervisory performance ratings: a literature review and proposed causal model. Journal of Occupational and Organizational Psychology, 73: 67～85

Legree P J. 1995. Evidence for an oblique social intelligence factor established with a Likert-based testing procedure. Intelligence, 21: 247～266

LePine J A, Dyne L V. 2001. Voice and cooperative behavior as contrasting forms of contextual performance: evidence of differential relationships with big five personality characteristics and cognitive ability. Journal of Applied Psychology, 86: 326～336

LePine J A, Hanson M A, Borman W C, et al. 2001. Contextual performance and teamwork: implications for staffing. *In*: Ferris G R, Rowland K M. Research in Personnel and Human Resources Management. Stanford: JAI Press

Leung K, Bond M H. 2004. Social axioms: a model for social beliefs in multicultural perspective. Advances in Experimental Social Psychology, 36: 119～197

Mani B G. 2002. Performance appraisal systems, productivity, and motivation: a case study.

Public Personnel Management，31(2)：141～159
Maurer T J，Raju N S，Collins W S. 1998. Peer and subordinate performance appraisal measurement equivalence. Journal of Applied Psychology，83(5)：693～702
McClelland D C. 1973. Testing for competence rather than for intelligence. American Psychologist，28：1～14
McCloy R A，Campbell J P，Cudeck R. 1994. A confirmatory test of a model of performance determinants. Journal of Applied Psychology，79(4)：493～505
McCrae R R，Costa P T Jr. 1989. Reinterpreting the myers-briggs type indicator from the perspective of the five-factor model of personality. Journal of Personality，57(1)：17～40
McCrae R R，Costa P T Jr. 1997. Personality traits structure as a human universal. American Psychologist，52：509～516
McCrae R R，Costa P T Jr，Del Pilar G H，et al. 1998. Cross-cultural assessment of the five-factor model. Journal of Cross-Cultural Psychology，29：171～188
McDaniel M A，Morgeson F P，Finnegan E B，et al. 2001. Use of situational judgment test to predict job performance：a clarification of the literature. Journal of Applied Psychology，86：730～740
Meade A W. 2004. Psychometric problems and issues involved with creating and using ipsative measures for selection. Journal of Occupational and Organizational Psychology，77：531～552
Messick S. 1995. Validity of psychological assessment：validation of inferences from persons' responses and performances as scientific inquiry into score meaning. American Psychologist，50：741～750
Miele F. 1995. Skeptic magazine interview with Robert Sternberg on The Bell Curve. Skeptic，3：72～80
Motowidlo S J. 2000. Some basic issues related to contextual performance and organizational citizenship behavior in human resource management. Human Resource Management Review，10：85～97
Motowidlo S J，Borman W C，Schmit M J. 1997. A theory of individual differences in task and contextual performance. Human Performance，10：71～83
Motowidlo S J，Dunnette M D，Carter G W. 1990. An alternative selection procedure：the low-fidelity simulation. Journal of Applied Psychology，75：640～647
Motowidlo S J，van Scotter J R. 1994. Evidence that task performance should be distinguished from contextual performance. Journal of Applied Psychology，79：475～480
Mount M K，Barrick M R. 1998. Five reasons why the "big five" article has been frequently cited. Personnel Psychology，51(4)：849～857
Mount M K，Barrick M R，Stewart G L. 1998. Five-factor model of personality and performance in jobs involving interpersonal interactions. Human Performance，11：145～165
Mount M K，Witt L W，Barrick M R. 2000. Incremental validity of empirically keyed bio-data scales over GMA and the five-factor personality constructs. Personnel Psychology，53(2)：

299～323

Murphy K R. 1989. Is the relationship between cognitive ability and job performance stable over time? Human Performance，2：183～200

Murphy K R，Shiarella A H. 1997. Implication of the multidimensional nature of job performance for the validity of selection test：multivariate frameworks for studying test validity. Personnel Psychology，50(4)：823～854

Neisser U. 1976. General，academic，and artificial intelligence. *In*：Resnick L B. The Nature of Intelligence. Hillsdale：Erlbaum

Neisser U，Boodoo G，Bouchard J，et al. 1996. Intelligence：knowns and unknowns. American Psychologist，51：77～101

Nisbett R E，Peng K，Choi I，et al. 2001. Culture and systems of thought：holistic vs. analytic cognition. Psychological Review，108：291～310

Norman W T. 1967. 2800 personality trait descriptors：normative operating characteristics for a university population. Ann Arbor：Department of Psychology，University of Michigan

Nunnally J C，Bernstein I H，Berge J M T. 1967. Psychometric Theory（Vol. 226）. New York：McGraw-Hill

Organ D W. 1988. Organizational Citizenship Behavior：The Good Soldier Syndrome. Lexington：Lexington Books

Organ D W. 1997. Organizational citizenship behavior：it's construct clean-up time. Human Performance，10：85～97

Organ D W，Ryan K. 1995. A meta-analytic review of attitudinal and dispositional predictors of organizational citizenship behavior. Personnel Psychology，48：775～802

Paine J B，Organ D W. 2000. The cultural matrix of organizational citizenship behavior. Human Resource Management Review，10(1)：45～59

Paunonen S V，Ashton M C. 2001. Big five factors and facets and the prediction of behavior. Journal of Personality and Social Psychology，81：524～539

Paunonen S V，Rothstein M G，Jackson D N，et al. 1999. Narrow reasoning about the use of broad personality measures for personnel selection. Journal of Organizational Behavior，20：389～406

Perkins D N，Grotzer T A. 1997. Teaching intelligence. American Psychologist，52：1125～1133

Peter L J，Hull R. 1969. The Peter Principle：Why Things Always Go Wrong. New York：William Morrow and Company

Pike K L. 1967. Tougue-root position in practical phonetics. Phonetica，17：129～140

Ployhart R E，Lim B，Chan K. 2001. Exploring relations between typical and maximal performance ratings and the five factor model of personality. Personnel Psychology，54(4)：4～17

Polanyi M. 1966. The Tacit Dimension. New York：Doubleday

Quinones M A，Ford J K，Teachout M S，et al. 1995. The relationship between work experience and job performance：a conceptual and meta-analytic review. Personnel Psychology，48：

887～910

Ree M J，Earles J A. 1993. G is to psychology what carbon is to chemistry：a reply to Sternberg and Wagner，McClelland and Calfee. Current Direction in Psychological Science，2：11～12

Ree M J，Earles J A，Teachout M S. 1994. Predicting job performance：not much more than g. Journal of Applied Psychology，79：518～524

Rioux S M，Penner L A. 2001. The causes of organizational citizenship behavior：a motivational analysis. Journal of Applied Psychology，86(6)：1306～1314

Rotundo M，Sackett P R. 2002. The relative importance of task，citizenship，and the counter-productive performance to global rating of job performance：a policy-capturing approach. Journal of Applied Psychology，87(1)：66～80

Sackett P R，Gruys M L，Ellingson J E. 1998. Ability-personality interaction when predicting job performance. Journal of Applied Psychology，83：545～556

Schaffer B S，Riordan C M. 2003. A review of cross-cultural methodologies for organizational research：a best-practices approach. Organizational Research Methods，6(2)：169～215

Schmidt F L. 2001. The role of general cognitive ability and job performance：why there can be no debate. Human Performance，15：187～210

Schimidt F L，Hunter J E. 1992. Development of a causal modeling of processes determining job performance. Current Direction in Psychological Science，1：89～92

Schmidt F L，Hunter J E. 1993. Tacit knowledge，practical intelligence，general mental ability，and job knowledge. Current Directions in Psychological Science，2：8～9

Schmidt F L，Hunter J E. 1998. The validity and utility of selection methods in personnel psychology：practical and theoretical implications of 85 years of research findings. Psychological Bulletin，124：262～274

Schmidt F L，Hunter J E. 2004. General mental ability in the world of work：occupational attainment and job performance. Journal of Personality and Social Psychology，86(1)：162～173

Schmidt F L，Hunter J E，Pearlman K. 1981. Task differences as moderators of aptitude test validity in selection：a red herring. Journal of Applied Psychology，66(5)：166～185

Schimit M J，Ryan A M. 1993. The big five in personnel selection：factor structure in applicant and nonapplicant population. Journal of Applied Psychology，78：966～974

Schneider R J，Hough L M，Dunnette M D. 1996. Broadsided by broad traits：how to sink science in five dimensions or less. Journal of Organizational Behavior，17：639～655

Scullen S E，Mount M K，Goff M. 2000. Understanding the latent structure of job performance ratings. Journal of Applied Psychology，85(6)：956～970

Selden S C，Ingraham P W，Jacobson W. 2001. Human resource practices in state government：findings from a national survey. Public Administration Review，61(5)：598～607

Settoon R P，Mossholder K W. 2002. Relationship quality and relationship context as antecedents of person and task focused interpersonal citizenship performance. Journal of Applied Psychology，87(2)：255～267

Smith C A, Organ D W, Near J P. 1983. Organizational citizenship behavior: its nature and antecedents. Journal of Applied Psychology, 68(4): 653～664

Spearman C. 1904. "General intelligence," objectively determined and measured. The American Journal of Psychology, 15(2): 201～292

Sternberg R J. 1985. Implicit theories of intelligence, creativity and wisdom. Journal of Personality and Social Psychology, 49(3): 607～627

Sternberg R J. 1997. Successful Intelligence. New York: Plume

Sternberg R J. 1999a. Successful intelligence: finding a balance. Trends in Cognitive Science, 3: 436～442

Sternberg R J. 1999b. The g factor: the science of mental ability. Personnel Psychology, 52(2): 471～476

Sternberg R J. 1999c. The theory of successful intelligence. Review of General Psychology, 3: 292～316

Sternberg R J. 2000a. Handbook of Intelligence. NewYork: Cambridge University Press

Sternberg R J. 2000b. Practical Intelligence in Everyday Life. New York: Cambridge University Press

Sternberg R J. 2003a. What is an expert student? Educational Researcher, 32(8): 5～9

Sternberg R J. 2003b. Wisdom, Intelligence, and Creativity, Synthesized. New York: Cambridge University Press

Sternberg R J. 2004. Culture and intelligence. American Psychologist, 59: 325～338

Sternberg R J. 2006. The rainbow project: enhancing the SAT through assessments of analytical, practical, and creative skills. Intelligence, 34(4): 321～350

Sternberg R J, Conway B E, Ketron J L, et al. 1981. People's conceptions of intelligence. Journal of Personality and Social Psychology, 41: 37～55

Sternberg R J, Forsythe G B, Hedlund J, et al. 2000. Practical Intelligence in Everyday Life. Cambridge: Cambridge University Press

Sternberg R J, Grigorenko E L. 2002. The G Factor: How General is It? Mahwah: Erlbaum

Sternberg R J, Grigorenko E L, Kidd K K. 2005. Intelligence, race, and genetics. American Psychologist, 60: 46～59

Sternberg R J, Kaufman J C. 1998. Human abilities. Annual Review of Psychology, 49: 479～502

Sternberg R J, Lipka J, Newman T, et al. 2006. Triarchically-based instruction and assessment of sixth-grade mathematics in a Yup'ik cultural setting in Alaska. Gifted and Talented International, 21(2): 6～19

Sternberg R J, Lubart T I. 1991. An investment theory of creativity and its development. Human Development, 34: 1～31

Sternberg R J, Lubart T I. 1996. Investing in creativity. American Psychologist, 51: 677～688

Sternberg R J, Nokes C, Geissler P W, et al. 2001. The relationship between academic and practical intelligence: a case study in Kenya. Intelligence, 29: 401～418

Sternberg R J, Wagner R K. 1986. Practical Intelligence: Nature and Origins of Competence in the Everyday World. New York: Cambridge University Press

Sternberg R J, Wagner R K. 1993. The g-ocentric view of intelligence and job performance is wrong. Current Directions in Psychological Science, 2: 1～4

Sternberg R J, Wagner R K, Williams W M. 1995. Testing common sense. American Psychologist, 50: 912～927

Stewart G L. 1999. Trait bandwidth and stages of job performance: assessing differential effects for conscientiousness and it subtraits. Journal of Applied Psychology, 84: 959～968

Tett R P, Jackson D N, Rothstein M. 1991. Personality measures as predictors of job performance: a meta-analytic review. Personnel Psychology, 44: 703～742

Tett R P, Jackson D N, Rothstein M, et al. 1999. Meta-analysis of bidirectional relations in personality job performance research. Human Performance, 12(1): 1～29

Thorndike E L. 1918. Educational Psychology: Briefer Course. New York: Teachers College, Columbia University

van de Vijver F J R, Leung K. 1997. Methods and data analysis for cross-cultural research. Thousand Oaks: Sage

van de Vijver F J R, Leung K. 2000. Methodological issues in psychological research on culture. Journal of Cross-Cultural Psychology, 31(1): 33～51

van Scotter J R. 2000. Relationships of task performance and contextual performance with turnover, job satisfaction, and affective commitment. Human Resource Management Review, 10: 79～95

van Scotter J R, Motowidlo S J. 1996. Interpersonal facilitation and job dedication as separate facets of contextual performance. Journal of Applied Psychology, 81(5): 525～531

van Scotter J R, Motowidlo S J, Cross T C. 2000. Effects of task performance and contextual performance on systemic rewards. Journal of Applied Psychology, 85(4): 526～545

Vandenberg R J, Lance C E. 2000. A review and synthesis of the measurement invariance literature: suggestions, practices, and recommendations for organizational research. Organizational Research Methods, 3(1): 4～70

Vernon P E. 1933. Some characteristics of the good judge of personality. Journal of Social Psychology, 4: 42～57

Vinchur A J, Schippmann J S, Switzer III F S, et al. 2003. A meta-analytic review of predictors of job performance for salespeople. Journal of Applied Psychology, 83: 586～597

Viswesvaran C, Ones D S. 2000. Perspectives of models of job performance. International Journal of Selection and Assessment, 8: 216～225

Viswesvaran C, Ones D S, Schmidt F L. 1966. Comparative analysis of the reliability of job performance ratings. Journal of Applied Psychology, 81: 557～574

Viswesvaran C, Schmidt F L, Ones D S. 2005. Is there a general factor in rating of job performance? A meta-analytic framework for disentangling substantive and error influences. Journal of Applied Psychology, 90: 108～121

Wagner R K. 1987. Tacit knowledge in everyday intelligence behavior. Journal of Personality and Social Psychology，79：1236～1247

Wagner R K. 2000. Practical Intelligence. Cambridge：Cambriage University Press

Wagner R K，Sternberg R J. 1985. Practical intelligence in real-world pursuits：the role of tacit knowledge. Journal of Personality and Social Psychology，49：436～458

Wagner R K，Sternberg R J. 1987. Tacit knowledge in managerial success. Journal of Business and Psychology，56：301～312

Wang D F，Cui H，Zhou F. 2005. Measuring the personality of Chinese：QZPS versus NEO PI-R. Asian Journal of Social Psychology，8(1)：97～122

Widaman K F. 1985. Hierarchically nested covariance structure models for multitrait-multimethod data. Applied Psychological Measurement，9(1)：1～26

Williams W M. 1996. Success Acts for Managers. Ithaca：Cornell University Department of Human Development

Yang S Y，Sternberg R J. 1997. Taiwanese Chinese people's conceptions of intelligence. Intelligence，25：21～36

Yu A B. 1996. Ultimate life concerns，self，and Chinese achievement motivation. *In*：Bond M. The Handbook of Chinese Psychology. New York：Oxford University Press：227～246